GERNOT VOLGER

Die Zahlungsbilanzpolitik der Vereinigten Staaten

Schriften zu internationalen Wirtschaftsfragen

Band 4

Die Zahlungsbilanzpolitik der Vereinigten Staaten

Dominanz und Dependenz im internationalen Währungssystem

Von

Dr. Gernot Volger

DUNCKER & HUMBLOT / BERLIN

CIP-Kurztitelaufnahme der Deutschen Bibliothek

Volger , Gernot
Die Zahlungsbilanzpolitik der Vereinigten Staaten :
Dominanz u. Dependenz im internat. Währungssystem .
- 1. Aufl. - Berlin : Duncker und Humblot , 1976 .
(Schriften zu internationalen Wirtschaftsfragen ;
Bd. 4)
ISBN 3-428-03674-3

D 188

Gedruckt 1976 bei Berliner Buchdruckerei Union GmbH., Berlin 61
Printed in Germany

ISBN 3 428 03674 3

Inhalt

VIERTER TEIL

Tabellen

The recent gyrations of the dollar have looked to me more like a gold standard on the booze than the ideal managed currency which I hope for.

J. M. Keynes (1934)

1. Einleitung

Die amerikanische Zahlungsbilanzpolitik und die Rolle des Dollars bilden die Hauptprobleme des internationalen Währungssystems. Welche Kriterien man auch zugrundelegt: Ursachen, Dauer, Dimension, Ergebnislosigkeit der Maßnahmen — das Zahlungsbilanzdefizit der Vereinigten Staaten während der sechziger und siebziger Jahre bleibt ein singuläres Phänomen. Schon diese Einmaligkeit müßte eine Untersuchung der amerikanischen Zahlungsbilanzpolitik interessant erscheinen lassen.

Unter den Bedingungen moderner Staatlichkeit resultiert die konkrete Gestalt der Zahlungsbilanz eines Landes nicht allein aus den ökonomischen Transaktionen der privaten Wirtschaftssubjekte mit dem Ausland. Staatliche Instanzen geben die Rahmenbedingungen vor, innerhalb deren die Wirtschaftssubjekte agieren; staatliche Instanzen reagieren auf die Handlungen der Wirtschaftssubjekte und versuchen gleichzeitig, antizipativ auf diese Handlungen Einfluß zu nehmen. Zahlungsbilanzpolitik ist dann der Einsatz von Instrumenten zum Zwecke der Einflußnahme auf grenzüberschreitende Transaktionen.

Die Zahlungsbilanzpolitik der Vereinigten Staaten als Reaktion und antizipative Einflußnahme wird deutlich vor dem Hintergrund der Entwicklung der amerikanischen Zahlungsbilanz nach 1945. Diese Entwicklung läßt sich in drei Phasen einteilen: 1945 bis 1957 die Phase der weltweiten Dollarknappheit, charakterisiert durch Zahlungsbilanzüberschüsse und -defizite von geringen Ausmaßen[1], 1958 bis 1964 die Phase der geringen Zahlungsbilanzdefizite, 1965 bis 1973 die Phase der großen Zah-

[1] Wenn im folgenden ohne nähere Qualifikation von Zahlungsbilanzüberschüssen und -defiziten der USA die Rede ist, so ist damit immer der Saldo der Bilanz der offiziellen Reservetransaktionen gemeint. — Die Auffassung von den Defiziten der USA während der fünfziger Jahre dürfte auf ein defizientes Meßkonzept zurückgehen; da aber ein verbessertes Konzept erst für den Zeitraum ab 1960 zur Verfügung steht, lassen sich darüber keine definitiven Aussagen machen.

lungsbilanzdefizite. Mit der Entwicklung zu Defiziten nach 1957/58 veränderte sich die Problemstellung für die amerikanische Regierung. Doch wurde die amerikanische Regierung erst 1959/60 aktiv, wobei die Verzögerung wohl auf die mit einer veränderten Realität verbundenen Erkenntnisprobleme zurückzuführen ist. Um 1959/60 setzten die ersten zahlungsbilanzpolitischen Maßnahmen der amerikanischen Regierung ein, daher die Eingrenzung der vorliegenden Untersuchung auf den Zeitraum ab 1960.

Die theoretische Formulierung des hier zu untersuchenden Problemkomplexes hat wohl erstmals Triffin geliefert, als er die Logik des internationalen Währungssystems, wie es sich nach 1945 entwickelt hatte, beschrieb: "The gold exchange standard *may*, but *does not necessarily*, help in relieving a shortage in world monetary reserves. It does so only to the extent that the key currency countries are willing to let their net reserve position decline through increases in their short-term monetary liabilities unmatched by corresponding increases in their own gross reserves. If they allow this to happen, however, and to continue indefinitely, they tend to bring about a collapse of the system itself through the gradual weakening of foreigners' confidence in the key currencies[2]." Ausgehend von dieser Einsicht — und damit ihre Richtigkeit voraussetzend — soll in der folgenden Untersuchung eine Darstellung und Analyse der amerikanischen Zahlungsbilanzpolitik des Zeitraums ab 1960 unternommen werden.

Daß die vorliegende Untersuchung sich dabei in Methodik, Ergebnissen und Schlußfolgerungen von der Mehrheit der „professionellen" Untersuchungen in den Vereinigten Staaten unterscheidet, dürfte nicht ganz zufällig sein. Zwar sollte man annehmen, daß die geographische Lokalisation des Verfassers keinen Einfluß auf eine solche Untersuchung haben sollte, doch lassen sich unterschiedliche Analysen und Ergebnisse nicht immer ohne weiteres auf zugrundeliegende theoretische Annahmen zurückführen. Vielmehr dürfte bereits die Methodik einer solchen Untersuchung starken Einfluß auf die zu gewinnenden Ergebnisse haben — ohne daß damit die These der Existenz spezifisch nationaler Forschungsstile bestätigt werden soll[3]. Dabei wird die vorliegende Untersuchung weder ein Schritt sein auf dem Wege der unbegrenzten Proliferation neuer theoretischer Ansätze, deren empirischer Gehalt entweder gering ist, oder die nie einer Konfrontation mit der Realität ausgesetzt wurden, noch wird diese Untersuchung der methodischen Strategie „theorieloser" Erklärungen (d. h. Erklärungen auf der Basis nicht explizierter

---

[2] *Robert Triffin*, Gold and the Dollar Crisis, New Haven und London 1960, S. 67; Hervorhebung im Original.

[3] Vgl. *Harry G. Johnson*, „National Styles in Economic Research: The United States, The United Kingdom, Canada, and Various European Countries", Daedalus, Frühjahr 1973, S. 64 - 74.

und entwickelter Theorien) verpflichtet sein, da die Ergebnisse solcher „theorieloser“ Erklärungen immer den Charakter einer gewissen Beliebigkeit tragen. Vielmehr soll zuerst ein theoretischer Rahmen entwickelt werden, innerhalb dessen und von dem aus dann die empirischen Ergebnisse ihre Relevanz gewinnen.

Dieser theoretische Rahmen hat nur wenig gemein mit herrschenden ökonomischen Doktrinen. Weder dürfte die neoklassische Außenwirtschaftstheorie einen adäquaten theoretischen Rahmen zur Analyse der amerikanischen Zahlungsbilanzpolitik bereitstellen, noch werden bisher vorliegende theoretische Ansätze zu internationalen Währungsfragen *allein* in der Lage sein, das theoretische Instrumentarium für eine Analyse der amerikanischen Zahlungsbilanzpolitik zur Verfügung zu stellen. Statt dessen wird für die Zwecke der vorliegenden Untersuchung zurückgegriffen auf einen alternativen theoretischen Ansatz, der trotz seiner Originalität, wie es scheint, nie einer Konkretisierung und Anwendung unterzogen wurde. Der wesentliche Grund für den Rekurs auf einen solchen unkonventionellen Ansatz liegt in der Tatsache, daß dieser Ansatz — im Gegensatz zur traditionellen Außenwirtschaftstheorie und zu traditionellen währungstheoretischen Ansätzen — eine alternative *theoretische Perspektive* anbietet, mit deren Hilfe eine Analyse und Deutung der amerikanischen Zahlungsbilanzpolitik eher möglich erscheint.

Diese alternative theoretische Perspektive ist die der politischen Ökonomie. Politische Überlegungen werden in die ökonomische Analyse in der Regel nicht einbezogen; geht man jedoch davon aus, daß auch Zahlungsbilanzpolitk Politik ist, so muß eine Integration der traditionellen ökonomischen Perspektive und einer politikwissenschaftlichen Perspektive das Ziel eines solchen theoretischen Ansatzes sein. Aus einem solchen theoretischen Ansatz, der eng verbunden ist mit einer spezifischen Methodik, resultiert ein Spannungsverhältnis zwischen Theorie und Methodik einerseits und der materialen Analyse andererseits. Da es unzweckmäßig erscheint, solche methodologischen Fragen in abstracto zu behandeln, wird eine ausführliche Diskussion dieser Probleme am Schluß der vorliegenden Untersuchung stehen.

Diese kurzen methodologischen Andeutungen dürften ausreichend sein, um die oben vorgenommene Problemformulierung nunmehr zu präzisieren. Ging es in Triffins Analyse um die *Logik* des Gold-Devisen-Standards, so ist die vorliegende Analyse der Versuch einer Deutung der *Politik* des Gold-Devisen-Standards während der sechziger und siebziger Jahre. Eine logische Analyse kann allein Möglichkeiten und Grenzen realer Entwicklungen aufzeigen, über den tatsächlichen Verlauf dieser Entwicklungen lassen sich jedoch kaum Angaben machen. Welche Möglichkeiten zu welchem Zeitpunkt und in welcher Form realisiert werden, hängt von einer Vielzahl von Voraussetzungen der jeweiligen historischen Situation ab. Eine Deutung der historischen Evolution des Gold-Devisen-Standards während der sechziger und siebziger Jahre ist das Ziel der vorliegenden Untersuchung.

Erster Teil

2. Elemente einer Theorie der dominanten Wirtschaft und der dominanten Währung

Die Außenwirtschaftstheorie war bisher im wesentlichen eine Theorie atomistischer Konkurrenz, die die ungleiche Größe nationaler Volkswirtschaften ebensowenig systematisch reflektierte wie unterschiedliche Eigenschaften (z. B. Offenheit oder Geschlossenheit) der Volkswirtschaften. Insbesondere ist die Existenz des Staates keine konstitutive Variable der traditionellen Außenwirtschaftstheorie, was zur Folge hat, daß politische Aspekte nicht intergriert werden. Eine adäquate ökonomische Theorie der internationalen Beziehungen müßte politische Variable ebenso wie ökonomische einbeziehen. Doch weithin bestand und besteht eine allgemeine Aversion der Profession „to wander too far from economic territory into the morass of politics“[1]. Daß sich politische Phänomene gegenüber dem Zugriff des ökonomischen Instrumentariums grundsätzlich resistent verhalten, dürfte heute wohl widerlegt sein.

Dennoch gibt es eine ökonomische Theorie der internationalen Beziehungen, die ökonomische und politische Aspekte integriert und auf die hier zurückgegriffen werden soll: die Theorie der dominanten Wirtschaft. Diese Theorie soll nunmehr kurz skizziert werden, soweit sie für die vorliegende Untersuchung relevant ist[2].

Die Theorie der dominanten Wirtschaft versucht — inspiriert von der Theorie des monopolistischen Wettbewerbs — den beherrschenden Einfluß, den einige Länder auf das internationale ökonomische System haben können, zu erklären. Das zentrale Konzept ist das des Dominanzeffekts: eine Wirtschaftseinheit A übt auf eine Wirtschaftseinheit B einen Dominanzeffekt aus, indem A einen bestimmten Einfluß auf B ausübt, ohne daß die Umkehrung dieses Einflusses oder eine umgekehrte Einflußnahme gleichen Ausmaßes möglich ist. Asymmetrische Beziehungen sind also die Hauptmerkmale des Dominanzeffekts.

---

1 *Charles P. Kindleberger,* American Business Abroad, New Haven 1969, S. 88. Diese Äußerung dürfte wohl typisch für das Abgrenzungsdenken innerhalb der Ökonomie sein; es fragt sich, ob diese Haltung nicht dazu führt, „to concede the important and then discuss the unimportant“. (*John Kenneth Galbraith,* The New Industrial State, 2. Aufl., Boston 1971, S. 45).

2 Zum folgenden vgl. *François Perroux,* „Esquisse d'une théorie de l'économie dominante“, Economie Appliquée 1 (1948), S. 243 - 300.

In internationalen Wirtschaftsbeziehungen ist der Dominanzeffekt an die Existenz des Staates geknüpft: es treten ja nicht Anbieter und Nachfrager in vacuo einander gegenüber wie die Außenwirtschaftstheorie impliziert, vielmehr sind sie immer auch Mitglieder eines Staatsverbandes, was nicht ohne Einwirkungen auf die wirtschaftlichen Transaktionen („Tausch") selbst ist. Ebenso wie der moderne Staat durch Makroentscheidungen nach innen den Rahmen für wirtschaftliche Transaktionen setzt, unterliegen auch die außenwirtschaftlichen Makroentscheidungen — wie z. B. Zölle, Handelspräferenzen oder der Außenwert der Währung — dem Entscheidungsbereich des Staates. Es läßt sich also trennen zwischen den ökonomischen Transaktionen der Wirtschaftssubjekte und dem Rahmen, innerhalb dessen diese Transaktionen stattfinden. Zwar versuchen die Wirtschaftssubjekte Einfluß auf die Determinanten des Rahmens zu nehmen — über Parteien, Verbände, Gewerkschaften usw. —, doch ist die Setzung des Rahmens im wesentlichen das Ergebnis der Entscheidungen des Monopolisten der öffentlichen Gewalt, der eine Vielzahl konkurrierender Partikularinteressen berücksichtigen muß und überdies eigene Ziele verfolgt, die nicht notwendigerweise mit irgendwelchen Partikularinteressen identisch sind.

Geht man davon aus, daß alternative Rahmen die Ergebnisse der ökonomischen Transaktionen unterschiedlich beeinflussen, so wird klar, daß der Kampf um die Bestimmung des Rahmens durch die Staaten untereinander ebenso entscheidend, manchmal entscheidender ist als der Wettbewerb um den ökonomischen Tausch selbst. *"Dans la lutte pour la fixation des cadres de l'échange, l'effet de domination est la règle*[3]." Aber nicht nur außenwirtschaftliche Entscheidungen des Staates sind von Einfluß auf internationale Wirtschaftstransaktionen. Da gemeinhin jede wirtschaftspolitische Maßnahme, auch wenn sie nicht unter außenwirtschaftlichen Gesichtspunkten getroffen wurde, Rückwirkungen auf die außenwirtschaftliche Position des betreffenden Landes hat, haben aufgrund der asymmetrischen Struktur des internationalen ökonomischen Systems wirtschaftspolitische Entscheidungen der dominanten Volkswirtschaft nicht allein nur Rückwirkungen auf deren außenwirtschaftliche Position. Vielmehr setzen solche binnenwirtschaftlichen Entscheidungen der dominanten Volkswirtschaft „Daten" für alle Mitglieder des internationalen ökonomischen Systems: "Les choix de politique économique intérieure de certaines nations sont de décisions de politique économique mondiale[4]."

Die Stärke des Dominanzeffekts hängt dabei von drei Größen ab: (1) Differenz der Größe der Volkswirtschaften, (2) Differenz der wirtschaftlichen Aktivität der Volkswirtschaften und (3) Differenz der bargaining

---

[3] *Perroux*, „Esquisse", S. 273; Hervorhebung im Original.

[4] *Perroux*, „Esquisse", S. 266.

power der Volkswirtschaften. Dabei impliziert die Verwendung des Dominanzkonzepts nicht die Annahme, daß sich die dominante Volkswirtschaft bei Konflikten in jedem Einzelfall durchsetzt. Dies folgt einmal ganz allgemein aus der Relativität der drei Teilgrößen: in Konfliktfällen ist wesentlich, wieviele Kontrahenten der dominanten Volkswirtschaft gegenüberstehen und inwieweit unterschiedliche Interessen innnerhalb der Gruppe der Kontrahenten eine Aggregierung des eigenen Potentials ermöglichen oder verhindern. Zum anderen ist die bargaining power der dominanten Wirtschaft selbst eine variable Größe, die weitgehend von der Struktur und der Organisation der Regierung der dominanten Volkswirtschaft sowie deren Einschätzung der Konfliktsituation abhängt; in unterschiedlichen Situationen wird das Potential der bargaining power in unterschiedlichem Ausmaß aktiviert. Das heißt aber, daß Konfliktfälle nicht automatisch zugunsten der dominanten Volkswirtschaft entschieden werden; vielmehr impliziert das Dominanzkonzept lediglich die Chance der dominanten Wirtschaft, Konflikte zu ihren Gunsten zu entscheiden.

Wie aus diesen Ausführungen deutlich wird, ist die Theorie der dominanten Wirtschaft lediglich eine Strukturtheorie, deren Konkretisierung jeweils in Hinsicht auf die bestehende Problemsituation zu leisten ist. Jedenfalls gibt es bisher noch keine weiterführenden Ansätze auf der Basis der Theorie der dominanten Wirtschaft, ebenso wie kritische Auseinandersetzungen mit der Theorie fehlen[5]. Dennoch bedarf die Theorie einiger Qualifizierungen. Auch der Monopolist der öffentlichen Gewalt, also die Regierung, unterliegt gewissen Einschränkungen der Entscheidungsfreiheit. Zum einen versuchen gesellschaftliche Interessen auf den staatlichen Entscheidungsprozeß Einfluß zu nehmen. Diese Einflußnahme wird im parlamentarischen System anders sein als im präsidentiellen

[5] Eine Ausnahme ist Blaug, der die Theorie unter zwei Gesichtspunkten kritisiert: (1) In Perroux' verschiedenen Versionen der Theorie lasse sich im Laufe der Jahre ein radikaler Bedeutungswandel des Konzepts der ökonomischen Dominanz feststellen, (2) die Theorie sei nicht falsifizierbar, sie sei ein als Theorie verkleideter Slogan. Vgl. *Mark Blaug*, „A Case of Emperor's Clothes: Perroux' Theories of Economic Domination", Kyklos XVII (1964), S. 551 - 563. Dazu in aller Kürze folgendes: (1) Wenn man die ursprüngliche Version der Theorie zugrunde legt, wie das hier getan wurde, ist Blaugs Kritik am angeblichen Bedeutungswandel des Dominanzkonzepts belanglos. (2) Es ist allemal schwierig, eine Strukturtheorie zu falsifizieren; solange Konkretionen, deren Falsifizierbarkeit eher gegeben wären, nicht vorliegen, erscheint Blaugs Urteil kaum gerechtfertigt. (3) Blaug macht keine Ausführungen über die Theorie als Theorie der *internationalen* ökonomischen Beziehungen, insoweit ist nicht von vornherein entschieden, daß dieser Teil der Theorie ebenso seiner Kritik unterliegt wie andere Teile der Theorie. — Überdies ist Blaugs Kritik Ausdruck jenes „naiven Falsifikationismus", der im Lichte der neueren epistemologischen Diskussion als höchst fragwürdig erscheint. Vgl. z. B. *Imre Lakatos*, „Falsification and the Methodology of Scientific Research Programmes", in: Imre Lakatos / Alan Musgrave (Hrsg.), Criticism and the Growth of Knowledge, Cambridge 1970, S. 91 - 195.

System; im parlamentarischen System hängt sie überdies vom Wahlrecht (Mehrheitswahl oder Verhältniswahl) ab. Darüber hinaus wird die Einflußnahme gesellschaftlicher Interessen in der Innenpolitik und in der Binnenwirtschaftspolitik stärker sein als in der Außenpolitik und der Außenwirtschaftspolitik, da organisierte Interessen im Bereich der Außen- und Außenwirtschaftspolitik entweder sehr viel schwächer sind oder sich überhaupt nicht artikulieren. Treten sie dennoch auf, so können sie meistens durch patriotische Appelle und den Hinweis auf nationale Interessen, die gesellschaftlichen Partikularinteressen übergeordnet seien, neutralisiert werden, so daß eine tatsächliche Einflußnahme von seiten der Regierung nur sehr selten notwendig wird. Auf jeden Fall wird aber die Regierung der dominanten Volkswirtschaft Entscheidungen freier durchsetzen können als andere Regierungen, für die aufgrund der asymmetrischen Struktur des internationalen ökonomischen Systems die Entscheidungen der Regierung der dominanten Volkswirtschaft „Daten" setzen, die den eigenen Entscheidungsbereich einengen.

Doch zeigte sich in den letzten Jahren zumindest auf dem Gebiet des privaten internationalen Kapitalverkehrs, daß Regierungen häufig das Instrumentarium fehlt, effektive Maßnahmen zu ergreifen — teilweise aufgrund unterschiedlicher Interessen, die intergouvernementale Kooperation verhindern. Gemeint sind hier natürlich nicht nur die sogenannten „Spekulationswellen" in Zusammenhang mit den Währungskrisen Ende der sechziger und Anfang der siebziger Jahre. Vielmehr schafft die ungeplante und möglicherweise unkontrollierbare weltweite Integration der Finanzmärkte der Industrieländer ganz allgemein wirtschaftspolitische Probleme in völlig neuen Größenordnungen und in neuen Qualitäten. Mehr und mehr wird die staatliche Souveränität durch grenzüberschreitende Kapitalbewegungen in Frage gestellt, wobei die „Spekulationswellen" nur verdeutlichen, was auch normalerweise schon problematisch ist. So entsprachen z. B. die kurzfristigen Kapitalzuflüsse in Kanada 1968 und 1969 jeweils 10 % der zirkulierenden Geldmenge, in Italien in den gleichen Jahren 8 bzw. 7 % der Geldmenge, in der Bundesrepublik 9 bzw. 6 % der Geldmenge. In den folgenden Jahren dürften sich die Zahlen noch beträchtlich vergrößert haben[6]. Kapitalbewegungen in diesen Dimensionen sind als nationale Probleme kaum mehr zu bewältigen, doch fehlen bisher zureichende Ansätze, diese Fragen international kooperativ anzugehen. Andererseits hatten die Vereinigten Staaten 1968 und 1969 kurzfristige Kapitalzuflüsse zu verzeichnen, die absolut sehr viel größer waren, als die Zuflüsse in den oben genannten Ländern, doch entsprachen die Zuflüsse nur 1,6 bzw. 2,8 % der Geldmenge, so daß der destabilisierende Effekt dieser Kapitalbewegungen

---

[6] Zu diesem Problem sowie den angegebenen Zahlen vgl. *Lawrence Krause*, „Private International Finance", International Organization 25 (1971), S. 523 bis 540.

vergleichsweise gering war. Auch hier also die unterschiedlichen Konsequenzen der Asymmetrie.

Um die Theorie der dominanten Wirtschaft zu konkretisieren, sollen im folgenden einige fundamentale Asymmetrien des internationalen ökonomischen Systems rekapituliert werden; diese Konkretisierungen der asymmetrischen Position der USA dürften sich für die Analyse der amerikanischen Zahlungsbilanzpolitik als nützlich erweisen.

Die bargaining power (über die Perroux keine weiteren Angaben macht) dürfte wohl die Einflußnahme der dominanten Volkswirtschaft auf das internationale politische System im weitesten Sinne sein, also insbesondere die militärische Stärke der dominanten Wirtschaft. Die militärpolitische Konzeption vieler Länder basiert auf dem Beistand durch das militärische Potential der dominanten Volkswirtschaft; je größer die mögliche militärische Bedrohung eingeschätzt wird, um so größer die Abhängigkeit von diesem militärischen Beistand. Da ein solcher militärischer Beistand jedoch von der Regierung der dominanten Volkswirtschaft nicht als *freies* internationales Kollektivgut perzipiert und zur Verfügung gestellt wird, erwartet die Regierung der dominanten Volkswirtschaft zumindest einen teilweisen „Kostenersatz“ von den Staaten, die in den Genuß des Kollektivgutes „Verteidigung“ kommen: ökonomische Konzessionen als Preis für militärpolitische Vorteile. Daraus folgt ein bisher wenig reflektierter enger Zusammenhang zwischen Militärpolitik und Zahlungsbilanzpolitik; dies gilt für die dominante Volkswirtschaft ebenso wie für jene Länder, deren Militärpolitik mit der der dominanten Volkswirtschaft verknüpft ist. Doch auch über diese militärpolitische Komponente hinaus dürfte die bargaining power der dominanten Volkswirtschaft ganz allgemein sich auf den „Drohwert“ eines potentiellen Einsatzes wirtschaftspolitischer Instrumente wie z. B. Zölle, Handelspräferenzen, Importrestriktionen beziehen.

Wie immer man die Größe einer Volkswirtschaft bestimmt, sei es als Bruttoinlandsprodukt oder Bruttoinlandsprodukt pro Kopf, in jedem Fall wird das Übergewicht der USA deutlich. So betrug z. B. 1970 das BIP der USA 970 Mrd. U. S. Dollar, das BIP Großbritanniens 119 Mrd. U. S. Dollar, das BIP der Bundesrepublik Deutschland 187 Mrd. U. S. Dollar, das BIP Portugals 6 Mrd. U. S. Dollar; die Vergleichszahl für die gesamte Welt (außer den kommunistischen Ländern) beträgt 4 940 Mrd. U. S. Dollar. Eine entsprechende Relation findet sich beim Bruttoinlandsprodukt pro Kopf (ebenfalls 1970): USA 4 734 U. S. Dollar, Großbritannien 2 128 U. S. Dollar, Bundesrepublik Deutschland 3 034 U. S. Dollar, Portugal 653 U. S. Dollar[7]. Die Konsequenzen dieser Asymmetrie lassen

[7] Zu den Zahlen vgl. U.N. Yearbook of National Accounts Statistics, Vol. III, New York 1970. Solche Vergleiche auf der Basis gemeinsamer Dollarwerte sind allerdings methodisch sehr problematisch; die vorliegenden Werte sollten

sich auch anhand anderer Asymmetrien, die mit der Größe in Zusammenhang stehen, aufzeigen. Dennoch läßt sich (c. p.) sagen, daß Expansionen oder Kontraktionen innerhalb der USA einen disproportionalen Einfluß auf die übrigen Länder haben werden, während umgekehrt die interne ökonomische Entwicklung anderer Länder jeweils nur von relativ geringem Einfluß auf die weltwirtschaftliche Entwicklung ist. Wenn sich also eine Weltkonjunktur herausbildet — und sei sie nur sektoral —, so wird der Anteil der USA daran gravierend sein. Überdies können einem wirtschaftlichen Volumen von solcher Größe auch relativ große Beträge in Form von Kapitalexporten entzogen werden, ohne daß dies negative Folgen auf die Investitionsrate hätte, während schon Teile dieser Kapitalexporte für die jeweiligen Importländer Probleme schaffen.

Im Verhältnis zu anderen Ländern weist die dominante Volkswirtschaft einen höheren Entwicklungsgrad auf. Das dürfte sich insbesondere in einer technologischen Führungsrolle ausdrücken, die der dominanten Wirtschaft einen Wettbewerbsvorteil verschafft. So sind die Ausgaben in den USA für Forschung und Entwicklung um ein Vielfaches höher als in anderen Ländern, und auch wenn man das Verhältnis der Forschungs- und Entwicklungsausgaben zum Bruttosozialprodukt betrachtet, ist der Unterschied signifikant. Auch ist in den USA der Anteil der in Forschung und Entwicklung tätigen Wissenschaftler (bezogen auf die Gesamtzahl der Bevölkerung) höher als in anderen Ländern. Als Folge dieser technologischen Führungsrolle wird die dominante Volkswirtschaft eine große Anzahl von Patenten, Lizenzen usw. ins Ausland verkaufen und dafür Lizenzgebühren und andere Einnahmen ausweisen. Allein 1969 betrugen diese Einnahmen der USA 1,9 Mrd. Dollar

Tabelle 1

Forschungs- und Entwicklungsausgaben und Beschäftigte in Forschung und Entwicklung verschiedener Länder (1963 - 1964)

	R & D Ausgaben (Mrd. Dollar)	R & D Ausgaben / BSP	R & D Beschäftigte / 10 000 Einwohner
USA	21,1	3,4	35,8
Frankreich	1,7	1,9	19,7
BRD	1,4	1,4	18,0
GB	2,2	2,3	29,4
Kanada	0,4	1,1	12,6
Japan	1,1	1,4	20,3

Quellen: OECD, Gaps in Technology, Analytical Report, Paris 1970, S. 120; Christopher Layton, European Advanced Technology, London 1969, S. 275.

deshalb nur als ungefähre Orientierungsmarken angesehen werden, da präzisere Meßkonzepte nicht zur Verfügung stehen.

und waren damit zehnmal so groß wie die Zahlungen für Lizenzgebühren an das Ausland; diese betrugen weniger als 200 Mill. Dollar[8].

Der Anteil des Außenhandels am Bruttosozialprodukt der USA ist relativ gering; so betrug 1970 der Exportanteil 4,35 % und der Importanteil 4,27 %. Umgekehrt haben die anderen Industrieländer sehr viel höhere Anteile des Außenhandels am Bruttosozialprodukt, z. B. Bundesrepublik Deutschland 19 % bzw. 16,5 %, Japan 34,7 % bzw. 33,9 %, Niederlande 37 % bzw. 42,4 %, Belgien 42,5 % bzw. 41,6 %[9]. Diese relative Geschlossenheit der dominanten Volkswirtschaft hat eine geringere Abhängigkeit vom Außenhandel zur Folge. Nimmt z. B. der Export um einen bestimmten Prozentsatz ab, so hat das (c. p.) für die geschlossene Volkswirtschaft kaum gravierende Folgen, während eine Abnahme des Exports um einen gleich großen Prozentsatz im Fall der offenen Volkswirtschaft erheblich größere Konseqenzen für volkswirtschaftliche Größen wie Beschäftigungsniveau, Bruttosozialprodukt etc. hat. Analoges wie für den Export gilt auch für den Import offener und geschlossener Volkswirtschaften (unter der Voraussetzung, daß die Struktur der Importe gleich ist): geringe gesamtwirtschaftliche Konsequenzen für die geschlossene Volkswirtschaft, relativ bedeutende Konseqenzen für offene Volkswirtschaften.

Wenn auch der Anteil des Außenhandels am Bruttosozialprodukt der USA gering ist, so ist doch andererseits der Anteil der USA am Welthandel beträchtlich. 1970 betrug der Anteil des Außenhandels (Summe von Export und Import) am Welthandel: USA 13,4 %, Japan 6,0 %, Bundesrepublik Deutschland 10,0 %, Niederlande 3,9 %[10]. Die Konsequenzen dieses Tatbestandes sind weniger konkret greifbar, doch dürfte der Einfluß der USA auf die Güterpreise am Weltmarkt nicht zu unterschätzen sein, stellen sie doch allein ein Achtel des Welthandels und ein Fünftel des Handels der Industrieländer.

Die wirtschaftliche Aktivität der dominanten Volkswirtschaft (nach Perroux einer der drei Faktoren, von denen der Dominanzeffekt abhängt), läßt sich nicht nur durch die Aufwendungen für Forschung und die Zahl der Beschäftigten in Forschung und Entwicklung charakterisieren, sondern auch durch die Gesamtzahl der im Ausland gehaltenen Aktiva im Vergleich zu den Aktiva des Auslands in der dominanten Volkswirtschaft (vgl. dazu Tab. 2). Ende 1973 betrug der Buchwert der amerikanischen Auslandsaktiva 225 Mrd. Dollar, denen Aktiva der gesamten restlichen Welt in den USA in Höhe von 164 Mrd. Dollar gegen-

---

[8] Vgl. U.S. Tariff Commission, Competitiveness of U.S. Industries, Washington 1972, S. 203.

[9] Die Zahlen des BSP gehen zurück auf Angaben des Economics Department der Weltbank, die Zahlen über Exporte und Importe auf International Financial Statistics.

[10] Die Zahlen gehen auf International Financial Statistics zurück.

Tabelle 2

Die internationale Investmentposition der Vereinigten Staaten
(in Mrd. US $)

	1960	1965	1970	1973
U.S. Aktiva im Ausland	85,6	120,4	166,8	225,3
Direktinvestitionen	31,9	49,5	78,2	103,7
Portfolioinvestitionen	9,6	15,2	19,6	28,0
U.S. Währungsreserven	19,4	15,5	14,5	14,4
Andere Aktiva	27,4	40,2	54,5	79,2
U.S. Passiva gegenüber dem Ausland	40,9	58,8	97,7	163,5
Direktinvestitionen in den USA	6,9	8,8	13,2	18,3
Portfolioinvestitionen in den USA	9,9	15,5	25,6	36,8
Verbindlichkeiten gegenüber Währungsbehörden	11,9	16,7	24,4	66,8
Andere Passiva	12,1	17,8	34,3	41,6
Nettoinvestmentposition	44,7	61,6	69,1	61,8

Quelle: **Survey of Current Business, verschiedene Ausgaben.**

überstanden. (Der Marktwert dieser Einlagen dürfte noch erheblich größer sein.) Vernon deutet mögliche Implikationen dieser Asymmetrie an, wenn er auf die Folgen eines Abzugs von nur 50 oder 60 Mrd. Dollar Aktiva der USA aus anderen Ländern hinweist: die Konvertivilität der Währungen müßte suspendiert werden, eine riesige Depression weltweiten Ausmaßes wäre die Folge[11]. Umgekehrt ist die politische Koordination wohl kaum vorstellbar, die erforderlich wäre, damit über 100 Staaten *gleichzeitig* ihre Aktiva aus den USA abziehen oder sämtliche amerikanische Auslandsaktiva konfiszieren. Dabei ist die Frage, für wen die „Kosten" eines solchen Vorgehens größer wären, noch nicht einmal berücksichtigt.

Nun sind die bisher beschriebenen Asymmetrien nicht unabhängig voneinander. In einer großen Volkswirtschaft wird in der Regel der Anteil des Außenhandels am Bruttosozialprodukt relativ klein sein, eine hochentwickelte Volkswirtschaft hat mehr Auslandsaktiva als Auslandsverpflichtungen und einen relativ großen Anteil am Welthandel. Insoweit sind alle diese Aspekte geeignet, unterschiedliche Auswirkungen asymmetrischer Strukturen aufzuzeigen. Gemeinsam ist diesen Asymmetrien, daß ihnen eine gewisse „Natürlichkeit" anhaftet, d. h. daß sie weder durch einmalige politische Entscheidungen geschaffen wurden, noch daß sie durch politische Entscheidungen kurzfristig gravierend verändert werden können. Dies gilt nicht — wie noch zu zeigen sein wird — für die asymmetrische Struktur des Weltwährungssystems.

Die Theorie der dominanten Wirtschaft enthält keinerlei Ausführungen über die Währung der dominanten Wirtschaft. Seit einiger Zeit liegt jedoch eine Theorie internationaler Währungen vor, die in der Theorie der dominanten Wirtschaft integriert werden kann[12]. Diese Theorie internationaler Währungen basiert auf einer Taxonomie internationaler Währungen, die in Anlehnung an die bekannten Funktionen des Geldes zweimal drei Funktionen umfaßt. Von besonderer Wichtigkeit ist dabei die prinzipielle Unterscheidung zwischen der Ebene der privaten Transaktionen und der Ebene der offiziellen Transaktionen, also Transaktionen zwischen Regierungsbehörden. Diese Unterscheidung läßt sich begründen mit der Tatsache, daß alle Regierungen den Außenwert ihrer Währungen festsetzen, doch lassen sich auf der Basis der Theorie der dominanten Wirtschaft weitere Gründe für die analytische Unterschei-

[11] Vgl. *Raymond Vernon*, „Rogue Elephant in the Forest", Foreign Affairs 51 (1972/73), S. 573 - 587, hier S. 576/577. Daß solche Überlegungen nicht vollkommen aus der Luft gegriffen sind, zeigen die Bestimmungen des Foreign Direct Investment Programm von 1968, in denen die amerikanische Regierung dekretierte, daß amerikanische Firmen im Ausland amerikanischer Jurisdiktion unterstehen.

[12] Zum folgenden vgl. das Kapitel „A Theory of International Currencies" in: *Benjamin J. Cohen*, The Future of Sterling as an International Currency, London 1971.

dung der beiden Ebenen finden (insbesondere die dort angelegte Unterscheidung zwischen dem „Tausch" und dem Rahmen des „Tauschs"). Die Taxonomie internationaler Währungen hat dann folgendes Schema:

	Tauschmittel	Bewertungsmaßstab	Wertaufbewahrungsmittel
Private Transaktionen	*Transaktionswährung*	*Preisnotierungswährung*	*Vermögenswährung*
Offizielle Transaktionen	*Interventionswährung*	*Rechnungseinheitswährung*	*Reservewährung*

Historisch entwickeln sich diese Funktionen zuerst auf der Ebene der privaten Transaktionen und greifen dann auch auf die Ebene der offiziellen Transaktionen über. Notwendige Voraussetzung für die Entwicklung einer internationalen Währung ist die Konvertibilität der jeweiligen Währung in allgemein akzeptierte Reservemedien des internationalen Währungssystems. Den Ausgangspunkt dieser Entwicklung bildet die Verwendung einer Währung als *Transaktionswährung*. Dies ist der Fall, wenn eine Währung einen großen Anteil am Welthandel hat. Dabei ist nicht nur der Handel zwischen dem Staat, der diese Währung ausgibt und anderen Ländern gemeint, vielmehr wird eine Transaktionswährung auch im Handel von Drittländern untereinander verwendet. Steht hinter dieser Währung ein relativ großer und entwickelter Kapitalmarkt, so wird eine große Anzahl von Vermögenspapieren (Aktien, Anteile usw.) in dieser Währung ausgegeben. Investoren, die andere als von der heimischen Wirtschaft ausgegebene Papiere halten wollen, werden also auf die *Vermögenswährung* zurückgreifen. Im internationalen Handel lauten Rechnungen und Kontrakte nicht notwendig auf die Währung, in der bezahlt wird; insoweit ist es praktisch, auf eine als stabil geltende Währung als *Preisnotierungswährung* zurückzugreifen. Wird eine Währung in *einer* Funktion benutzt, so liegt es natürlich nahe, sie regional oder möglicherweise dann auch weltweit in mehreren dieser Funktionen zu verwenden.

Auch auf der Ebene der offiziellen Transaktionen ist es nützlich, eher weniger als mehr Währungen zu benutzen. In einem System fester Wechselkurse, d. h. wenn Regierungen den Außenwert ihrer Währungen festsetzen, müssen die Regierungen am Devisenmarkt intervenieren, um den Wechselkurs der eigenen Währung zu stabilisieren. Ist schon eine in großem Ausmaß benutzte Transaktionswährung vorhanden, so liegt es nahe, diese auch als *Interventionswährung* zu benutzen, obwohl grundsätzlich eine Mehrzahl von Währungen zur Intervention geeignet wäre. Praktische Überlegungen sprechen dann dafür, auch bei Transaktionen von Währungsbehörden untereinander die Interventionswährung als *Rechnungseinheit* zu benutzen. Überdies hat jede Regierung, die am Devisenmarkt interveniert, working balances, die, wenn sie einen größeren Umfang annehmen, häufig nicht mehr nur für Interventionszwecke, sondern auch als *Währungsreserven* dienen. Bevor also eine Währung für offizielle Transaktionen benutzt wird, muß sie vorher schon auf der Ebene der privaten Transaktionen Funktionen übernommen haben, insbesondere als Transaktionswährung. Wird umgekehrt die Verwendung einer Währung auf der offiziellen Ebene in einer oder mehreren Funktionen begrenzt, so kann das von Einfluß auf die Verwendung der Währung für private Transaktionen sein, ohne daß dies jedoch notwendig der Fall sein müßte. Es braucht nun aber eine internationale Währung nicht in allen sechs Funktionen verwendet zu werden, insoweit lassen sich partielle und vollentwickelte internationale Währungen unterscheiden; überdies können die verschiedenen Funktionen global oder nur regional wahrgenommen werden. Wenn alle sechs Funktionen weltweit realisiert werden, so könnte man diese Währung eine dominante Währung nennen[13]. Überdies spricht natürlich alles dafür, daß nur die Währung der dominanten Wirtschaft weltweit in allen sechs Funktionen Verwendung findet; eine Integration der Theorie der dominanten Währung in der Theorie der dominanten Wirtschaft reflektiert insoweit nur die bekannte Erfahrung, daß monetäre Phänomene sich häufig als Epiphänomene „realer" Erscheinungen interpretieren lassen.

Es braucht nicht weiter belegt zu werden, daß in den letzten Jahren unter allen Währungen nur der Dollar als vollentwickelte internationale Währung gelten kann. Allgemein wurde bisher davon ausgegangen, daß der Dollar als Transaktionswährung große Verwendung findet, obwohl exakte Zahlen darüber nicht vorliegen. Gängige Annahmen gehen davon aus, daß mindestens ein Drittel des Welthandels in Dollar fakturiert und abgewickelt wird[14]. Ähnliches gilt für in Dollar ausgegebene Vermögenstitel. Zwar übernehmen auch andere Währungen einige dieser Funktionen, jedoch keine in gleichem Ausmaß wie der Dollar. Auf der Ebene der offiziellen Transaktionen wird größtenteils der Dollar als Interven-

[13] Wenn im folgenden das Konzept „Standard der dominanten Währung" Verwendung findet, so umfaßt dieses Konzept historisch sowohl den Gold-Dollar-Standard der sechziger Jahre — da eine Vergrößerung internationaler Währungsreserven durch Sterlingpositionen in diesem Zeitraum kaum noch eintrat, charakterisiert das Konzept des Gold-Devisen-Standards diesen Zeitraum nicht mehr — als auch den reinen Dollarstandard der siebziger Jahre. — Eine „theorielose" Verwendung des Begriffs der dominanten Währung findet sich allerdings gelegentlich. So z. B. *Robert Triffin*, „International Monetary Collapse and Reconstruction in April 1972", Journal of International Economics 2 (1972), S. 375 - 400 und *Ronald I. McKinnon*, Private and Official Internationale Money: The Case for the Dollar, Essays in Internationale Finance Nr. 74, Princeton 1969, S. 4.

[14] Zwar ist auch diese Annahme neuerdings in Zweifel gezogen worden, doch auf der Basis dubioser statistischer Extrapolationen, vgl. *Sven Grassman*, „A Fundamental Symmetry in International Payment Patterns", Journal of International Economics 3 (1973), S. 105 - 116.

tionswährung benutzt, und ein großer Teil der Weltwährungsreserven besteht aus Dollarguthaben. Lediglich bei der Funktion der Rechnungseinheitswährung bestehen Zweifel an der Rolle des Dollar als vollentwickelter internationaler Währung. Die Articles of Agreement des IMF bestimmen, daß die Parwerte der Währungen aller dem IMF angehörender Länder in Gold zu definieren seien[15], wenn auch eine nicht ganz eindeutige Formulierung dieses Artikels es manchen Ländern erlaubte, so zu tun, als ob ihre Währungen de facto in Dollar definiert seien. Seit 1971 wiederum haben eine Anzahl von Ländern ihre Parwerte gegenüber dem IMF in Sonderziehungsrechten definiert, so ist u. a. seit 1973 auch der Parwert des Dollars in Sonderziehungsrechten festgesetzt. Da der Dollar also nicht weltweit als Rechnungseinheitswährung gebraucht wird, ist er auch keine vollentwickelte internationale Währung. Da aber keine andere Währung in allen Funktionen weltweit von gleicher Bedeutung ist, erscheint die Verwendung des Begriffs der dominanten Währung für den Dollar nicht unangemessen.

Der durch die Theorie internationaler Währungen generierte Erkenntnisfortschritt ist zweifach. Zum einen wurde hier mit aller Deutlichkeit die analytische Unterscheidung zwischen Transaktionen auf die offiziellen und der privaten Ebene ausgeführt und die aus dieser Unterscheidung resultierenden Konsequenzen entwickelt. Zum anderen ist evident geworden, wie wenig nutzbringend die bisherigen Konzepte („key currency“, „vehicle currency“, „reserve currency“) waren, da, abgesehen vom Konzept „Reservewährung“, häufig nicht zu entnehmen war, ob sie sich auf die offizielle oder die private Ebene oder gar auf beide bezogen und da sie überdies unterschiedlich benutzt wurden.

Akzeptiert man die Unterscheidung zwischen offizieller und privater Ebene, so ist es dann natürlich sinnvoll, diese Differenzierung auch auf andere häufig gebrauchte Konzepte auszudehnen. So läßt sich zwischen Konvertibilität in andere Währungen am Devisenmarkt und Konvertibilität in Primärreserven (Gold und SZR) unterscheiden; auch nach der Aufhebung der Goldkonvertibilität ist der Dollar auf der Ebene der privaten Transaktionen in andere Währungen konvertibel. Eine Krise des privaten Vertrauens in die Stabilität einer Währung ist nicht identisch mit einer Vertrauenskrise der Zentralbanken. Sind die Zentralbanken gewillt, sich gegenseitig Kreditlinien einzuräumen und alle einfließenden Gelder einer „Spekulationswelle“ zu retransferieren („re-cycling“), so bleibt die private Vertrauenskrise folgenlos auf der Ebene der offiziellen Transaktionen.

---

[15] Vgl. Articles of Agreement, Article IV, Section 1 (a); seit 1971 wird dieser Artikel aufgrund der damals institutionalisierten Leitkurse nur noch modifiziert angewandt.

Wie schon angedeutet, ist die asymmetrische Struktur des internationalen Währungssystems — also die Existenz der dominanten Währung — von anderer Qualität als die vorher beschriebenen Asymmetrien, denen eine gewisse „Natürlichkeit" anhaftet. Im Unterschied zu diesen erfordert die Errichtung eines asymmetrischen Währungssystems eine politische Entscheidung: die Asymmetrie wird auf der offiziellen Ebene, also von Regierungen, institutionalisiert. Die Regierungen müssen entscheiden, ob sie den Außenwert ihrer Währungen festsetzen und stabilisieren wollen, in welcher Währung interveniert wird und ob sie außer Primärreserven nationale Währungen als internationale Reserven halten wollen. Ebenso geht natürlich die Perpetuierung eines einmal geschaffenen asymmetrischen Währungssystems auf politische Entscheidungen zurück, wenn auch solche Entscheidungen häufig nicht vollkommen freiwillig sind. Insoweit verstärken also die Asymmetrien des internationalen Währungssystems den unabhängig davon existierenden Dominanzeffekt. Dies wird dann von besonderer Bedeutung, wenn sich die „reale" Asymmetrie zwischen der dominanten Volkswirtschaft und den übrigen Volkswirtschaften tendenziell verringert, während gleichzeitig die asymmetrische Struktur des internationalen Währungssystems aufrechterhalten oder gar verstärkt wird. Das so entstehende Konfliktpotential führt zwar notwendig zu einer Zerstörung oder zumindest zu einer Umstrukturierung des internationalen Währungssystems; doch wird die tendenzielle Veränderung des asymmetrischen Verhältnisses zwischen der dominanten Volkswirtschaft und den anderen Volkswirtschaften erst mit mehr oder weniger großer Verzögerung in einer solchen Umstrukturierung des Währungssystems realisiert werden.

Schon Perroux hat darauf hingewiesen, daß die mit dem Dominanzeffekt verbundene Asymmetrie nicht kompatibel ist mit dem Konzept der Interdependenz, welches ja eng zusammenhängt mit dem Gleichgewichtskonzept, einem Kernbegriff der ökonomischen Theorie: "La dyssymétrie et l'irréversibilité qui sont constitutives de l'effet de domination sont en opposition logique avec l'interdépendance réciproque et universelle sur laquelle se construit la théorie de l'équilibre général et de son rétablissement ou de sa correction automatiques dans le cas où il est troublé[16]."

Alles hängt natürlich davon ab, wie Interdependenz definiert wird. Im allerweitesten Sinne bedeutet Interdependenz nichts anderes als: alles hängt mit allem zusammen. Ein solch trivialer Interdependenzbegriff ist aber wohl kaum als analytisches Instrument brauchbar, doch läßt sich seine implizite Verwendung häufig genug nachweisen. Cooper,

---

[16] *Perroux*, „Esquisse", S. 253/254. Vgl. auch S. 293: „L'effet de domination brise les schémas de l'interdépendance générale et réciproque"; im Original hervorgehoben. Es wird natürlich nicht verkannt, daß Gleichgewicht und Interdependenz verwandte, doch nicht identische Konzepte sind, wenn auch Perroux die beiden Begriffe nahezu austauschbar verwendet.

der die „Economics of Interdependence“[17] beschrieb, gibt keine Definition seines Interdependenzkonzepts; einer Definition am nächsten kommt wohl seine Formulierung vom „extensive international economic intercourse“[18]. Demgegenüber hat es Waltz unternommen, das Interdependenzkonzept zu präzisieren[19]. Die Ergebnisse dieses Versuchs bestätigen die Tragfähigkeit des hier verwendeten Dominanzkonzepts. Waltz faßt den Interdependenzbegriff sehr viel schärfer, als dies bisher der Fall war; Interdependenz liege vor, wenn die mit einem Abbruch der Beziehungen verbundenen Kosten hoch seien: "The higher the cost of disentanglement, the higher the degree of dependence[20]." Die Kosten eines Abbruchs der Außenbeziehungen sind nun für eine große Volkswirtschaft relativ geringer als für kleine Volkswirtschaften (womit natürlich nichts über die absolute Größe der Kosten, die u. U. identisch sein könnte, gesagt ist). Die unterschiedlichen Kosten gehen primär auf ökonomische, sekundär auch auf politische Gegebenheiten zurück. Große Volkswirtschaften haben in der Regel eine Nachfragestruktur, die sich auf viele Länder erstreckt, während kleinere Volkswirtschaften, deren Gesamtnachfrage für bestimmte Güter oder Rohstoffe nur gering ist, ihre Nachfrage bei einem kleinen Kreis von Anbietern decken; analoges gilt für die Angebotsstruktur. Ein geringerer ökonomischer Entwicklungsgrad impliziert Abhängigkeit beim Import von technologisch fortgeschrittenen Gütern. Die außenwirtschaftlichen Einflüsse auf die große Volkswirtschaft sind vergleichsweise gering, entsprechend gering die Kosten im Falle einer Störung der außenwirtschaftlichen Beziehungen; umgekehrt sind die Kosten bei der Störung der außenwirtschaftlichen Beziehungen kleiner Volkswirtschaften aufgrund der größeren Bedeutung des außenwirtschaftlichen Sektors relativ groß. Je mehr die große Volkswirtschaft einer autarken Position näherkommt, um so geringer die Kosten eines Abbruchs der außenwirtschaftlichen Beziehungen. Im Falle des Abbruchs der Beziehungen zwischen der großen Volkswirtschaft einerseits und den kleineren und mittleren Volkswirtschaften andererseits verhindert politische Fragmentierung, d. h. die Unfähigkeit verschiedener Staaten zur Koordination und Harmonisierung unterschiedlicher Interessen, eine mögliche Verringerung der Kosten des Abbruchs der Beziehungen. Im Grunde reflektieren diese unterschiedlichen Kosten also nur die immense Disparität der Staaten untereinander, eben die dem Dominanzkonzept inhärente Asymmetrie: „high inequality among like units *is* low interdependence“[21]. Die Schlußfolgerung Waltz',

[17] *Richard N. Cooper*, The Economics of Interdependence, New York 1968.

[18] *Cooper*, S. 5.

[19] Vgl. *Kenneth N. Waltz*, „The Myth of National Interdependence“, in: Charles P. Kindleberger (Hrsg.), The International Corporation, Cambridge (Mass.) 1970, S. 205 - 223.

[20] *Waltz*, „Myth“, S. 216.

[21] *Waltz*, „Myth“, S. 207; Hervorhebung im Original.

die Rhetorik der Interdependenz nehme mehr und mehr ideologische Züge an, dürfte wohl kaum von der Hand zu weisen sein. Dennoch scheint es, daß man nicht eben geneigt ist, von liebgewordenen Vorstellungen abzugehen[22]. Oder aber, man verwechselt Interdependenz mit Interaktion. So läßt sich sehr wohl eine wachsende Interaktion der Industrieländer untereinander nachweisen, daraus aber auch auf wachsende Interdependenz zu schließen, dürfte im Lichte der hier skizzierten Asymmetrien ein Fehlschluß sein.

[22] Vgl. z. B. *Richard Rosecrance / Arthur Stein*, „Interdependence: Myth or Reality?", World Politics XXVI (1973/1974), S. 1 - 27. Ein wenig überzeugender Versuch einer Kritik Waltz'; die Autoren versuchen, eine große und wachsende Interdependenz nachzuweisen mit der hier kritisierten Methode „je größer die Zahlen, um so größer die Interdependenz".

3. Die Entwicklung der amerikanischen Zahlungsbilanz

Die scheinbare Eindeutigkeit des Begriffs „Zahlungsbilanz" verbirgt unterschiedliche Bedeutungen. In mindestens dreifachem Sinne läßt sich der Begriff gebrauchen: als (1) statistische Bilanz, (2) Programmbilanz, (3) Marktbilanz[1]. Die Programmbilanz als Bilanz der Hoffnungen und Wünsche kann hier außer Betracht bleiben. Für die Währungsbehörden eines Landes ist normalerweise die Marktbilanz von primärer Wichtigkeit, sie zeigt ein Gleichgewicht oder Ungleichgewicht des Devisenmarktes an. Für viele Zwecke ist es jedoch notwendig, auf die statistische Bilanz, die Aufzeichnung der grenzüberschreitenden Transaktionen, zurückzugreifen. Aussagen über den Devisenmarkt lassen sich natürlich auf dieser Basis nicht mehr machen.

Aber auch wenn man die statistische Bilanz zum Gegenstand der Analyse macht, ist noch nicht entschieden, wie ein Überschuß (bzw. ein Defizit) in der Zahlungsbilanz zu definieren sei. Bis 1971 schloß die offizielle amerikanische Definition eines Gesamtdefizits alle kurzfristigen Verbindlichkeiten ein, nicht jedoch liquide Auslandsforderungen, die von amerikanischen Banken oder Firmen gehalten wurden („liquidity balance"). Dahinter stand die Überlegung, daß *jede* Verbindlichkeit — sei sie gegenüber Privaten oder Währungsbehörden — eine potentielle Forderung auf die amerikanischen Währungsreserven darstelle. Viele der kurzfristigen Verbindlichkeiten waren jedoch „working balances" ausländischer Banken und Firmen, die ihren Weg niemals in die Hände der ausländischen Währungsbehörden fanden, die allein berechtigt waren, solche Forderungen beim amerikanischen Schatzamt zur Konversion zu präsentieren. Dadurch korrespondierte das Defizit natürlich nicht mehr der Entwicklung der amerikanischen (Netto-)Währungsreserven. Die wissenschaftliche Kritik wandte sich mehr und mehr gegen das Konzept der Liquiditätsbilanz und forderte zunehmend ein symmetrisches Konzept, das den Veränderungen der Währungsreserven korrespondiert[2].

---

[1] Vgl. *Fritz Machlup*, „Three Concepts of the Balance of Payments and the So-called Dollar Shortage", Economic Journal LX (1950), S. 46 - 68.

[2] Vgl. insbesondere Review Committee for Balance of Payments Statistics, The Balance of Payments Statistics of the United States: A Review and Appraisal, Report to the Bureau of the Budget, April 1965 (Washington 1965). So konstatierte das Review Committee, daß „in the present international financial system the *key demarcation in international transactions is between those of the monetary authorities and all other transacions*". (S. 3; Hervorhebung vom Verfasser.) Als Konsequenz daraus sah das Committee Verände-

1971 übernahm dann die amerikanische Regierung die vom Review Committee unter Bernstein vorgeschlagene Definition eines Maßes für Zahlungsbilanzdefizite bzw. -überschüsse (Bilanz der offiziellen Reservetransaktionen)[3]. Seither werden in der offiziellen amerikanischen Zahlungsbilanzstatistik beide Konzepte verwandt. Die inzwischen eingetretenen Entwicklungen (Goldinkonvertibilität des Dollars) lassen heute eine Verwendung des Konzepts der Liquiditätsbilanz vollends dubios erscheinen, weshalb im folgenden kein Gebrauch davon gemacht werden wird.

Ein sinnvoller Ausgangspunkt für die Analyse der amerikanischen Zahlungsbilanz ist die Bilanz der laufenden Posten, bestehend aus Handelsbilanz, Dienstleistungsbilanz und den einseitigen Transferzahlungen. Fügt man der Bilanz der laufenden Posten den langfristigen Kapitalverkehr (Direkt- und Portfolioinvestitionen) hinzu, erhält man die Grundbilanz, sie spiegelt die wesentlichen Trends der außenwirtschaftlichen Entwicklung wider. (Zum folgenden vgl. Tab. 3.) Es zeigt sich, daß der Saldo der amerikanischen Handelsbilanz während der sechziger Jahre immer einen großen Überschuß aufwies, er betrug im Durchschnitt zwischen 4,5 Mrd. und 5 Mrd. Dollar jährlich mit einem Maximum im Jahre 1964; danach ging der Saldo stark zurück. 1971 war die amerikanische Handelsbilanz erstmals in diesem Jahrhundert im Defizit in Höhe von 2,7 Mrd. Dollar; bis 1972 hatte sich das Defizit auf 6,9 Mrd. Dollar vergrößert (vgl. Schaubild 1). Der Saldo der Dienstleistungsbilanz war — abgesehen von 1960 — durchgehend positiv und wuchs stetig; im wesentlichen spiegeln sich hier die Einnahmen aus amerikanischen Auslandsinvestitionen sowie Zinsen und Einnahmen aus Lizenzen, Patenten usw. wider. Die Transferzahlungen enthalten im wesentlichen Ausgaben der amerikanischen Regierung wie Militärhilfe und Überweisungen an internationale Organisationen; diese Transfers betrugen (netto) im Durchschnitt zwischen 2,5 und 3,5 Mrd. Dollar jährlich. In der Bilanz der laufenden Posten zeigt sich ein ähnlicher Trend wie in der Handelsbilanz: auch hier regelmäßig ein positiver Saldo mit einem Maximum im Jahre 1964, der danach stetig abnahm, im Jahre 1971 ein geringes Defizit, das bis 1972 auf 8,4 Mrd. Dollar anwuchs (vgl. Schaubild 2).

Die Grundbilanz fügt der Bilanz der laufenden Posten den langfristigen Kapitalverkehr hinzu, der während der sechziger Jahre für die

---

rungen in den Verbindlichkeiten gegenüber anderen als Währungsbehörden als normale Kapitalbewegungen an, die entsprechend den sonstigen Veränderungen des privaten Banken- und Geldsektors behandelt werden sollten, während andererseits keine Unterscheidung getroffen werden sollte zwischen verschiedenen Arten von Verbindlichkeiten (liquide, illiquide) der amerikanischen Regierung gegenüber Währungsbehörden (S. 3). Vgl. dazu auch besonders S. 109 - 114.

[3] Vgl. „The U.S. Balance of Payments: Revised Presentation", Survey of Current Business, Juni 1971, S. 24 - 57.

Tabelle 3

Die amerikanische Zahlungsbilanz (in Mrd. US $)

	1960	1961	1962	1963	1964	1965	1966	1967	1968	1969	1970	1971	1972	1973
Handelsbilanz	4,9	5,6	4,5	5,2	6,8	5,0	3,8	3,8	0,6	0,6	2,2	−2,7	−6,9	0,5
Dienstleistungsbilanz	−0,8	0	0,6	0,7	1,8	2,1	1,4	1,3	1,9	1,2	1,4	3,4	2,3	3,9
Transferzahlungen	−2,3	−2,5	−2,6	−2,7	−2,8	−2,8	−2,9	−3,0	−2,9	−2,9	−3,2	−3,5	−3,8	−3,9
Bilanz der lfd. Posten	1,8	3,1	2,5	3,2	5,8	4,3	2,3	2,1	−0,4	−1,1	0,4	−2,8	−8,4	0,5
Langfristiges Kapital	−3,1	−3,1	−3,5	−2,0	−5,9	−6,2	−4,0	−5,4	−1,0	−1,9	−3,5	−6,5	−1,4	−1,4
Grundbilanz	−1,2	0	−1,0	−1,3	0	−1,8	−1,7	−3,3	−1,4	−3,0	−3,0	−9,6	−9,8	−0,9
Kurzfristiges Kapital (incl. Restposten)	−2,2	−1,3	−1,7	−0,6	−1,5	−0,5	1,9	−0,1	3,0	5,7	−6,8	−20,2	−0,5	−4,4
Bilanz der offiziellen Reservetransaktionen	−3,4	−1,3	−2,7	−1,9	−1,5	−1,3	0,2	−3,4	1,6	2,7	−9,8	−29,8	−10,3	−5,3
Finanziert durch:														
Veränd. der Reserven (Zun.+)	−2,1	−0,6	−1,6	−0,4	−0,2	−1,2	−0,6	−0,1	+0,9	+1,2	−2,5	−2,3	0	−0,2
Veränd. der Verbindl. (Abn.+)	−1,3	−0,7	−1,1	−1,5	−1,3	−0,1	+0,8	−3,4	+0,7	+1,5	−7,3	−27,5	−10,3	−5,1

Quelle: Survey of Current Business, verschiedene Ausgaben.

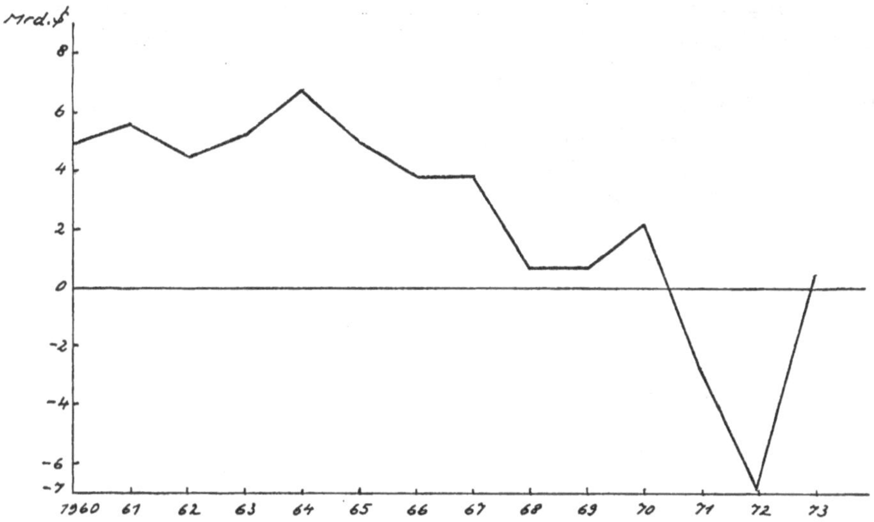

Schaubild 1: Die amerikanische Handelsbilanz

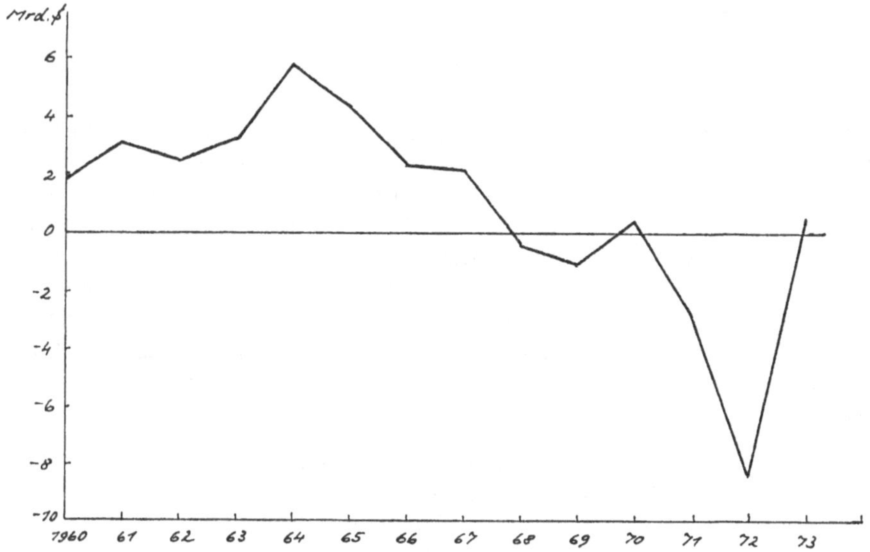

Schaubild 2: Die amerikanische Bilanz der laufenden Posten

USA zu einem großen Teil aus Direktinvestitionen bestand mit (Netto-) Kapitalabflüssen um ca. 3 Mrd. Dollar jährlich zu Anfang der sechziger Jahre. Ab 1964 stieg der langfristige Kapitalverkehr dann stark an, ging ab 1968 wieder zurück und nahm 1970 und 1971 sehr großen Umfang an. Diese Trends spiegeln sich dann in der Grundbilanz wider: bis 1970 geringe Defizite um 1,5 Mrd. Dollar jährlich, 1971 und 1972 ein Rekorddefizit von jeweils knapp 10 Mrd. Dollar (vgl. Schaubild 3). Die beträchtlichen kurzfristigen Kapitalbewegungen zeigten — abgesehen von den Jahren 1966, 1968 und 1969 — ebenfalls Defizitsalden, 1971 betrug dieser Saldo knapp 30 Mrd. Dollar.

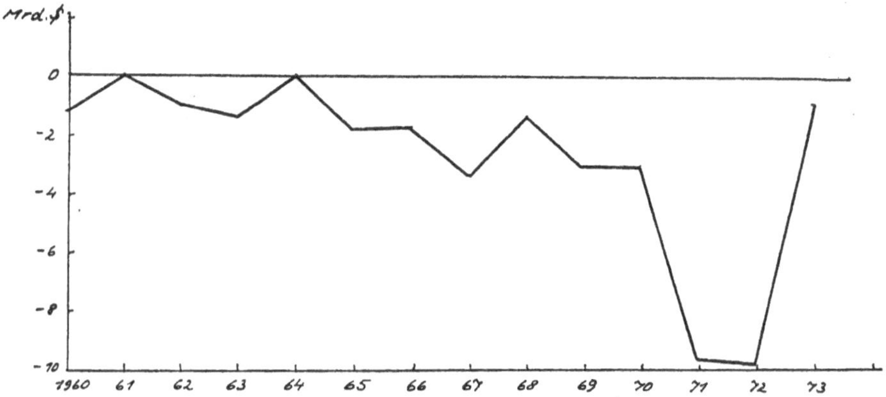

Schaubild 3: Die amerikanische Grundbilanz

Die Bilanz der offiziellen Reservetransaktionen, die die Veränderungen der Währungsreserven der Vereinigten Staaten sowie die Erhöhung bzw. die Verminderung der Nettoverbindlichkeiten gegenüber Währungsbehörden ausweist, war bis 1969 mit durchschnittlich 1,5 Mrd. Dollar jährlich im Defizit, mit Ausnahme der Jahre 1966, 1968 und 1969, in denen die Reserven der USA zunahmen bzw. die Verbindlichkeiten abnahmen. Ab 1970 nahmen die Defizite erheblich zu, allein 1971 wiesen die offiziellen Reservetransaktionen ein Defizit von ca. 30 Mrd. Dollar aus, 1972 betrug das Defizit wiederum mehr als 10 Mrd. Dollar (vgl. Schaubild 4).

Die Veränderungen in der Bilanz der offiziellen Reservetransaktionen wurden dabei zu Anfang der sechziger Jahre relativ gleichmäßig durch eine Abnahme der amerikanischen Währungsreserven, die in der Hauptsache aus Gold bestanden, und eine Zunahme der Verbindlichkeiten finanziert. Noch 1960 betrugen die gesamten Währungsreserven der USA 19,4 Mrd. Dollar (davon 17,8 Mrd. in Gold), denen Verbindlichkeiten in Höhe von 11, 1 Mrd. Dollar gegenüberstanden. 1965 waren die Verbindlichkeiten der USA gegenüber Währungsbehörden erstmals größer als ihre Währungsreserven; danach nahmen die Reserven nur noch gering-

Tabelle 4

Währungsreserven der USA (in Mrd. US $)

Jahr	1. Brutto-reserven	2. davon Gold	3. Verbind-lichkeiten	4. Verb. gegenüber IMF	5. Verb. gegenüber Zentralbanken	6. Nettoreserven (1+3)
1960	19,4	17,8	— 11,9	— 0,8	— 11,1	7,5
1961	18,8	16,9	— 12,6	— 0,8	— 11,8	6,2
1962	17,2	16,1	— 13,7	— 0,8	— 12,9	3,5
1963	16,8	15,6	— 15,2	— 0,8	— 14,4	1,6
1964	16,7	15,5	— 16,6	— 0,8	— 15,8	0,1
1965	15,5	13,8	— 16,6	— 0,8	— 15,8	— 1,1
1966	14,9	13,2	— 15,9	— 1,0	— 14,9	— 1,0
1967	14,8	12,1	— 19,2	— 1,0	— 18,2	— 4,4
1968	15,7	10,9	— 18,3	— 1,0	— 17,3	— 2,6
1969	17,0	11,9	— 17,0	— 1,0	— 16,0	0,0
1970	14,5	11,1	— 24,4	— 0,6	— 23,8	— 9,9
1971	12,2	10,2	— 51,2	— 0,5	— 50,7	— 39,0
1972	13,2	10,5	— 61,5	—	— 61,5	— 48,3
1973	14,4	11,7	— 66,8	—	— 66,8	— 52,4

Quelle: Treasury Bulletin, verschiedene Ausgaben.

fügig ab, während die Verbindlichkeiten weiter zunahmen. Ab 1970 vergrößerten sich die Verbindlichkeiten in jedem Jahr sprunghaft: 1970 auf knapp 24 Mrd. Dollar, Ende 1973 betrugen die Verbindlichkeiten dann 70 Mrd. Dollar (vgl. Tab. 4 und 5 sowie Schaubild 5).

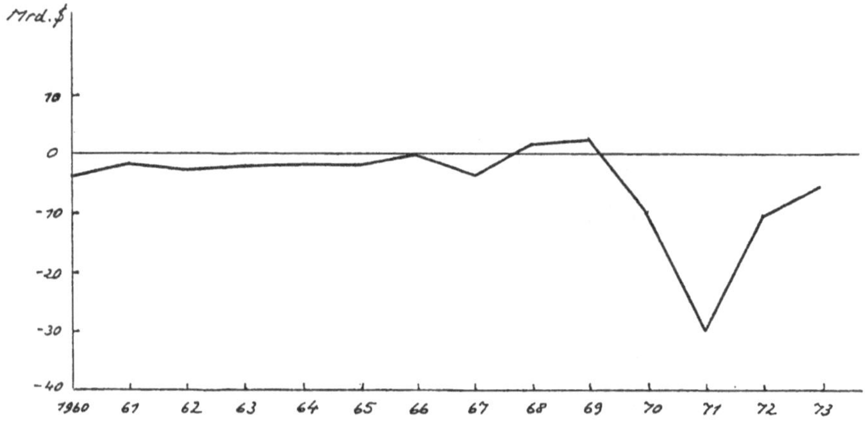

Schaubild 4: Die amerikanische Bilanz der offiziellen Reservetransaktionen

Tabelle 5

Verhältnis der amerikanischen Reserven zu Verbindlichkeiten gegenüber ausländischen Währungsbehörden

	1960	1961	1962	1963	1964	1965	1966
Reserven / Verbindl.	1,63	1,48	1,26	1,11	1,00	0,93	0,93
	1967	1968	1969	1970	1971	1972	1973
Reserven / Verbindl.	0,77	0,85	1,00	0,59	0,24	0,21	0,20

Quelle: Survey of Current Business; teilweise eigene Rechnung.

Diesen Veränderungen der Währungsreserven und Verbindlichkeiten der USA korrespondierte in starkem Maße die Entwicklung der Weltwährungsreserven (vgl. Tabelle 6 und Schaubild 6). Dabei veränderten sich während des ersten Jahrfünfts der sechziger Jahre die Bestände an Gold und die Reservepositionen im IMF nur geringfügig, während die Bestände an ausländischen Währungen — im wesentlichen Dollars, kaum Sterling — zwar langsam, doch kontinuierlich zunahmen. Diese Trends setzten sich auch im zweiten Jahrfünft der sechziger Jahre fort, wobei der Anteil des Goldes an den Währungsreserven leicht zurückging, während ausländische Währungen stark anwuchsen. Ab 1970 nahmen dann — durch die Schaffung der SZR — die Reservepositionen im IMF zu,

Tabelle 6
Weltwährungsreserven
(in Mrd. US $)

	1960	1970	1973	Veränderungen 1960 - 1970	Veränderungen 1970 - 1973
I. Gold	38,0	37,2	43,1	— 0,8	+ 5,9
II. SZR + Reserven im IMF	3,6	10,8	18,1	+ 7,2	+ 7,3
III. Ausländische Währungen	18,6	44,6	123,1	+ 26,0	+ 78,5
Dollars	11,1	23,8	66,8	+ 12,7	+ 43,0
Sterling	6,3	6,6	7,8	+ 0,3	+ 1,2
IV. Euro-Dollars, sonstige	1,2	14,2	48,4	+ 13,0	+ 34,2
Gesamt	60,2	92,6	184,3	+ 32,4	+ 91,7

Quelle: International Financial Statistics, verschiedene Ausgaben.

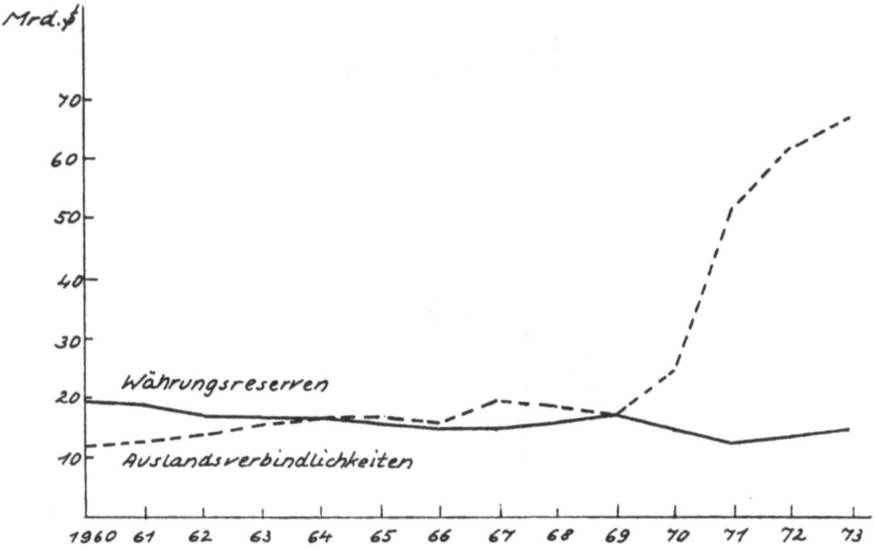

Schaubild 5:
Die amerikanischen Währungsreserven und Auslandsverbindlichkeiten

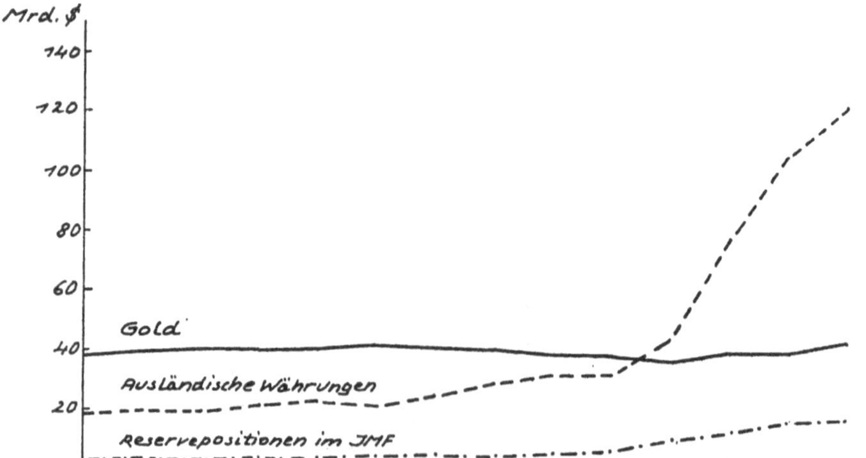

Schaubild 6: Weltwährungsreserven

während die Bestände an ausländischen Währungen sich geradezu explosionsartig vermehrten. Allein die Dollarbestände nahmen in den drei Jahren bis 1973 um 46 Mrd. Dollar zu, fast viermal so viel wie die Zunahme in den zehn vorhergehenden Jahren. Auch die Eurodollarbestände nahmen sehr stark zu, was zum Teil zurückgehen dürfte auf Investitionen europäischer Zentralbanken. Überdies nahmen ab etwa 1970 Zentralbanken Diversifikationen ihrer Reserven vor und nahmen auch andere Währungen (besonders Deutsche Mark, Guilder und Schweizer Franken) in ihre Reserven auf.

4. Alternative Deutungen des amerikanischen Zahlungsbilanzdefizits

Bisher wurden lediglich das Faktum der permanenten amerikanischen Defizite konstatiert[1], ohne daß nach den Ursachen gefragt wurde, die zu diesen Defiziten führten. Nun besteht aber an unterschiedlichen Erklärungen für die Ursachen des amerikanischen Defizits kein Mangel. Die wichtigsten Erklärungsversuche sollen hier — sehr verkürzt — vorgestellt und diskutiert werden. Es sind dies:

1. Strukturelle Veränderungen der Weltwirtschaft
2. Inflation in den USA
3. Überbewertung des Dollars
4. Vietnamkrieg
5. „Overspending"
6. Redundanzproblem
7. Die Nachfrage ausländischer Währungsbehörden nach Währungsreserven
8. Internationale Finanzvermittlung

Schon während der fünfziger Jahre war die Weltwirtschaft in rascher Veränderung begriffen; während dieser Zeit wurden in Europa die wirtschaftlichen Folgen des zweiten Weltkriegs beseitigt. Diese Veränderung der Wettbewerbspositionen der Länder untereinander setzte sich fort, in der zweiten Hälfte der sechziger Jahre trat dann noch Japan in den Kreis der wichtigsten Industrieländer[2]. Solche bloßen Konstatierungen finden sich häufig, ohne daß weiter nach Ursachen für die veränderten Wettbewerbspositionen gefragt wird, wenn auch manchmal auf den Zusammenhang von Dollarüberbewertung und veränderter Wettbewerbsposition hingewiesen wird. Zwar dürfte in den strukturellen Veränderungen eine Ursache für das amerikanische Defizit liegen, doch bestenfalls nur subsidiär: war doch die Handelsbilanz der USA bis 1967 mit durchschnittlich 4,5 Mrd. Dollar jährlich im Überschuß, während die

[1] Die Überschüsse in der Bilanz der offiziellen Reservetransaktionen 1966, 1968 und 1969 gehen auf kurzfristige Kapitalimporte zurück, die keine Anpassungseffekte hatten. Insoweit sind sie für die Analyse kaum von Bedeutung.

[2] So z. B. *Gottfried Haberler / Thomas D. Willett*, U.S. Balance of Payments Policies and International Monetary Reform: A Critical Analysis, Washington 1968, S. 5.

durchschnittlichen Defizite in der Bilanz der offiziellen Reservetransaktionen etwa 2 Mrd. Dollar jährlich betrugen.

Ein zweiter Grund wird in der Inflation in den USA, insbesondere ab 1965 gesehen[3]. In der Regel wird nicht angegeben, anhand welcher Preisindizes die Inflation gemessen und verglichen werden soll: am Index der Verbraucherpreise, der Großhandelspreise oder der Exportpreise. Nun läßt sich aber recht einfach zeigen, daß diese Erklärung kaum triftig sein kann: zu Anfang der sechziger Jahre betrug die jährliche Veränderung des Verbraucherpreisindex in den USA 1 %, während der Durchschnitt der zehn wichtigsten Industrieländer jeweils zwischen drei und vier Prozent lag; auch Ende der sechziger und Anfang der siebziger Jahre lag der Verbraucherpreisindex der USA in der Regel etwa einen Prozentpunkt unter diesem Mittel. Betrachtet man die Veränderung des Index der Exportpreise, so ergibt sich ein etwas anderes Bild. Während des ersten Jahrfünfts der sechziger Jahre blieb die Veränderung der amerikanischen Exportpreise unter der durchschnittlichen Veränderung der Exportpreise der übrigen Industrieländer, so daß die Erklärung für diesen Zeitraum nicht triftig ist. In den Jahren 1965 - 70 stiegen die Exportpreise der USA stärker als die Exportpreise der übrigen Industrieländer. Da der Erklärungsversuch für den Zeitraum der Jahre bis 1965 nicht zutraf, kann er für den folgenden Zeitraum bestenfalls bedingt richtig sein. Die Veränderung der Exportpreise der USA — relativ zur Veränderung der Exportpreise der anderen Industrieländer — kann einen Verstärkereffekt auf die Entwicklung der amerikanischen Zahlungsbilanz ausgeübt haben, die Ursache des Defizits kann darin nicht gesehen wer-

Tabelle 7

Veränderung der Exportpreise verschiedener Länder (in Prozent)

	1960 - 1965	1965 - 1970	1970 - 1973
BRD	9	11	12
Frankreich	7	7	18
Großbritannien	9	7	3
Italien	0	8	22
Japan	—4	9	7
USA	5	16	24

Anmerkung: Die Zahlen schließen durch Paritätsänderungen bedingte Veränderungen der Exportpreise ein.
Quellen: International Economic Report of the President, März 1973, S. 35 (für 1960 bis 1970), International Financial Statistics (für 1970 - 1973).

[3] So z. B. Haberler / Willett, für die Inflation „the single most important factor“ (S. 9) ist; ebenso *Harry G. Johnson*, „Political Economy Aspects of International Monetary Reform“, Journal of International Economics 2 (1972), S. 401 - 423, hier bes. 412 ff.

den. Ebenso kann die Hypothese für den Zeitraum 1970 - 73 nicht akzeptiert werden, da Wechselkursveränderungen — und nicht originäre Preisveränderungen — die Ursache des starken Anstiegs der amerikanischen Exportpreise relativ zum geringeren Anstieg der Exportpreise der anderen Industrieländer waren.

Eine andere Erklärung sucht die Ursache für die Zahlungsbilanzdefizite in der Überbewertung des Dollars relativ zu anderen Währungen[4]. Insofern in der Dollarüberbewertung die alleinige Ursache des Zahlungsbilanzdefizits gesehen wurde, ist die Erklärungskraft der Argumentation überzogen. Dies zeigt wiederum ein Blick auf die Handelsbilanz bis 1971, weshalb die Erklärung während der sechziger Jahre keineswegs allgemein akzeptiert war. Die Auffassung, daß der Dollar überbewertet sei, setzte sich erst durch, als 1971 die Handelsbilanz ins Defizit überwechselte. Dennoch wird die Erklärung als Teilerklärung hier akzeptiert, wenn auch die in der Regel angegebenen Gründe für die Überbewertung des Dollars, nämlich die Abwertungen der europäischen Länder 1949[5], wiederum nur einen Teilaspekt beleuchten.

Der Vietnamkrieg erscheint nur selten in der Liste der Gründe. Das mag z. T. daran liegen, daß das Dollarproblem älter als der Vietnamkrieg ist, so daß hier bestenfalls ein Verstärkereffekt vorliegt; überdies wurde in der Regel mit der baldigen Beendigung des Vietnamkriegs gerechnet, womit die daraus resultierenden Zahlungsbilanzbelastungen eliminiert würden. Wie sich aber zeigte, gingen auch nach Beendigung der eigentlichen Kriegshandlungen die mit dem Krieg in Zusammenhang stehenden Belastungen der amerikanischen Zahlungsbilanz keineswegs zurück: z. T. wurden die amerikanischen Truppen nur in andere Länder des südostasiatischen Raumes verlagert, z. T. wird nunmehr statt auswärtiger Militärausgaben für einige Länder des südostasiatischen Raumes auswärtige Hilfe in verstärktem Maße ausgewiesen. Überdies wird wohl allgemein der Einfluß des Vietnamkriegs auf die amerikanische Zahlungsbilanz unterschätzt. So bezifferte die amerikanische Regierung die jährlichen zahlungsbilanzwirksamen Kosten des Vietnamkriegs mit 1,5 Mrd. Dollar unter Ausschluß indirekter Effekte[6]; anscheinend kam

---

[4] Hier sei vor allem an Houthakker und Samuelson erinnert, die wohl die nachdrücklichsten Verfechter dieser Erklärung waren. Vgl. z. B. *Hendrik S. Houthakker*, „Exchange Rate Adjustment", in: Factors Affecting the United States Balance of Payments. Compilation of Studies, Joint Economic Committee, 87 Cong. 2 sess. (1962), S. 287 - 304. Ebenso *Paul A. Samuelson*, „Theoretical Notes on Trade Problems", Review of Economics and Statistics 46 (1964), S. 145 - 154 und *derselbe*, „Heretical Doubts About the International Mechanisms", Journal of International Economics 2 (1972), S. 443 - 453.

[5] *Houthakker*, „Exchange Rate Adjustment", S. 298, *Samuelson*, „Theoretical Notes", S. 153.

[6] Vgl. U.S. Treasury Department, Maintaining the Strength of the United States Dollar in a Strong Free World Economy, Washington 1968, S. 82.

sie zu diesem Ergebnis mit der simplen Methode, die durchschnittlichen auswärtigen Miiltärausgaben der Jahre 1960 bis 1965 von denen des Zeitraums 1967 bis 1968 abzuziehen. Diese Zahl wurde dann in der Literatur in der Regel übernommen. Es geht aber nicht an, die indirekten Zahlungsbilanzeffekte dieses militärischen Engagements unberücksichtigt zu lassen. Sowohl der Importanteil des in den USA produzierten Kriegsmaterials als auch die indirekten Einflüsse auf die Nettoexporte der USA aufgrund von Exportablenkung und Preissteigerungen müßten berücksichtigt werden. Unter Einschluß dieser Komponenten dürfte der Vietnamkrieg die Bilanz der laufenden Posten um ca. 4 Mrd. Dollar jährlich passiviert haben[7]. Die durch den Vietnamkrieg verursachte Passivierung der amerikanischen Zahlungsbilanz war also beträchtlich, doch dürften hier im wesentlichen Verstärkereffekte vorliegen; eine primäre Ursache des Defizits war der Krieg nicht.

Ein weiterer Erklärungsversuch sieht das amerikanische Defizit durch „overspending" generiert. Machlup hat diesen Erklärungsansatz vorgelegt[8], ohne diesen Begriff zu gebrauchen. Dies mag auf Machlups Abneigung zurückgehen, überhaupt Kausalbeziehungen, die Entstehung und Perpetuierung des Defizits festmachen wollen, herauszuarbeiten. So hypostasiert Machlup einen „Transfermechanismus", dessen wesentliches Kennzeichen die Anpassungs*automatik* ist. Dieser homöostatische ökonomische Mechanismus, der normalerweise recht zuverlässig arbeite, habe im Falle des amerikanischen Zahlungsbilanzdefizits versagt. Die Folge sei eine „Transferlücke" gewesen, die definiert wird als Differenz zwischen Finanztransfers (auswärtige Militärausgaben, Regierungsdarlehen, private Kredite und Direktinvestitionen) und Realtransfers (also einem Exportüberschuß in Gütern und Dienstleistungen)[9]. Diese Transferlücke war während der Jahre 1950 bis 1967 relativ konstant, sie betrug zwischen 1,5 Mrd. Dollar (1965) und 3,9 Mrd. Dollar (1959) mit einem Mittel von 2,4 Mrd. Dollar. In der Tatsache, daß sich in der überwiegenden Zahl der Fälle Finanztransfers und Realtransfers gleichsinnig verändert hatten, sieht Machlup eine Bestätigung seiner Annahme eines homöostatischen Systems. Überdies schließt Machlup aus einem relativ konstanten Verhältnis der Finanztransfers zum Bruttosozialprodukt auf ein „normales" Volumen der Finanztransfers. Unter der Voraussetzung dieses „normalen" Volumens der Finanztransfers besteht das

[7] Vgl. *Leonard Dudley / Peter Passell*, „The War in Vietnam and the United States Balance of Payments", Review of Economics and Statistics 50 (1968), S. 437 - 442.

[8] Vgl. *Fritz Machlup*, „The Transfer Gap of the United States", Banca Nazionale del Lavoro, Quarterly Review, Nr. 86, September 1968, S. 195 - 238. Vgl. auch *Fritz Machlup*, Involuntary Foreign Lending, Stockholm 1965.

[9] Im Unterschied zur offiziellen amerikanischen Zahlungsbilanzstatistik gruppiert Machlup die auswärtigen Militärausgaben in die Finanztransfers, eine für viele Probleme zweckmäßigere Anordnung, der hier gefolgt wird.

Transferproblem dann lediglich darin, „achieving an adjustment in the movements of goods and services to payments commitments so that the balance of trade becomes sufficiently positive for current net earnings to match the commitments“[10].

Zwar ist Machlups Insistieren auf der Interdependenz aller Posten der Zahlungsbilanz und seine Ablehnung monokausaler Ursachenzurechnung gerechtfertigt, doch kann seiner Hypostasierung eines automatischen Transfermechanismus nicht gefolgt werden — ganz abgesehen davon, daß er diese Idee selbst nicht konsequent durchhält. Es wird nicht klar, inwieweit dem Transfermechanismus eine naturwüchsige Automatik innewohnt und inwieweit diese Automatik beeinflußt und modifiziert wird von wirtschaftspolitischen Maßnahmen. Einesteils erscheinen wirtschaftspolitische Maßnahmen als „Störpotential“, das die Homöostatik des Transfermechanismus negativ beeinflußt oder gar aufhebt — so, wenn es um die Frage der Fortdauer der Transferlücke geht[11] —, andererseits wird gerade von diesem „Störpotential“ eine Eliminierung der Transferlücke erwartet[12], und die Formulierung, die sich auf die Genese der Transferlücke bezieht[13], ist vollends zweideutig. Vielleicht kann Machlups Haltung gegenüber den wirtschaftspolitischen Maßnahmen des Staates als symptomatisch für ein neoklassisches Verständnis angesehen werden, das von seinen theoretischen Prämissen her in „reinen“ ökonomischen Kategorien denkt und damit die Realität zu erfassen sucht und doch andererseits sich der Ubiquität der wirtschaftspolitischen Einflußnahme des Staates konfrontiert sieht, ohne dies jedoch in die Prämissen aufzunehmen. Damit in Zusammenhang steht auch Machlups Annahme eines „normalen“ Volumens der Finanztransfers — dessen „Normalität“ allzu schnell in Natürlichkeit umschlägt und so einen normativen Charakter annimmt —, ohne daß die Abhängigkeit dieser Finanztransfers von politischen Determinanten reflektiert wird, obwohl der politische Charakter der Finanztransfers zumindest implizit durch die Wortwahl („commitments“) anerkannt wird ebenso wie durch das

[10] Involuntary Foreign Lending, S. 52.

[11] „The answer (nämlich auf die Frage nach der Konstanz der Transferlücke) may lie in the interference of some ‚manual controls‘ with the automatic ones, or of more or less discretionary policies with the undesigned reflexes and reactions or general rules of thumb that are behind the so-called automatic system.“ „Transfer Gap“, S. 223.

[12] „That the real transfers were not achieved proves only that the adjustment policies of the countries concerned were inadequate.“ „Transfer Gap“, S. 234.

[13] „... the large financial transfers of the United States were not quite matched by its export surpluses because, in the absence of sufficient expansion of demand, incomes, and prices in other countries, only painful doses of deflation in the United States or an unwanted reduction in the exchange rate of the dollar could secure the reductions in relative incomes and prices that would be needed to raise the export surplus to the required size.“ „Transfer Gap“, S. 197.

Postulat, die Realtransfers müßten sich den Finanztransfers anpassen, nicht umgekehrt. Damit verfällt Machlup in die von ihm selbst kritisierte „fallacy of disguised politics“[14]. Es ist überhaupt nicht einzusehen, warum politische Entscheidungen unkritisch akzeptiert werden und *mögliche* Lösungen des Transferproblems nur in einer Richtung gesucht werden. Dem widerspricht auch nicht die relative Konstanz der Transferlücke trotz zahlungsbilanzpolitischer Maßnahmen. Bis 1960 verfolgten die Vereinigten Staaten eine vollkommen passive Zahlungsbilanzpolitik; was die zahlungsbilanzpolitischen Maßnahmen nach 1960 betrifft, so ist zumindest denkbar, daß sie allesamt nicht „radikal“ genug waren und evtl. nicht in die richtige Richtung gingen, um das amerikanische Zahlungsbilanzdefizit zu beseitigen — insbesondere, wenn die eingangs gemachte Voraussetzung, das amerikanische Defizit sei ein kaum mit anderen Defiziten vergleichbares Phänomen, zutreffend ist. Schließlich sieht sich denn auch Machlup unter Ignorierung seiner Ablehnung von Ursachenzurechnung zu dem Eingeständnis genötigt: “I regard the excessive transfer commitments of the United States as one of the most important factors, though not the sole factor, in the explanation of its persistent deficits[15].” Diese Einsicht wird jedoch nicht mit dem vorgetragenen Erklärungsversuch vermittelt und bleibt somit für die Erklärung der Transferlücke, also des Defizits, folgenlos.

Das Redundanzproblem existiert in verschiedenen Formulierungen, ohne daß dadurch jedoch grundsätzlich alternative Tatbestände beschrieben werden[16]. Eine Variation des Redundanzproblems[17] postuliert n Länder, die miteinander in wirtschaftlichen Beziehungen stehen. Durch (n-1) Zahlungsbilanzziele (bzw. -politiken) ist das System vollständig determiniert, die n-te Zahlungsbilanzpolitik ist lediglich eine Residualgröße. Dabei wird unterstellt, daß die amerikanische Zahlungsbilanzpolitik während der sechziger Jahre diese Residualgröße gewesen sei.

Zunächst ist das Redundanzproblem nichts weiter als eine Übung in formaler Logik; insoweit richtig, aber auch trivial. Zwar würden (n-1) Zahlungsbilanzpolitiken ausreichen, doch haben alle Länder Zahlungsbilanzpolitiken (das gilt auch für Länder mit passiver Zahlungsbilanzpolitik, da alle binnenwirtschaftlichen Maßnahmen spill-over-Effekte

---

[14] *Fritz Machlup*, „Equilibrium and Disequilibrium: Misplaced Concreteness and Disguised Politics“, Economic Journal LXVIII (1958), S. 1 - 24.

[15] Involuntary Foreign Lending, S. 55.

[16] Die ursprüngliche Formulierung geht wohl zurück auf *Robert A. Mundell*, „The Redundancy Problem and the World Price Level“, in: Robert A. Mundell / Alexander K. Swoboda (Hrsg.), Monetary Problems of the International Economy, Chicago und London 1969, S. 379 - 382.

[17] Vgl. *Henry C. Wallich*, „Whatever Became of the Balance of Payments?“, The Atlantic Community Quarterly, Sommer 1970, S. 259 - 271 sowie *McKinnon*, Private and Official International Money, S. 29 - 32.

haben). Das Ergebnis von n aktiven Zahlungsbilanzpolitiken ist realiter keine Überdetermination des Systems, vielmehr ist dadurch eine Konfliktsituation impliziert, die auch durch den Dominanzeffekt beeinflußt wird. Andererseits können mehrere Länder eine passive Zahlungsbilanzpolitik verfolgen (in der Logik des Modells wäre das System wohl unterdeterminiert), das Ergebnis für das internationale Währungssystem wäre dann eine Verminderung des Konfliktpotentials. Die Annahme, daß gerade die Zahlungsbilanz der USA die Residualgröße gewesen sei, verkennt die Realität. Eine aktive oder passive Zahlungsbilanzpolitik geht auf die Entscheidungen der jeweiligen Regierung zurück, und wenn Außeneinflüsse diese Entscheidung stark beeinflussen, so gilt dies gerade nicht für die dominante Volkswirtschaft. Aus recht einsichtigen Gründen entschied sich die amerikanische Regierung für eine passive Zahlungsbilanzpolitik, so daß das Redundanzproblem — in dieser wie in anderen Formulierungen — eine nur wenig kaschierte Rechtfertigungsideologie für eine passive Zahlungsbilanzpolitik der USA sein dürfte; dies läßt sich sehr deutlich ablesen an den normativen Folgerungen, die regelmäßig aus dem Redundanzproblem gezogen werden.

Eine Erklärung, die eine gewisse Ähnlichkeit mit dem Redundanzproblem aufweist, sieht das amerikanische Defizit durch die Nachfrage ausländischer Währungsbehörden nach Währungsreserven verursacht. Da jedoch — so diese Erklärung — die Nachfrage nach Reserven das Angebot an Primärreserven übersteige, sähen sich Währungsbehörden veranlaßt, Dollaraktiva als Reserven zu halten. Da die USA der Zahlungsbilanz als wirtschaftspolitischer Zielgröße immer nur geringe Bedeutung beimaßen, seien sie geneigt gewesen, Zahlungsbilanzdefizite in Kauf zu nehmen[18].

Diese Erklärung ist zwar unhaltbar, doch macht sie implizit auf ein fundamentales Problem des interationalen Währungssystems aufmerksam: zwei wirtschaftspolitische Ziele — eine Zielgröße für die Zahlungsbilanz und eine für die Reserven — waren im Bretton-Woods-System untrennbar miteinander verbunden, eine Zielgröße war nicht ohne die andere erreichbar. Wollten die USA — aus welchen Gründen auch immer — Zahlungsbilanzdefizite in Kauf nehmen, so mußte das zu einer Verringerung ihrer Primärreserven und/oder zu einer Erhöhung ihrer Verbindlichkeiten führen. Andererseits ist kaum auszumachen, ob die europäischen Industrieländer eher Zahlungsbilanzüberschüsse oder eher Reservenakkumulationen erstrebten (wohl beides, doch geht es hier um die Priorität der beiden Ziele). Auf jeden Fall konnte eine Erhöhung der Reserven nur über einen Zahlungsbilanzüberschuß erreicht werden. Die Implikationen dieses fundamentalen Defekts des internationalen

[18] So z. B. *Robert Z. Aliber*, Choices for the Dollar: Costs and Benefits of Approaches to the Balance-of-Payments Problem, Washington 1969.

Währungssystems waren — unter der Voraussetzung einer unzureichenden Goldförderung — ein erheblich vergrößertes internationales Konfliktpotential. Seit der Schaffung der ersten Sonderziehungsrechte 1970 sind nun — zumindest potentiell — die beiden Ziele Zahlungsbilanz und Reserven getrennt: Defizitländer können — bis zu einer bestimmten Größenordnung — positive Reservenveränderungen ausweisen, wodurch möglicherweise das durch inkonsistente Reservenziele bedingte Konfliktpotential verringert wird. Andererseits wird durch die Dissoziation der beiden Ziele klar, daß ein amerikanisches Defizit keineswegs durch die Nachfrage ausländischer Währungsbehörden determiniert ist. Überdies scheitert die Erklärung an den Zahlungsbilanzüberschüssen der USA 1966, 1968 und 1969. Soll man annehmen, daß der Bedarf ausländischer Währungsbehörden in diesen Jahren abnahm, obwohl gerade zu dieser Zeit die globalen Primärreserven sich rückläufig entwickelten? Aber auch hier vermag ein Hinweis auf die politischen Implikationen des hier skizzierten Erklärungsversuchs seine Unhaltbarkeit aufzuweisen: selbst wenn eine solche Nachfrage von seiten ausländischer Währungsbehörden bestanden hätte, hätten die USA diese Nachfrage keineswegs befriedigen müssen. Das Ergebnis wären lediglich größere Konflikte gewesen über die Verteilung knapper Reserven. Das hätte eine Veränderung des internationalen Währungssystems in Hinblick auf dessen Liquiditätsschöpfung dann um so dringlicher erscheinen lassen. Aus dieser Defizienz des internationalen Währungssystems heraus die amerikanischen Defizite erklären zu wollen zeigt lediglich, wie wenig realitätsnah eine solche Erklärung ist, läßt sie doch alle Überlegungen des dominanten Einflusses der USA auf das internationale Währungssystem außer Betracht.

Die beiden zuletzt diskutierten Erklärungsversuche haben eines gemeinsam, was sie von den vorhergehenden Erklärungen unterscheidet: sahen jene das Defizit im wesentlichen als angebotsbestimmt an, so wird hier das Defizit nachfragebestimmt interpretiert. Solche nachfrageorientierten Deutungen stehen aber in eklatantem Widerspruch zum Dominanzeffekt. Sie setzen voraus, daß die dominante Volkswirtschaft — und deren Regierung! — solch externer Einflußnahme gegenüber zur Passivität verurteilt sei. Sofern die Theorie der dominanten Wirtschaft ein triftiges Erklärungsmodell ist, gehen nachfrageorientierte Deutungen des amerikanischen Defizits an der Realität vorbei.

Es gibt aber noch eine weitere Deutung des Defizits: die Hypothese der internationalen Finanzvermittlung (International Financial Intermediation — IFI)[19]. Nach dieser Auffassung haben die USA überhaupt kein

[19] Die erste rudimentäre Fassung ist *Emile Despres / Charles P. Kindleberger / Walter Salant*, „The Dollar and World Liquidity: A Minority View", The Economist, 5. Februar 1966. In der Folge hat vor allem Salant diese Hypothese weiterentwickelt, vgl. *Walter S. Salant*, „Capital Markets and the Balance

Zahlungsbilanzdefizit; vielmehr reflektiere das „Defizit“ die Tatsache, daß die USA die Vermittlung finanzieller Transaktionen übernähmen. In den USA bestehe ein sehr entwickelter Finanz- und Kapitalmarkt, während diese Märkte in Europa fragmentiert seien und nicht über die nötige Effizienz verfügten, was sich in unterschiedlichen Zinssätzen in Europa und den USA manifestiere. Überdies bestehe auf europäischer Seite eine zu große Neigung zur Haltung liquider Aktiva im Verhältnis zum Angebot an liquiden Aktiva. Umgekehrt bestehe auf amerikanischer Seite eine zu geringe Nachfrage nach liquiden Aktiva im Verhältnis zum Angebot. Die Aufgabe, Angebot und Nachfrage auf beiden Seiten des Atlantik zu harmonisieren, übernehme nun der amerikanische Kapital- und Finanzmarkt. Es sind also einmal unterschiedliche Liquiditätspräferenzen und zum anderen die größere Effizienz des amerikanischen Marktes (d. h. die Fähigkeit, Vermittlungsdienste billiger anbieten zu können), die zu dieser internationalen Finanzvermittlung führen.

Diese Deutung des Defizits ist ausschließlich marktorientiert; die Beziehungen zwischen der Ebene der offiziellen Transaktionen und der Ebene der privaten Transaktionen werden nicht reflektiert. Das zugrundegelegte Defizitkonzept ist die Liquiditätsbilanz; eine Orientierung an der Bilanz der offiziellen Reservetransaktionen erfordert das Eingeständnis eines Defizits[20]. Empirische Überprüfungen der Hypothese liegen nicht vor, lediglich einige empirische Illustrationen. Ab Ende der sechziger Jahre dürfte der Eurogeldmarkt und -kapitalmarkt — allein der Eurogeldmarkt war bis Ende 1972 auf ein Volumen von 91 Mrd. Dollar angewachsen — einen beträchtlichen Teil der Finanzvermittlung übernommen haben. Doch läßt sich nachweisen, daß sich die Annahme einer größeren Liquiditätspräferenz in Europa nicht halten läßt, daß Finanzvermittlung in Europa an andere institutionelle Voraussetzungen gebunden ist als in den USA, und daß die IFI-Hypothese nicht mit den statistischen Daten über die USA in Einklang zu bringen ist[21].

of Payments of a Financial Center“, in: William Fellner / Fritz Machlup / Robert Triffin et al., Maintaining and Restoring Balance in International Payments, Princeton 1966, S. 177 - 196, sowie *Walter S. Salant*, „Financial Intermediation as an Explanation of Enduring ‚Deficits‘ in the Balance of Payments“, in: Fritz Machlup / Walter S. Salant / Lorie Tarshis (Hrsg.), International Mobility and the Movement of Capital, New York 1972, S. 607 - 659.

[20] Private Kommunikation Salants mit dem Verfasser.

[21] Ausführlich zu diesen drei Punkten siehe *Alexandre Lamfalussy*, „European Capital Markets and Financial Intermediation by the United States“, in: Charles P. Kindleberger / Andrew Shonfield (Hrsg.), North American and Western European Economic Policiels, London 1971, S. 209 - 222.

5. Deutung des amerikanischen Zahlungsbilanzdefizits im Lichte der Theorie der dominanten Wirtschaft und Währung

Schon ein Blick auf die amerikanische Zahlungsbilanz der sechziger Jahre zeigt eine ungewöhnliche Struktur: in der Regel ein Defizit in der Bilanz der offiziellen Reservetransaktionen, gleichzeitig aber ein großer, später abnehmender Überschuß in der Handelsbilanz. Überdies fällt als einzig stabile Komponente die stetige Zunahme der Kapitalexporte auf, während sich die meisten Posten erratisch entwickelten.

Da die Finanztransfers immer größer als die Realtransfers waren, scheint eine Untersuchung einiger dieser Posten angebracht. Große Defizitposten waren (1) die auswärtigen Militärausgaben, (2) die amerikanischen Direktinvestitionen im Ausland und (3) zu einem geringeren Teil andere Regierungstransfers, in der Hauptsache Entwicklungshilfe.

Bis 1965 betrugen die zahlungsbilanzwirksamen Militärausgaben der USA ca. 3 Mrd. Dollar jährlich (vgl. Tab. 8), 1965 begannen sie dann steil anzusteigen auf durchschnittlich 4,5 Mrd. Dollar jährlich; dieser Anstieg ist hauptsächlich auf die seit 1965 erfolgte Ausweitung des Vietnamkriegs zurückzuführen, doch gingen andererseits die Militärausgaben auch nach Beendigung des Vietnamkriegs nicht spürbar zurück[1]. Die direkten zahlungsbilanzwirksamen Militärausgaben waren immer die größte einzelne Defizitkomponente der amerikanischen Zahlungsbilanz. Auswärtige Militärausgaben sind nun nicht von irgendwelchen ökonomischen Ertragsaussichten abhängig; vielmehr sind sie das direkte monetäre Spiegelbild außenpolitischer Interessen und Ziele eines Landes[2].

Die zweite große Defizitkomponente war der Fluß der amerikanischen Direktinvestitionen (vgl. Tab. 9 und Schaubild 7). Direktinvestitionen im Ausland betrugen schon Anfang der sechziger Jahre durchschnittlich 2 Mrd. Dollar jährlich und stiegen ab 1965 auf über 3 Mrd. Dollar jährlich an; Anfang der siebziger Jahre erreichten sie ein Volumen von ca.

---

[1] Die offizielle amerikanische Zahlungsbilanzstatistik weist die „Netto“-Militärausgaben aus, die man erhält, indem man die Waffenverkäufe des amerikanischen Verteidigungsministeriums abzieht — ein dubioses Verfahren.

[2] Das Interessenkonzept ist leider nicht ganz problemlos. Tragfähiger als ein objektivistisches Interessenkonzept — daß Interessen objektiv bestimmbar sind und daß sie unabhängig von der Perzeption der Akteure existieren — ist wohl ein subjektivistisches Konzept: Interessen als ein vielfältiges Bündel subjektiv wandelbarer Präferenzen.

Tabelle 8

Zahlungsbilanzwirksame Militärausgaben der USA (in Mrd. US $)

	1960	1961	1962	1963	1964	1965	1966	1967	1968	1969	1970	1971	1972	1973
Direkte Militärausgaben	3,1	3,0	3,1	3,0	2,8	2,9	3,7	4,3	4,5	4,8	4,9	4,8	4,8	4,6
Waffenverkäufe des amerikanischen Verteidigungsministeriums	0,3	0,4	0,7	0,7	0,7	0,8	0,8	1,2	1,4	1,5	1,5	1,9	1,2	2,4
Militärausgaben „netto"	2,8	2,6	2,4	2,3	2,1	2,1	2,9	3,1	3,1	3,3	3,4	2,9	3,6	2,2

Quelle: Survey of Current Business, verschiedene Ausgaben.

Tabelle 9

Amerikanische Direktinvestitionen im Ausland und ausländische Direktinvestitionen in den USA (in Mrd. US $)

	1960	1961	1962	1963	1964	1965	1966	1967	1968	1969	1970	1971	1972	1973
Amerikanische Direktinvestitionen im Ausland	1,7	1,6	1,7	2,0	2,3	3,5	3,7	3,1	3,2	3,3	4,4	4,9	3,4	4,9
Ausländische Direktinvestitionen in den USA	0,1	0,1	0,1	0	0	0,1	0,1	0,3	0,3	0,8	1,0	−0,1	0,2	2,5

Quelle: Survey of Current Business, verschiedene Ausgaben.

4 Mrd. Dollar jährlich[3]. Umgekehrt waren die ausländischen Direktinvestitionen in den USA immer gering. Eine Übersicht über die regionale Verteilung der amerikanischen Direktinvestitionen zeigt eine Bevorzugung vor allem Kanadas; viele amerikanische Firmen betrachten ihre kanadischen Tochtergesellschaften als Teil der Stammfirma und weisen deren Bilanzen in den USA aus; hier liegt eine weitgehende Integration der beiden Wirtschaftsgebiete vor. Ein ebenso wichtiges Gebiet für amerikanische Direktinvestitionen war Europa; die Kapitalexporte nach Europa waren fast genauso groß wie jene nach Kanada. Hier mögen Ertragsunterschiede zwischen den USA und Europa eine Rolle gespielt haben. 1959 lagen die Erträge amerikanischer Direktinvestitionen in Europa bei etwa 18 % jährlich im Vergleich zu weniger als 13 % jährlich bei Investitionen in den USA. Doch näherten sich die Erträge einander an: 1962 betrugen sie in Europa und den USA etwa 12 %. Ab 1965 zeigte

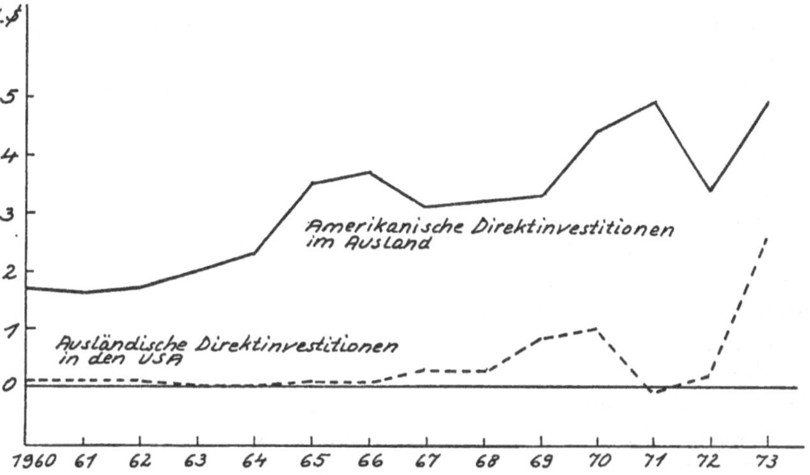

Schaubild 7: Amerikanische Direktinvestitionen im Ausland und ausländische Direktinvestitionen in den USA

sich schon eine gegenläufige Tendenz: die Erträge auf Investitionen in den USA betrugen 15 %, während sie in Europa um 13 % betrugen[4]. Da jedoch trotz unterschiedlicher Gewinnentwicklungen die amerikanischen Auslandsdirektinvestitionen weltweit beständig zunahmen, müssen noch andere Gründe dafür maßgebend gewesen sein. Mögliche Gründe

[3] Inwieweit „Netto"-Rechnungen, die die Erträge auf Investitionen mit den Investitionen selbst verrechnen, tragfähig sind, konnte bisher nicht definitiv geklärt werden.

[4] Zu den Zahlen vgl. *Walter Guzzardi jr.*, „Why the Climate is Changing for U.S. Investment", Fortune, 15. September 1967, S. 112 - 117, 206 - 213.

sind eine Erweiterung des „business horizon", das Streben nach besserem und direkterem Zugang zu den Märkten, economies of scale, manchmal die Verfügung über Rohstoffe. Doch sind Kapitalexporte solchen Umfangs ganz allgemein an die Voraussetzungen der dominanten Wirtschaft und der dominanten Währung gebunden. Nur eine sehr große Volkswirtschaft, in der auch das Sparvolumen entsprechend groß ist, kann Kapitalexporte in solcher Höhe ohne Rückwirkungen auf das heimische Investitionsvolumen vornehmen. Überdies hat der Besitzer der dominanten Währung im Ausland den großen Vorteil, über jene Währung zu verfügen, die weltweit als Transaktionswährung und Preisnotierungswährung akzeptiert wird, was internationale Transaktionen erheblich vereinfacht. Es scheint überhaupt, daß die „hypertrophy of foreign investment"[5] geradezu ein Kennzeichen der dominanten Währung ist.

Erinnert man sich nun, daß der Dominanzeffekt an die Existenz des Staates geknüpft ist, dann sind Kapitalexport und -import nur in einem ganz trivialen Sinne symmetrische Tatbestände. Akzeptiert man jedoch den Einfluß des Staates auf die Entscheidungen der Wirtschaftssubjekte, so besteht zwischen Kapitalexport und Kapitalimport eine asymmetrische Beziehung; jeder Kapitalexport stellt eine Einflußnahme auf die inneren Verhältnisse des Empfängerlandes dar, die normalerweise nicht in reziproker Weise durch einen entsprechenden Einfluß von seiten des Empfängerlandes kompensiert werden kann. Im Bereich der privaten ausländischen Investitionen hat das kapitalexportierende Land einen grundsätzlichen Vorteil: "it has the resources, the capital importer does not. This advantage gives a capital-exporting country a considerable influence over the capital importer, since it can be used to withhold new investments, to bargain over their composition and the conditions affecting them, or even to divert them when necessary to less hostile recipients[6]." Die amerikanischen Kapitalexporte reflektieren also — wenn man sie auf dem Hintergrund der Theorie der dominanten Wirtschaft interpretiert — die globale Orientierung der amerikanischen business community und der dominanten Volkswirtschaft allgemein.

---

[5] *Susan Strange*, „The Politics of International Currencies", World Politics XXIII (1971), S. 215 - 231, hier S. 227.

[6] *Benjamin J. Cohen*, „American Foreign Economic Policy: Some General Principles of Analysis", in: Benjamin J. Cohen (Hrsg.), American Foreign Economic Policy, New York 1968, S. 1 - 35, hier S. 25. Daß solche Überlegungen nicht nur theoretischer Natur sind, zeigen die Bestimmungen des Foreign Direct Investment Program von 1968. Diese Bestimmungen reglementierten Handlungen amerikanischer Tochtergesellschaften *im Ausland* und kriminalisierten deren Nichtbeachtung. Die amerikanische Regierung beansprucht also das volle Recht zur Kontrolle der Tochtergesellschaften amerikanischer Firmen im Ausland, ohne Rücksicht auf deren Verflechtung in die anderen Volkswirtschaften und ihre Verpflichtungen gegenüber deren Regierungen. Über die politischen Konsequenzen des Anspruchs exterritorialer Geltung amerikanischer Rechtsetzung liegen jedoch bisher noch keine Untersuchungen vor; vgl. auch Kapitel 14 unten.

Ähnliche Überlegungen, wie sie für die Militärausgaben vorgenommen wurden, müßten für die übrigen Regierungstransfers, im besonderen also für die Entwicklungshilfe, vorgenommen werden. Auch die Entwicklungshilfe war von politischen Determinanten abhängig; soweit Entwicklungshilfe einen Ressourcentransfer implizierte in Form von reinen Schenkungen, gilt wiederum ähnliches wie für die asymmetrischen Beziehungen des Kapitalexports: auch Entwicklungshilfe ist immer ein Eingriff in die inneren Verhältnisse des Empfängerlandes. Überdies diente die Entwicklungshilfe häufig den gleichen Zielen wie die auswärtigen Militärausgaben. Insoweit ist es auch nur folgerichtig, wenn die amerikanische Entwicklungshilfe nur zu einem sehr geringen Teil über internationale Organisationen gegeben wurde: dies hätte den Dominanzeffekt eliminiert oder zumindest doch verringert, falls, wie noch zu zeigen sein wird, der Dominanzeffekt auch im Verhältnis zu internationalen Organisationen wirksam ist.

Eine wichtige Voraussetzung für die Größenordnung der Finanztransfers war die Überbewertung des Dollars. Es existieren nur wenige Untersuchungen über die Überbewertung des Dollars während der sechziger Jahre; diese Untersuchungen sind darüber hinaus in methodischer Hinsicht sehr problematisch, da sie sich auf die Theorie der Kaufkraftparitäten stützen. Die Quantifizierung der Überbewertung des Dollars in diesen Untersuchungen kann deshalb nur als ungefähre Orientierungsmarke dienen, doch kann dies für die Zwecke der vorliegenden Untersuchung als ausreichend angesehen werden. Danach scheint es, daß der Dollar zu Anfang der sechziger Jahre gegenüber den europäischen Währungen um etwa 15 % überbewertet war[7]. Diese Überbewertung dürfte die privaten Kapitalexporte stimuliert haben, da die realen Kosten für Investitionen im Ausland dadurch geringer waren als in den USA. Andererseits konnte die Überbewertung des Dollars nicht ohne Einfluß auf die langfristige Wettbewerbsposition der amerikanischen Industrie bleiben. Zu Anfang der sechziger Jahre machten sich diese Auswirkungen noch wenig bemerkbar, da die Vereinigten Staaten auf vielen Gebieten komparative Vorteile hatten und auf manchen Gebieten sogar als Alleinanbieter auf-

[7] Houthakker berechnete eine durchschnittliche Überbewertung von 15 bis 20 %, vgl. Statement by Hendrik S. Houthakker, in: The United States Balance of Payments, Statements by Economists, Bankers, and Others on the Brookings Institution Study „The United States Balance of Payments in 1968“, Materials Submitted to the Joint Economic Committee, 88 Cong. 1 sess. (1963), S. 216 - 219. Vanek berechnete die Überbewertung mit „somewhere near 15 percent“, vgl. *Jaroslav Vanek*, „Overvaluation of the Dollar: Causes, Effects, and Remedies“, in: Factors Affecting the United States Balance of Payments, Compilation of Studies, Joint Economic Committee, 87 Cong. 2 sess. (1962), S. 267 - 285. Für eine methodische Kritik der Theorie der Kaufkraftparitäten vgl. jedoch neuerdings *Fritz Machlup*, Der Außenwert des Dollars. Zum Problem der Unterbewertung und Überbewertung einer Währung auf den Devisenmärkten, Tübingen 1974, S. 8 - 10.

treten konnten. Doch trug die Überbewertung des Dollars zweifellos zur Erosion der amerikanischen Wettbewerbsposition bei.

Da die Überbewertung des Dollars also in zweifacher Hinsicht von negativem Einfluß auf die Entwicklung der amerikanischen Zahlungsbilanz war, muß — wenn man die Frage nach den Ursachen dafür hier vorerst beiseite läßt — die Frage beantwortet werden, warum die amerikanische Regierung diese Überbewertung nicht durch eine Änderung des Außenwerts des Dollars korrigierte. Sieht man einmal ab von den von der amerikanischen Regierung vorgebrachten Argumenten, so bleibt nur eine Erklärung: bei gegebenen politischen Entscheidungen zur Erreichung bestimmter außenpolitischer Ziele „kaufen" politische Finanztransfers mehr „Güter" („Verteidigung", Entwicklungsprojekte), wenn die Währung überbewertet ist, als dies andernfalls der Fall wäre. Im Gegensatz zu privaten Finanztrasfers sind ja die durch politische Zielsetzungen bedingten Finanztransfers von Marktdeterminanten nicht abhängig und von daher durch diese auch kaum beeinflußbar. Hätten also die Vereinigten Staaten ihre Währung abgewertet — wie das ja dann 1971 und 1973 unter veränderten Bedingungen der Fall war —, so wären zur Erreichung gleicher Ziele größere Aufwendungen in Dollar nötig gewesen, die das Zahlungsbilanzdefizit nochmals vergrößert hätten, bzw. bei gleichen Dollaraufwendungen wären die Ziele nicht mehr im gleichen Ausmaß realisiert worden. Insoweit reflektiert also auch die Überbewertung des Dollars die außenpolitischen Interessen der amerikanischen Regierung unter Ignorierung der damit verbundenen Kosten.

Doch auch auf der Seite der Handelsbilanz hatte die Überbewertung des Dollars nur einen Verstärkereffekt; die eigentlichen Ursachen der Verschlechterung der internationalen Wettbewerbsposition der USA erfaßt diese Erklärung nicht. Diese Ursachen können gesehen werden in der Veränderung der amerikanischen Wirtschaft von einer primär Güter produzierenden Volkswirtschaft zu einer primär Dienstleistungen produzierenden Volkswirtschaft. Schon heute ist der größte Teil des amerikanischen Arbeitskräftepotentials im Dienstleistungssektor beschäftigt: 1969 waren das 62 % des Arbeitskräftepotentials. Von 1947 bis 1969 wuchs die Zahl der im Produktionssektor Beschäftigten um 29 %, die Zahl der im Dienstleistungssektor Beschäftigten um 81 %; die Wachstumsraten zwischen 1969 und 1980 werden mit je 9 % und 29 % projektiert[8]. Ein analoger Trend zeigt sich bei der Zusammensetzung des Bruttosozialprodukts. Im Jahre 1950 entfiel 70 % des Bruttosozialprodukts

---

[8] Vgl. *Lawrence B. Krause*, „Why Exports Are Becoming Irrelevant", Foreign Policy, Nr. 3, Sommer 1971, S. 62 - 70 und *Lawrence B. Krause*, „Trade Policy for the Seventies", Columbia Journal of World Business VI (1971), S. 5 - 14, worin besonders die wachsende Rolle der Investmenteinkommen der USA als Folge des hier skizzierten Wandels zur dienstleistungsorientierten Volkswirtschaft betont wird.

auf die Güterproduktion und 30 % auf Dienstleistungen; 1970 betrug der Anteil der Dienstleistungen am Output 42 %[9]. Wenn man annimmt, daß komparative Vorteile sich in Sektoren großen Wachstums und großer Nachfrage konzentrieren, dann dürfte der Export amerikanischer Güter immer weniger profitabel sein, während andererseits die amerikanische Wirtschaft sich mehr und mehr auf den Export von Dienstleistungen — soweit Dienstleistungen exportfähig sind — konzentriert. Die wichtigsten exportfähigen Dienstleistungen dürften dabei Management-Dienste sein, die eine Kombination von Ausbildung und Kapitalinput darstellen. Diese Trends spiegelten sich dann in der Zahlungsbilanz wider: in den immer geringer werdenden Handelsbilanzüberschüssen der sechziger Jahre und 1971 im Umschlag der Handelsbilanz ins Defizit, bedingt durch nur mäßig wachsende Exporte von Gütern und wachsende Importe einerseits, sowie in den wachsenden Überschüssen bei den Dienstleistungen andererseits (vgl. Schaubild 8). Zwar braucht längerfristig das Handelsbilanzdefizit nicht unbedingt so groß zu sein wie 1972, dieses riesige Defizit dürfte wohl auf die anfängliche Verschlechterung der Terms of Trade der USA als Folge der Dollarabwertung von 1971 zurückzuführen sein.

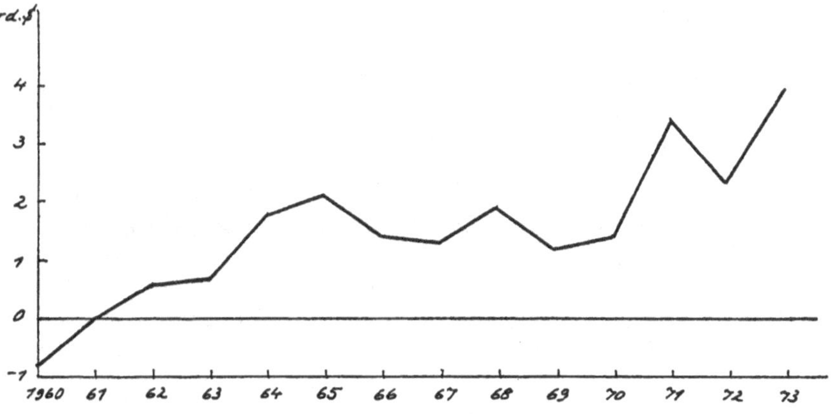

Schaubild 8: Die amerikanische Dienstleistungsbilanz

Die ab 1970 eintretende starke Vergrößerung des amerikanischen Defizits geht im wesentlichen auf eine Intensivierung der bisher skizzierten Ursachen zurück. Wiederum ist es nicht der als Folge des Vietnamkriegs entstandene Inflationsdruck, der allzu häufig als Erklärung herangezo-

[9] Vgl. The United States in a Changing World Economy, Vol. II: Backgrund Material, Washington 1971, S. 9.

gen wird[10]. Vielmehr zeigt sich hier zum einen der kumulative Effekt der Erosion der amerikanischen Handelbilanz sowie zum anderen der kumulative Effekt der Überbewertung des Dollars, wobei sich überdies beide Effekte gegenseitig verstärkten. Wichtiger jedoch ist die Umkehrung der 1968 und 1969 stattgefundenen Entwicklung des kurzfristigen Kapitalverkehrs: damals hatten die amerikanischen Banken Gelder in großem Umfang am europäischen Geldmarkt aufgenommen, wodurch die amerikanische Zahlungsbilanz in diesen beiden Jahren auf der Basis der offiziellen Reservetransaktionen einen positiven Saldo aufwies; als Mitte 1970 die amerikanische Geldpolitik ihren bis dahin verfolgten restriktiven Kurs umkehrte, flossen diese Gelder wieder aus den USA ab. 1970 betrug der Abfluß kurzfristiger Gelder 6,8 Mrd. Dollar, von denen allein 5,1 Mrd. Dollar auf die Tilgung der im Vorjahr aufgenommenen Kredite amerikanischer Banken entfielen. 1971 betrug dann der kurzfristige Kapitalabfluß 20,2 Mrd. Dollar; neben den Rückzahlungen amerikanischer Banken dürfte sich in dieser Flucht aus dem Dollar der weltweite Vertrauensverlust der amerikanischen Währung widerspiegeln, bedingt sowohl durch die längerfristigen Entwicklungen der Handelsbilanz als auch die Erwartung von Veränderungen der Währungsrelationen zwischen den USA und den anderen wichtigen Industrieländern. Diesen Vertrauensverlust konnte auch die Veränderung der Paritäten im Herbst 1971 nicht auffangen, dies wohl insbesondere auch deshalb, weil die Dollarabwertung nicht von weiteren restriktiven Maßnahmen der amerikanischen Geld- und Fiskalpolitik begleitet wurde; solche Maßnahmen wurden mit Rücksicht auf die relativ große Zahl der Arbeitslosen von der amerikanischen Regierung vermieden.

Wenn die hier versuchte Erklärung für die Dimensionen und die Permanenz der amerikanischen Zahlungsbilanzdefizite richtig ist, so reflektieren sie die globalen außenpolitischen Zielsetzungen der amerikanischen Regierung und die Investitionsentscheidungen der global orientierten amerikanischen Wirtschaft. Strukturelle Veränderungen der amerikanischen Volkswirtschaft von einer primär Güter produzierenden zu einer primär Dienstleistungen produzierenden Volkswirtschaft unter gleichzeitiger Aufrechterhaltung institutioneller Arrangements (Dollarüberbewertung), die die Erreichung der außenpolitischen Zielsetzungen der amerikanischen Regierung erleichterten, verstärkten diese Entwicklung.

Dennoch ist diese Erklärung für sich allein genommen unzureichend. Der wesentliche Grund muß vielmehr in der asymmetrischen Struktur

---

[10] Legt man 1970 als Basisjahr mit dem Index 100 zugrunde, so betrug Ende 1973 der Index der Verbraucherpreise in den USA 114,4 und lag damit unter dem Index der übrigen wichtigen Industrieländer, deren Veränderungen zwischen 115,1 (Kanada) und 126,8 (Großbritannien) lagen. Vgl. Economic Report of the President, Februar 1974, S. 359.

des internationalen Währungssystems gesehen werden, die es den Vereinigten Staaten ermöglichte, Defizite in beinahe beliebiger Größe — aus welchen Interessen und Zielsetzungen heraus auch immer — zu perpetuieren, ohne dabei mehr als geringfügigen Beschränkungen unterworfen zu sein. Ein — denkbares — symmetrisches Währungssystem, das nicht auf der Voraussetzung einer dominanten Währung basiert, hätte Zahlungsbilanzdefizite der USA in solcher Größe und Permanenz überhaupt nicht entstehen lassen. Genau wie jedes andere Land hätten die USA Zahlungsbilanzdefizite durch Reservenübertragungen statt durch Vergrößerung ihrer Verbindlichkeiten finanzieren müssen. Unter der Voraussetzung begrenzter Reserven hätte dies über kurz oder lang eine Anpassung der außenpolitischen Zielsetzungen der Regierung der USA und Veränderungen in den Investitionsentscheidungen der amerikanischen Wirtschaft an die für die Realisierung dieser Zielsetzungen verfügbaren Ressourcen erzwungen. Das internationale Währungssystem als institutionell-politisches Arrangement setzt den Rahmen für wirtschaftliche Transaktionen. Die Theorie der dominanten Wirtschaft postuliert nun, daß im Kampf um die Bestimmung dieses Rahmens der Dominanzeffekt von stärkstem Einfluß ist, da dieser Rahmen den Dominanzeffekt perpetuieren und vergrößern kann. Das internationale Währungssystem der sechziger und siebziger Jahre ist also das notwendige Substrat der dominanten Position der Vereinigten Staaten im internationalen ökonomischen und politischen System. Es erlaubt aufgrund seiner asymmetrischen Struktur, die die Vereinigten Staaten freistellt von Beschränkungen, denen sonst alle übrigen Mitglieder des Systems unterworfen sind, implizite Kreditziehungen der Vereinigten Staaten auf alle übrigen Länder[11]. Das wohlfahrtsökonomische Korrelat dieser Kredite sind induzierter oder erzwungener Verzicht auf die optimale Nutzung von Ressourcen in anderen Ländern. Das amerikanische Defizit reflektiert also kein normales Ungleichgewicht, weder ein zyklisches noch ein „fundamentales“, das mit Hilfe der regulären Anpassungsverfahren eliminiert werden könnte.

Eine solche Erklärung findet sich in der ökonomischen Literatur gemeinhin nicht. Dies ist um so verwunderlicher, da sich die amerikanische Regierung über die Ursachen des Defizits sehr wohl im klaren war. Dabei wurden sowohl der Zusammenhang zwischen der amerikanischen Zahlungsbilanz und der amerikanischen Außenpolitik reflektiert, als auch die Beziehungen zwischen dem Defizit und der asymmetrischen Struktur des internationalen Währungssystems. Als relativ beliebiges Beispiel sei hier nur auf eine Äußerung des damaligen Finanzministers Dillon vor dem Kongreß verwiesen: “Had it not been for our position as banker to the world, this credit would not have been extendet to us

---

[11] Vgl. *Machlup*, Involuntary Foreign Lending.

and we would long ago have been faced with the hard necessity of curtailing imports, reducing foreign investment, and cutting into the substance of our defense and aid spending abroad[12].".

Die Erklärung des amerikanischen Defizits muß also ganz allgemein im Standard der dominanten Währung gesucht werden, doch kann noch ein weiterer Aspekt beleuchtet werden, der Dimension und Permanenz des Defizits verstärkte. Triffin hat gezeigt, daß eine dominante Währung immer zur Überbewertung tendiert, soweit dem nicht explizite Interessen der Regierung der dominanten Wirtschaft entgegenstehen, die eine Neufestsetzung des Außenwerts der Währung erforderlich machen[13]. In der Initialphase einer dominanten Währung ist die dominante Wirtschaft — häufig bedingt durch abrupte politische Veränderungen in der Welt wie z. B. Kriege — das Ziel großer Kapitalbewegungen auf der privaten Ebene; darauf reagiert der Markt mit einer Höherbewertung der dominanten Währung. In der Regel wird diese Höherbewertung der dominanten Währung durch die Regierung der dominanten Wirtschaft auch nach Umkehr der Kapitalströme nicht rückgängig gemacht, da — wie oben beschrieben — die Überbewertung der dominanten Währung die Realisierung außenpolitischer Zielsetzungen erleichtert. Insoweit ist der Hinweis auf die Abwertungen einiger europäischer Währungen 1949 als Ursache der Überbewertung des Dollars vordergründig; die Regierungen der Abwertungsländer ebenso wie die Regierung der USA akzeptieren lediglich die durch den Markt veranlaßte Überbewertung des Dollars.

Welche Aussichten ergeben sich also zukünftig für die amerikanische Zahlungsbilanz? Einmal wird sich die Wettbewerbsposition der USA aufgrund der zwei Dollarabwertungen und der Aufwertungen einiger anderer wichtiger Währungen verbessern, doch werden diese Verbesserungen kompensiert — vermutlich überkompensiert — durch erheblich steigende Ausgaben für Rohstoffe, insbesondere Naturgas und Rohöl (1973 wendeten die USA dafür 8 Mrd. Dollar auf und 1974 25 Mrd. Dollar, 30 % ihres Rohölbedarfs müssen die Vereinigten Staaten importieren). Diese Passivierungstendenzen können teilweise aufgefangen werden durch erhebliche steigende Einnahmen aus Dienstleistungen, insbesondere Einnahmen aus Direktinvestitionen. Der exakte Nettoeffekt dieser Entwicklungen läßt sich kaum vorherbestimmen, doch wäre ein Handelsbilanzdefizit (evtl. bei gleichzeitigem Überschuß in der Bilanz der lfd. Posten) mit den hier angestellten Überlegungen konsistent. Auch

---

[12] Statement of Hon. Douglas Dillon, in: The United States Balance of Payments, Hearings before the Joint Economic Committee. Part 1: Current Problems and Policies, 88 Cong. 1 sess. (1963), S. 8 - 93, hier S. 28.

[13] Vgl. dazu *Robert Triffin*, „International Monetary Collapse ...", hier bes. S. 377, ebenso *Robert Triffin*, The World Money Maze, New Haven 1966, S. 306 - 307.

ist kaum mit einem Rückgang der politisch bedingten Finanztransfers und der Direktinvestitionen im Ausland zu rechnen. Da aber die amerikanischen Defizite im wesentlichen auf die asymmetrische Struktur des internationalen Währungssystems zurückzuführen sind, dürfte schon von daher keine Aktivierung der amerikanischen Zahlungsbilanz zu erwarten sein. Vielmehr darf als sicher angenommen werden, daß keiner der Reformvorschläge für ein symmetrisch strukturiertes Währungssystem realisiert werden wird; die amerikanische Regierung hat klarer als die Regierungen anderer Länder erkannt, daß die amerikanischen Defizite an die Voraussetzung des Standards der dominanten Währung gebunden sind.

Zweiter Teil

6. Über Anpassungsverantwortlichkeit (I): Ressourcentransfer und veränderte Absorption

Zahlungsbilanzungleichgewichte können angesehen werden als das Ergebnis einer Vielzahl interdependenter Handlungen. Häufig verbindet sich mit dieser Auffassung die Ablehnung, den Kausalverflechtungen dieser Interdependenzen nachzugehen. Solche analytischen Betrachtungen, die auf die in der Außenwirtschaftstheorie implizite Voraussetzung atomistischer Konkurrenz zurückgehen, sind zwar in einem trivialen Sinne richtig, doch sind sie andererseits wenig hilfreich für eine Analyse konkreter Situationen, denn Verantwortlichkeiten lassen sich bei diesem Ansatz nicht mehr festmachen. Dies liegt in der Konsequenz einer Theorie, deren Entstehung in eine Periode des ungebrochenen Liberalismus fiel und deren Voraussetzungen zur Zeit ihrer Entstehung also eher gegeben waren. Im Laufe des letzten Jahrhunderts hat aber der Staat mehr und mehr Zuständigkeiten in allen wirtschaftlichen Bereichen an sich gezogen; die Übernahme regulativer Funktionen durch den Staat machte die liberalen Voraussetzungen der ökonomischen Theorie weitgehend hinfällig. Das gilt insbesondere für die Außenwirtschaftspolitik, wo der Staat die Verantwortung für die Zahlungsbilanzpolitik übernommen hat. Das hat zur Folge, daß Verantwortlichkeiten für Zahlungsbilanzungleichgewichte zurechenbar werden — jedenfalls, wenn diese Ungleichgewichte monetärer Natur sind.

Wenn nun die oben gewonnenen Ergebnisse über die Ursachen des amerikanischen Zahlungsbilanzdefizits richtig sind, so wäre damit die Verantwortung der Regierung der Vereinigten Staaten für das Ungleichgewicht in der amerikanischen Zahlungsbilanz unzweideutig lokalisiert. Die amerikanische Regierung hat diese Verantwortung auch immer anerkannt[1], ebenso wie die Regierungen der anderen wichtigen Industrieländer — also im wesentlichen die in den General Arrangements to Borrow zusammengeschlossenen Länder der Zehnergruppe[2] — von dieser

[1] Für die erste Hälfte der sechziger Jahre hat das Rueff mit Hilfe der Äußerungen der amerikanischen Regierung belegt, vgl. *Jacques Rueff*, Balance of Payments, New York 1967, S. 6 - 9.

[2] Zu den Ländern der Zehnergruppe gehören Belgien, Bundesrepublik Deutschland, Frankreich, Großbritannien, Italien, Japan, Kanada, Niederlande, Schweden, USA sowie — mit einem Sonderstatus — die Schweiz.

Verantwortlichkeit ausgingen. Die Invokation dieser Verantwortlichkeit wurde zwar meist in die Formel der „Zahlungsbilanzdisziplin“ gekleidet, wodurch die involvierten politischen Probleme sich trefflich kaschieren ließen, doch gab es zumindest ab 1965 auf französischer Seite sehr viel explizitere Formulierungen. Daß andere Länder als die Länder der Zehnergruppe an den amerikanischen Zahlungsbilanzdefiziten wenig interessiert waren, ist verständlich; waren es doch im wesentlichen die europäischen Industrieländer und Japan, deren Zahlungsbilanzen während der sechziger Jahre häufig im Überschuß waren, die die mit dem amerikanischen Zahlungsbilanzdefizit verbundenen Kosten trugen.

Nun müssen internationale Ungleichgewichte keineswegs in jedem Fall eliminiert werden; die Frage der Notwendigkeit der Eliminierung internationaler Ungleichgewichte muß jeweils unter wohlfahrtsökonomischen Aspekten geprüft werden. Dazu bedarf es hier nicht einer vollständigen Taxonomie der mit einer dominanten Währung verbundenen Kosten und Nutzen, vielmehr läßt sich diese Frage im wesentlichen unter Berücksichtigung nur eines Aspekts beantworten. Jede Reservenakkumulation impliziert den Verzicht auf die Nutzung realer Ressourcen, während andererseits die Verfügung über internationale Reserven die Möglichkeit einer Ressourcenappropriation einschließt. In einem asymmetrischen Währungssystem ist nun aber die Verfügung über Reserven nur teilweise identisch mit akkumulierten Reserven. Zumindest ein Land — das Land, dessen Währung als internationale Reserve Verwendung findet — „verfügt“ über internationale Reserven qua nationaler Währung. Das heißt aber, daß die dominante Wirtschaft durch Ressourcenappropriation von der übrigen Welt ihre interne Absorption vergrößern kann, ohne daß dafür vorher ein Verzicht auf die Konsumtion von Ressourcen hätte geleistet werden müssen, wie das für alle übrigen Länder der Fall ist. Die so appropriierten Ressourcen können für verschiedene Zwecke Verwendung finden: zum einen können sie benutzt werden, um die heimischen Ausgaben zu erhöhen, zum anderen können sie in Form von auswärtigen Militärausgaben, Entwicklungshilfe oder internationalen Investitionen eingesetzt werden, was in der Regel eine Vergrößerung der bargaining power der dominanten Volkswirtschaft zur Folge hat und so die asymmetrische Struktur des internationalen ökonomischen Systems perpetuiert und verstärkt. Durch diesen Seigniorage-Gewinn erhöht die dominante Volkswirtschaft also ihre nationale Absorption (von ausländischen Gütern, Dienstleistungen und Anlagekapital) relativ zum realen Volkseinkommen, was unter der Voraussetzung unterbeschäftigter heimischer Produktionsfaktoren zu einer mehrfachen Vergrößerung des heimischen Volkseinkommens führt[3].

[3] Genaugenommen müßte unterschieden werden zwischen der direkten Appropriation von Ressourcen durch die dominante Volkswirtschaft im Falle eines Handelsbilanzdefizits und der Appropriation von Anrechten auf Res-

Der Seigniorage-Gewinn kann dabei in zwei Teile aufgespalten werden: in einen sofort realisierten Gewinn und einen Gewinn, dessen Realisierung sich über einen darauf folgenden Zeitraum erstreckt[4]. Der sofort realisierte Gewinn ist die mit dem Zahlungsbilanzdefizit eintretende vergrößerte interne Absorption der dominanten Volkswirtschaft. Dieser Gewinn kann nur so lange realisiert werden, wie das (kumulierte) Zahlungsbilanzdefizit fortbesteht. Der zweite Teil des Seigniorage-Gewinns ist bedingt durch die Erträge auf die im Ausland zusätzlich investierten Ressourcen; in der Regel entstehen diese Erträge nicht gleichzeitig mit der sofort eintretenden vergrößerten internen Absorption der dominanten Volkswirtschaft, sondern verteilen sich auf einen darauf folgenden Zeitraum. Dieser Teil des Seigniorage-Gewinns kann solange realisiert werden, wie die Auslandsinvestitionen nicht repatriiert werden, also auch dann, wenn das Zahlungsbilanzdefizit der dominanten Volkswirtschaft eliminiert worden ist. Das Volkseinkommen der dominanten Wirtschaft wird also solange vergrößert, wie diese Investitionen Erträge erbringen, die größer sind als Erträge, die das gleiche Kapital erbracht hätte, wenn es in der dominanten Volkswirtschaft investiert worden wäre.

Die vorstehenden Überlegungen implizieren selbstverständlich nicht, daß die durch das amerikanische Defizit bedingten Ressourcenappropriationen bzw. die Disabsorptionen der Überschußländer das Ziel der amerikanischen Regierung waren; vielmehr war dieser Ressourcentransfer nur das notwendige wohlfahrtsökonomische Korrelat der amerikanischen Defizite, resultierend aus der asymmetrischen Struktur des internationalen Währungssystems. Im Gegenteil, einen beträchtlichen Teil dieser Ressourcen haben die Vereinigten Staaten anderen Ländern zur Verfügung gestellt in Form von Geschenken, Investitionen und sonstigen Transfers. Doch erst die — häufig unfreiwillige — Akkumulation von Dollars als Währungsreserven durch die Notenbanken der Industrieländer ermöglichte es den Vereinigten Staaten, solche durch die Verfolgung ihrer außenpolitischen Interessen bedingten impliziten Transfers durchzuführen, weit über das hinaus, was in einem symmetrischen Währungssystem möglich gewesen wäre: "Power to create international money is power to take products from some countries and give them to others[5]."

sourcen in Form von ausländischen Kapitalguthaben und Finanztiteln. Da die USA bis 1971 einen Handelsbilanzüberschuß auswiesen, war hier wahrscheinlich nur der zweite Fall gegeben; die dominante Volkswirtschaft erwarb also die Möglichkeit der zukünftigen Nutzung ausländischer Ressourcen.

[4] Vgl. *Harry G. Johnson*, „Appendix: A Note on Seigniorage and the Social Saving from Substituting Credit for Commodity Money", in: Robert A. Mundell / Alexander K. Swoboda (Hrsg.), Monetary Problems of the International Economy, Chicago und London 1969, S. 323 - 329, hier S. 325 sowie *Cohen*, The Future of Sterling, S. 36.

[5] *Fritz Machlup*, „The Cloakroom Rule of International Reserves: Reserve Creation and Resources Transfer", The Quarterly Journal of Economics LXXIX (1965), S. 337 - 355, hier S. 347.

Mit diesen hier nur kurz skizzierten wohlfahrtsökonomischen Überlegungen dürfte klargeworden sein, daß die Eliminierung des amerikanischen Zahlungsbilanzdefizits erforderlich war — zumindest aus der Sicht jener Länder, die durch „unfreiwillige Kredite" (Machlup) die amerikanischen Defizite finanzierten.

Die Untersuchung der von den USA ergriffenen Maßnahmen zur Eliminierung des Zahlungsbilanzdefizits muß sich dabei auf zahlungsbilanzpolitische Maßnahmen beschränken. Es ist nicht auszuschließen, daß in der ersten Hälfte der sechziger Jahre konjunkturpolitische Maßnahmen in den USA auch unter Berücksichtigung ihrer Zahlungsbilanzeffekte getroffen wurden; als Beispiel sei hier nur an die sog. „Operation Twist" erinnert: kurzfristige Zinssätze wurden erhöht, langfristige gleichzeitig erniedrigt. Der Doppelcharakter dieser Maßnahme, die simultan auf eine Verbesserung der Zahlungsbilanz und eine Stimulierung der Investitionstätigkeit zielte, läßt eine Beurteilung unter zahlungsbilanzpolitischen Gesichtspunkten nur schwer zu. Überdies kann es hier auch nicht darum gehen, *alle* seit 1960 von der Regierung der USA getroffenen zahlungsbilanzpolitischen Maßnahmen zu untersuchen. Manche dieser Maßnahmen waren zu unbedeutend, als daß eine Analyse lohnte, andere — wie z. B. die ab 1961 gelegentlich erfolgte Intervention am Devisenmarkt — intendierten von vornherein nicht mehr als kurzfristige Einflußnahme.

Die Vereinigten Staaten ergriffen im Untersuchungszeitraum folgende zahlungsbilanzpolitische Maßnahmen:

1960: Liefergebundene Entwicklungshilfe

1961: Preisdifferentiale bei militärischen Beschaffungen aus dem Ausland
Verstärkte Waffenverkäufe des amerikanischen Verteidigungsministeriums (incl. deutsch-amerikanischer Devisenausgleich)
Einrichtung des Goldpools

1962: Roosa-Bonds
Swap Agreements

1963: Interest Equalization Tax

1965: Voluntary Foreign Credit Restraint Program
Foreign Direct Investment Program

1966: Mitigation Procedures

1967: Nichtkonvertierungszusage der Deutschen Bundesbank

1968: Mandatory Foreign Direct Investment Program
Spaltung des Goldmarkts
Aufhebung der Golddeckung des Dollars

1971: Sondersteuer auf Importe
Goldinkonvertibilität des Dollars
Dollarabwertung

1973: Zweite Dollarabwertung
(Formale) Aufhebung des gespaltenen Goldmarkts

Überdies: Importquoten und „freiwillige“ Exportbeschränkungen anderer Länder

Die hier aufgeführten Maßnahmen lassen sich dabei für die Zwecke der folgenden Untersuchung in drei Gruppen einteilen: (1) Maßnahmen, die die Kapitalbilanz beeinflussen sollten, (2) Maßnahmen, die die Handelsbilanz beeinflussen sollten, (3) goldpolitische Maßnahmen.

7. Kapitalbilanz-Maßnahmen

Die amerikanische Regierung ergriff im wesentlichen drei zahlungsbilanzpolitische Maßnahmen, die auf die Kapitalbilanz zielten: im Jahre 1963 wurde die Interest Equalization Tax eingerichtet, die ab 1964 erweitert wurde auf langfristige Auslandskredite amerikanischer Banken; 1965 wurden gleichzeitig das Voluntary Foreign Credit Restraint Program und das Foreign Direct Investment Program institutionalisiert; ab 1968 wurden die Bestimmungen des Foreign Credit Restraint Program verschärft und die neugefaßten Bestimmungen des Foreign Direct Investment Program rechtsverbindlich gemacht.

Das Ziel der 1963 verfügten Interest Equalization Tax (IET) war eine Verhinderung von Kapitalabflüssen aus den USA, das sollte erreicht werden durch eine „Egalisierung" der Kreditkosten in den USA und anderen Finanzzentren. Die Steuer wurde erhoben von amerikanischen Käufern, wenn diese neuemittierte Aktien und Schuldverschreibungen oder laufende Schuldverschreibungen ausländischer Emittenden erwarben. Doch unterlagen nicht sämtliche ausländischen Papiere dieser Steuer, betroffen waren Papiere einer Anzahl von Staaten, die als Industrieländer angesehen werden konnten[1]. Die auf neuemittierte Aktien erhobene Steuer betrug 15 %, ebenso betrug die Steuer auf ausländische Schuldverschreibungen, die neu in den USA ausgegeben wurden, 15 % bei einer Laufzeit von 28 1/2 Jahren und abgestufte Prozentsätze davon, wenn die Laufzeit geringer war. Durch die abgestuften Steuersätze ergab sich eine effektive Belastung der Papiere von 1 % per annum. In der Regel lagen die Zinssätze amerikanischer Papiere um etwa 1 bis 2 % unter denen europäischer Papiere; die Steuer machte somit die ausländischen Papiere relativ unattraktiv. Ursprünglich war die Steuer auf zwei Jahre befristet, doch wurde sie alle zwei Jahre erneuert. Überdies wurde später die effektive Belastung variabel gestaltet, sie konnte zwischen Null und 1,5 % per annum betragen, nach 1969 betrug sie meist 0,75 %. Kurz nach Inkrafttreten der Steuer wurde Kanada aufgrund seiner besonders großen Abhängigkeit vom amerikanischen Kapitalmarkt von der Steuer ausgenommen; etwa 20 % aller kanadischen Anleihen werden

[1] Es waren dies Australien, Belgien, Dänemark, Bundesrepublik Deutschland, Frankreich, Großbritannien, Hongkong, Italien, Japan, Kanada, Liechtenstein, Luxemburg, Monaco, Neuseeland, Niederlande, Norwegen, Österreich, Südafrikanische Republik, San Marino, Schweden, Schweiz, Spanien; ab Mai 1965 wurden überdies die Bahamas, die Bermudas, Irland, Kuwait und Portugal einbezogen.

in den USA aufgelegt. Überdies wurde die Steuer ab 1965 auch auf Bankanleihen ausgedehnt (sog. „Gore Amendment"). Anfang 1974 hob die amerikanische Regierung die Steuer wieder auf.

Auf den ersten Blick scheint die Steuer erfolgreich gewesen zu sein (vgl. Tab. 10). Nachdem Neuemissionen der von der Steuer betroffenen Länder noch in der ersten Hälfte des Jahres 1963 knapp 350 Mill. Dollar betrugen, gingen sie in der zweiten Hälfte des Jahres 1963 um zwei Drittel zurück, 1964 betrugen sie nur noch 35 Mill. Dollar. Dieser Trend setzte sich während der folgenden Jahre fort. Ebenso gingen auch die Nettokäufe nunmehr zu versteuernder laufender Anleihen von der ersten Hälfte 1963 bis Ende 1964 um über 350 Mill. Dollar zurück. Soweit man also die Zielsetzung der Steuer relativ eng interpretiert, muß sie als Erfolg angesehen werden, da sie Neuausgaben von Aktien und Anleihen aus den betroffenen Ländern weitestgehend eliminierte und zu Nettoverkäufen laufender Anleihen führte. Andererseits nahmen die Neuauflagen von Anleihen durch andere Länder, die von der Steuer nicht betroffen waren, stark zu. Dabei entfiel ein großer Teil der Neuauflagen auf Kanada, das von der Steuer ausgenommen war. Doch läßt sich kaum ausmachen, ob zwischen dem Rückgang von Neuemissionen aus Ländern, die von der Steuer betroffen waren, und der Zunahme nichtbetroffener Anleihen Zusammenhänge bestehen. Nach der Einrichtung der IET nahmen die Ausgaben ausländischer Anleihen an den europäischen Kapitalmärkten stark zu, zwischen 1963 und 1964 verdreifachten sie sich[2]. Zwar dürfte dieser starke Anstieg nicht vollständig auf die IET zurückgehen, doch dürfte die Steuer dazu beigetragen haben, die Nachfrage nach Kapital auf den europäischen Markt umzuleiten. Überdies nahmen langfristige Kredite amerikanischer Banken an europäische Kreditnehmer 1963 und 1964 stark zu — von 84 Mill. Dollar 1962 auf 430 Mill. Dollar 1963 und knapp 600 Mill. Dollar 1964 —, das legt die Vermutung nahe, daß dieser Anstieg nicht unabhängig von der IET war: Zu einem großen Teil wurde unter der IET zu versteuerndes Kapital durch nicht zu versteuerndes Kapital ersetzt, so daß der Nettoeffekt der Steuer ziemlich gering war. Neuemissionen und Nettoverkäufen europäischer Anleihen und Aktien in den Jahren 1963 und 1964 in Höhe von 560 Mill. Dollar standen langfristige Kredite amerikanischer Banken an Westeuropa in Höhe von 720 Mill. Dollar in dieser Zeit gegenüber[3].

Die Interest Equalization Tax kann als kaschierte Teilabwertung des Dollars für Aktien und Kapitalanleihen um 15 % interpretiert werden[4].

---

[2] Vgl. *Richard N. Cooper*, „The Interest Equalization Tax: An Experiment in the Separation of Capital Markets", Finanzarchiv 24 (1965), S. 447 - 471.

[3] Zu den Zahlen vgl. *Cooper*, a.a.O.

[4] Diese Idee geht auf Fritz Machlup zurück, vgl. Statement by Fritz Machlup, in: The 1968 Economic Report of the President, Hearings before the Joint Economic Committee, 90. Cong. 2 sess. (1968), Part 2, S. 394 - 416, bes. S. 396 - 397

Tabelle 10

Amerikanische Käufe in den USA neuausgegebener ausländischer Aktien und Anleihen (in Mill. US $)

	1960	1961	1962	1963 1. Hälfte	1963 2. Hälfte	1964	1965	1966	1967	1968	1969	1970	1971
Gesamt	555	523	1076	1000	250	1063	1206	1210	1619	1712	1668	1456	1506
IET-Länder	66	163	356	343	110	35	147	19	14	45	13	130	3
Andere Länder	489	360	722	656	141	1027	1058	1191	1605	1667	1655	1326	1503

Amerikanische Nettokäufe laufender ausländischer Anleihen (in Mill. US $)

	1960	1961	1962	1963 1. Hälfte	1963 2. Hälfte	1964	1965	1966	1967	1968	1969	1970	1971
Gesamt	309	387	96	151	−102	−194	−225	−300	135	60	305	− 80	−117
IET-Länder			— 15	85	— 85	—184	—234	—222	111	0	284	—120	—145
Andere Länder			111	66	— 16	— 13	11	— 77	23	58	21	40	26

Quelle: Administration Request for Extension of Interest Equalization Tax, Hearings before the Committee on Ways and Means, 93 Cong. 1 sess. (1973), S. 10 - 11.

Kosten waren mit dieser Maßnahme möglicherweise für die Aufleger von Anleihen verbunden, da diese wohl teilweise auf den teureren europäischen Kapitalmarkt ausweichen mußten. Für die amerikanische Regierung war mit der Steuer aufgrund der Steuereinnahmen ein Gewinn verbunden, der jedoch nicht allzu groß gewesen sein dürfte, da Neuemissionen aus den betroffenen Ländern — wie gezeigt — weitgehend eliminiert wurden.

Da die IET nur zu einer Ersetzung einer Form der Kapitalbeschaffung durch eine andere geführt hatte, wurde dann die Steuer auch auf langfristige Bankkredite an die betroffenen Länder ausgedehnt. Doch scheint es, daß die amerikanische Regierung diese Maßnahmen wohl selbst nicht als allzu effektiv angesehen hat. Am 10. Februar 1965 gab der amerikanische Präsident ein neues Zahlungsbilanzprogramm bekannt. Es enthielt im wesentlichen zwei neue Elemente. Zum einen wurde vom Handelsministerium ein Foreign Direct Investment Program entwickelt, das eine „freiwillige" Kooperation amerikanischer Unternehmen mit der Regierung auf dem Gebiet ausländischer Direktinvestitionen vorsah, zum anderen ein vom Federal Reserve Board überwachtes Voluntary Foreign Credit Restraint Program, das Kredite amerikanischer Banken an Ausländer begrenzen sollte.

Die Struktur des Voluntary Foreign Credit Restraint Program (VFCR) bestand aus vom Federal Reserve Board bestimmten Kreditobergrenzen für Kredite amerikanischer Banken an Ausländer. Diese Kreditobergrenzen auf der Basis der im Jahre 1964 von Banken an Ausländer gegebenen Kredite wurden mehrmals verändert[5]. Für 1965 betrug die Kreditobergrenze 105 % der 1964 an Ausländer gegebenen Kredite, für 1966 betrugen sie 109 %. Im Januar 1968 wurden die Bestimmungen des Programms erheblich schärfer gefaßt; nunmehr wurde statt einer Zuwachsbeschränkung eine Reduzierung des für Ausländer verfügbaren Kreditvolumens um 400 Mill. Dollar (auf der Basis der ursprünglich zur Anwendung vorgesehenen Zuwachsbegrenzung) angeordnet. Die Banken (ebenso Finanzinstitute, die keine Banken waren, von denen hier aber abgesehen wird) wurden aufgefordert, insbesondere Kredite nach Europa einzuschränken. Ausgenommen von diesen Maßnahmen waren lediglich bis zu einem bestimmten Umfang Kredite, die ausschließlich zur Finanzierung amerikanischer Exporte Verwendung finden sollten, doch wurden die Banken angehalten, auch Exportkredite in die im Rahmen des VFCR Program

---

und 401 - 402. Siehe auch *Fritz Machlup*, Remaking the International Monetary System: The Rio Agreement and Beyond, Baltimore 1968, S. 109.

[5] Zu den Richtlinien vgl. „Guidelines for Banks and Nonbank Financial Institutions", Federal Reserve Bulletin, März 1965, S. 371 - 375, sowie „Revised Guidelines for Banks and Nonbanks Financial Institutions", Federal Reserve Bulletin, Dezember 1965, S. 1693 - 1698.

verfügten Kreditlinien einzubeziehen. Überdies wurde 1968 Kanada aus allen Zahlungsbilanzprogrammen der USA ausgenommen.

Nachdem noch im Jahre 1964 die Kredite an Ausländer — teilweise, wie oben gezeigt wurde, aufgrund der Einrichtung der IET — 2,5 Mrd. Dollar betragen hatten, gingen sie 1965 auf nur 168 Mill. Dollar zurück (vgl. Tab. 11). Damit waren die Banken um 320 Mill. Dollar unter dem verfügbaren Kreditspielraum geblieben. Ende 1966 hatten die Guthaben amerikanischer Banken im Ausland um 156 Mill. Dollar zugenommen, so daß das gesamte ausstehende Kreditvolumen ungefähr so groß war wie zu Beginn des Programms; die nicht ausgenutzten Kreditlinien betrugen fast eine Milliarde Dollar. Die ausländischen Bankguthaben nahmen dann 1967 wieder um 370 Mill. Dollar zu, doch waren die Banken um etwa 1,2 Mill. Dollar unter de Kreditlinien geblieben. Nachdem Anfang 1968 die Banken aufgefordert worden waren, Guthaben in Höhe von 400 Mill. Dollar in die USA zurückzutransferieren, gingen die Kredite an Ausländer um fast 700 Mill. Dollar bis Ende 1968 zurück.

Tabelle 11

Kredite an Ausländer durch amerikanische Banken (in Mill. US $)

	1964	1965	1966	1967	1968 (bis Nov.)
Kreditobergrenze	—	9 973	10 407	11 069	9 773
Kredite an Ausländer	9 484	9 652	9 496	9 865	9 192
Veränderung gegenüber Vorjahr	—	+ 168	— 156	+ 369	— 673
Nicht ausgenutzter Spielraum	—	321	911	1 204	581

Quelle: A Review of Balance of Payments Policies, Hearings before the Subcommittee on International Exchange and Payments, 91 Cong. 1 sess. (1969), S. 167.

Ursprünglich sah die amerikanische Regierung das VFCR Program wohl als Erfolg an[6], ein Blick auf die Zahlen läßt jedoch Zweifel an dieser optimistischen Beurteilung aufkommen. Es fällt auf, daß die Banken nur einen kleinen Teil ihres Kreditspielraums auszunutzen. Nichtgegebene Kredite heißt für Banken aber nichtgetätigte Geschäfte. Es ist unwahrscheinlich, daß sich die Banken Geschäfte in Höhe von Hunderten von Millionen Dollar (und damit auch entsprechende Gewinne) entgehen

[6] Vgl. „U.S. International Payments“, Federal Reserve Bulletin, Oktober 1965, wo auf S. 1367 festgestellt wird, „the international payments position of the United States has improved sharply in 1965 as a result of the response by U.S. banks and other lenders and investors to the President's balance of payments program“.

ließen. Die Ursache für die nichtausgenutzten Kreditspielräume muß wohl hauptsächlich in der veränderten Kreditnachfrage auf europäischer Seite bestanden haben. Im Jahre 1964 transferierten die europäischen Filialen amerikanischer Banken 800 Mill. Dollar an ihre Stammhäuser in den USA (netto, also nach Abzug der von den USA zum europäischen Geldmarkt transferierten Gelder), 1965 betrugen diese Transfers schon 1,0 Mrd. Dollar, 1966 3,0 Mrd. Dollar und 1967 3,1 Mrd. Dollar[7]. Diese Überlegungen über die veränderte Kreditnachfrage werden bestätigt durch einen Artikel eines Direktors der Morgan Guaranty Trust Company, einer der größten amerikanischen Banken. Dieser Artikel, der noch vor der Einrichtung des VFCR Progam geschrieben worden war, gab der Erwartung Ausdruck, daß die Kreditvergabe amerikanischer Banken ans Ausland nur noch geringfügig zunehmen werde, im wesentlichen aufgrund einer Abnahme der Kreditnachfrage in Europa und der Einschätzung, daß viele Banken die Auslandsguthaben ihrer Portfolios nicht weiter vergrößern wollten, dies insbesondere in Japan[8]. Doch scheint später auch von offizieller amerikanischer Seite die Wirksamkeit des VFCR Program relativ gering eingeschätzt zu sein, zumindest im Federal Reserve Board, das dieses Programm durchführte: "... it is clearly evident that we have made only limited progress toward the objectives set when the restraints on capital outflow were adopted in early 1965 ...[9]"

Gleichzeitig mit dem VFCR Program initiierte die amerikanische Regierung das Foreign Direct Investment Program (FDIP). Amerikanische Firmen mit Tochtergesellschaften im Ausland wurden vom Handelsministerium aufgefordert, (1) Direktinvestitionen in den entwickelten Ländern zurückzustellen oder wenn möglich ganz darauf zu verzichten, (2) das für Direktinvestitionen im Ausland erforderliche Kapital in erhöhtem Maße im Ausland aufzunehmen, und (3) kurzfristige Guthaben, die über Arbeitsguthaben hinausgingen, in die USA zurückzutransferieren. Über 500 amerikanische Firmen (später wurde die Zahl auf 900 vergrößert) wurden aufgefordert, dem Handelsministerium vierteljährlich Daten über ihre Direktinvestitionen im Ausland einzureichen; damit waren so gut wie alle ausländischen Direktinvestitionen erfaßt. Diese Maßnahmen waren aber kaum von großer Wirksamkeit. 1964 betrugen die amerikanischen Direktinvestitionen im Ausland 2,3 Mrd. Dollar, trotz des Programms waren sie 1965 auf 3,5 Mrd. Dollar angewachsen. Ende 1965

---

[7] Vgl. BIZ, 37. Jahresbericht, Juni 1967, S. 158 und 38. Jahresbericht, Juni 1968, S. 169.

[8] Vgl. *George H. Chittenden*, „The Changing Role of U.S. Banks in International Finance", The Journal of Finance XX (1965), S. 172 - 181.

[9] „Capital Outflows and the U.S. Balance of Payments: Review and Outlook", A Paper Presented by *Andrew F. Brimmer*, Member, Board of Governors of the Federal Reserve System, At a Dinner Meeting of Bankers, Businessmen and the Board of Directors of the Federal Reserve Bank of Dallas, 11. Februar 1970, (mimeo), S. 20.

verschärfte deshalb die amerikanische Regierung die Bestimmungen des Programms. Nunmehr forderte die amerikanische Regierung, daß die Direktinvestitionen für die beiden Jahre 1965 und 1966 zusammen unter Einschluß reininvestierter Gewinne nur 90 % der vorhergehenden Dreijahresperiode (1962 - 1964) betragen dürften. Der Fluß der Direktinvestitionen sollte um etwa eine Milliarde Dollar reduziert werden; insgesamt hoffte die amerikanische Regierung, unter Einschluß der anderen Maßnahmen (also insbesondere größere Transfers von Einnahmen auf Direktinvestitionen in die USA), eine Verbesserung der amerikanischen Zahlungsbilanz um ca. 3,4 Mrd. Dollar zu erreichen[10]. Aufgrund dieser Maßnahmen wuchsen die Direktinvestitionen 1966 nur um 200 Mill Dollar gegenüber dem Vorjahr, 1967 gingen sie um 600 Mill. Dollar zurück. Es ist also kaum zweifelhaft, daß die Verschärfungen des Programms Ende 1965 zuerst zu einem sehr verminderten Anwachsen und später sogar zu einer Reduktion der Direktinvestitionen führten, obwohl das projektierte Ziel für 1966 nicht erreicht wurde.

Anfang 1968 wurden dann die Bestimmungen des Programms, die bis dahin nur auf der Basis „freiwilliger" Zusammenarbeit amerikanischer Firmen mit der Regierung realisiert worden waren, nochmals verschärft und gleichzeitig rechtlich verbindlich gemacht. Nunmehr verboten die Bestimmungen jegliche Direktinvestitionen im Ausland, soweit sie nicht von der amerikanischen Regierung autorisiert worden waren; ausgenommen von diesen Bestimmungen war lediglich Kanada[11]. Ebenso wurde das Volumen ausländischer Guthaben, die Direktinvestoren halten durften, begrenzt. Die Bestimmungen wurden auf drei Gruppen von Ländern unterschiedlich angewandt: die A-Gruppe umfaßte unterentwickelte Länder, die B-Gruppe industrialisierte oder teilindustrialisierte Länder wie Großbritannien, Australien, Spanien, Japan und einige Erdölförderländer, die C-Gruppe die Länder Westeuropas und Südafrika. Auf der Grundlage der Bestimmungen konnte der Direktinvestor unter vier „Freigrenzen" wählen: (1) er akzeptierte eine Obergrenze von 2 Mrd. Dollar (ursprünglich betrug die Obergrenze 200 Mill. Dollar, 1969 wurde sie auf eine Milliarde Dollar angehoben, seit 1972 beträgt sie 2 Mrd. Dollar) für alle ausländischen Direktinvestitionen; (2) er akzeptierte eine Obergrenze von 2 Mrd. Dollar weltweit plus 4 Mrd. Dollar in den Ländern der A-Gruppe; (3) auf der Basis der Direktinvestitionen der Jahre 1965 und 1966 konnten jährlich 110 % in Gruppe A, 65 % in Gruppe B und 35 % in Gruppe C direkt investiert werden;

---

[10] Vgl. *Andrew F. Brimmer*, „Direct Investment and Corporate Adjustment Techniques under the Voluntary U.S. Balance of Payments Program", The Journal of Finance XXI (1966), S. 266 - 282.

[11] Zu den Bestimmungen vgl. „Interpretative Explanation and Analysis of the Foreign Direct Investment Regulations", Federal Register Vol. 35 Nr. 195 vom 7. Oktober 1970 und Vol. 37 Nr. 176 vom 9. September 1972.

(4) jährliche Direktinvestitionen in jeder Gruppe in Höhe von 40 % der Vorjahresgewinne der Tochterfirmen in der jeweiligen Gruppe. Für die Anwendung des Programms wurden die Direktinvestitionen so definiert, daß sie reinvestierte, nicht transferierte Gewinne der ausländischen Tochterfirmen einschlossen. Das Ziel dieser Regelung war, Direktinvestoren zu veranlassen, zusätzliche Investitionen im Ausland durch ausländische Gelder zu finanzieren, soweit sie die unter den vier Möglichkeiten bestimmten Freigrenzen überschritten.

Von 1967 bis 1968 fielen ausländische Direktinvestitionen (unter Ausschluß der im Ausland aufgenommenen Finanzmittel) von 3,71 Mrd. Dollar auf 1,24 Mrd. Dollar, eine Abnahme um knapp 2,5 Mrd. Dollar (vgl. Tab. 12). Aufgrund der folgenden Lockerungen des Programms nahmen die Direktinvestitionen in den folgenden Jahren wieder zu, doch erst 1970 erreichten sie wieder die Größe von 1966. Dabei war die Abnahme am geringsten in den Ländern der A-Gruppe, während in der C-Gruppe (Westeuropa) die Direktinvestitionen auf einen minimalen Betrag zurückgingen. Die Wirkungen des Programms auf den Transfer von Kapital ist nicht zu verkennen: Direktinvestitionen, wie sie in der amerikanischen Zahlungsbilanz ausgewiesen werden, stagnierten von 1967 bis 1969 bei ca. 3,2 Mrd. Dollar jährlich, erst 1970 stiegen sie wieder stärker an. Überdies ist ein starker Einfluß auf die retransferierten Gewinne nicht auszuschließen, doch nahmen diese nur wenig mehr zu, als man aufgrund des Trends der Vorjahre ohnehin hätten erwarten können. Doch hatte das Programm einen erhebliche Einfluß auf die Aufnahme von Geldern im Ausland zur Finanzierung ausländischer Direktinvestitionen, diese Finanzierung nahm von 1967 bis 1968 von knapp 600 Mill. Dollar auf 2,2 Mrd. Dollar zu.

Nun wäre zu überlegen, ob indirekte Effekte diese Wirkungen auf die Zahlungsbilanz veränderten. Es scheint aber, als ob dies nicht der Fall gewesen ist[12]. Eine heftige Kontroverse entbrannte jedoch um die langfristigen Auswirkungen auf die Einnahmen aus Direktinvestitionen, wobei insbesondere der „Rückzahlungszeitraum" (recoupment period) eine Rolle spielte. Die amerikanische Regierung ging dabei von einem relativ langen Zeitraum aus, innerhalb dessen sich Direktinvestitionen amortisieren[13], doch wurden diese Ergebnisse stark kritisiert. Insbesondere von seiten der Industrie in Auftrag gegebene Studien versuchten,

---

[12] Zu diesem Ergebnis kommt Willey nach einer Untersuchung möglicher indirekter Effekte. Zum einen seien die „capital account offsets ... far from overwhelming" gewesen, zum anderen habe das Programm „little important effect on aggregate U.S. exports to affiliates" gehabt. Vgl. *H. David Willey*, „Direct Investment Controls and the Balance of Payments", in: Charles P. Kindleberger (Hrsg.), The International Corporation, Cambridge (Mass.) 1970, S. 95 - 119.

[13] Vgl. *C. G. Hufbauer / F. M. Adler*, Overseas Manufacturing Investment and the Balance of Payments, Washington 1968.

Tabelle 12

Amerikanische Direktinvestitionen im Ausland (ohne Kanada) 1966 - 1971 und ihre Finanzierung (in Mrd. US $)

	1966	1967	1968	1969	1970	1971
Kapitaltransfers	3,39	3,36	2,32	3,43	4,40	6,21
Reinvestierte Erträge	*1,11*	*0,93*	*1,13*	*1,53*	*2,11*	*1,93*
Direktinvestitionen	4,50	4,29	3,45	4,96	6,51	8,14
Kapitalaufnahme im Ausland durch Direktinvestoren	*(0,63)*	*(0,58)*	*(2,21)*	*(2,60)*	*(2,76)*	*(3,26)*
Direktinvestitionen *ohne* Kapitalaufnahme im Ausland	3,87	3,71	1,24	2,36	3,75	4,88

Quelle: U.S. Department of Commerce, Foreign Direct Investment Program, Selected Statistics, August 1972, S. 5.

eine kürzere Rückzahlungsperiode nachzuweisen[14]. Die Ergebnisse dieser Kontroverse sind aber nicht eindeutig, weshalb hier von einer weiteren Diskussion abgesehen wird.

[14] Vgl. z. B. *Jack N. Behrman,* Direct Manufacturing Investment, Exports, and the Balance of Payments, New York 1968.

8. Handelsbilanz - Maßnahmen

Maßnahmen, die auf eine Verbesserung der Handelsbilanz zielten, wurden schon relativ frühzeitig ergriffen. Ab 1960 wurde amerikanische Entwicklungshilfe an amerikanische Lieferungen gebunden; ab 1961 führte das amerikanische Verteidigungsministerium Preisdifferentiale für militärische Beschaffungen ein, um solche Beschaffungen in die USA zurückzuverlegen; auch wurden von dieser Zeit an starke Anstregnungen für eine Ausweitung der Waffenverkäufe des Verteidigungsministeriums unternommen. Als kurzfristiges Instrument wurde 1971 die Sondersteuer auf Importe eingerichtet; 1971 und 1973 wurde der Dollar abgewertet. Außerdem gab es eine ganze Zahl von Importquoten und „freiwillige" Exportbeschränkungen anderer Länder.

Im Jahre 1959 bestimmte eine Direktive des amerikanischen Präsidenten, daß bilaterale Wirtschaftshilfe, die an Entwicklungsländer gegeben wurde, nur noch zum Erwerb amerikanischer Güter verwandt werden empfangenen Gelder und Kredite frei zu entscheiden. Zu dieser Zeit bedürfe. Bis dahin war es den Empfängerländern überlassen geblieben, über die Verwendung der im Rahmen amerikanischer Wirtschaftshilfe trug der Anteil amerikanischer Entwicklungshilfe, der für Käufe in den USA Verwendung fand, weniger als 50 %. Den Empfängerländern blieb keine andere Wahl, als diese Bedingung zu akzeptieren, wollten sie weiterhin amerikanische Entwicklungshilfe bekommen. Im Laufe der sechziger Jahre wurden dann die Maßnahmen zu einer Bindung amerikanischer Entwicklungshilfe an amerikanische Lieferungen mehr und mehr verstärkt; dies dürfte nicht ohne erheblichen Druck auf die Empfängerländer abgegangen sein[1]. Dabei betrafen die Lieferbedingungen nicht nur verlorene Zuschüsse, sondern ebenso Kredite, die im Rahmen der Entwicklungshilfe gegeben wurden. Nachdem etwa 1965 über 90 % der amerikanischen Entwicklungshilfe an amerikanische Lieferungen gebunden war (vgl. Tab. 13), versuchte die amerikanische Regierung „Zusatzkriterien" durchzusetzen, um zu verhindern, daß die Empfängerlänländer im Rahmen der Entwicklungshilfe Güter kauften, die sie ohnehin aus den Vereinigten Staaten importiert hätten. Ein solcher Substitutionseffekt auf seiten der Empfängerländer hätte die positiven Wirkungen auf die amerikanische Zahlungsbilanz, die man der Lieferbindung zuschrieb, vermindert. Ab 1966 wurden in diesem Zusammenhang

[1] Selbst die amerikanische Regierung sprach in diesem Zusammenhang von „aggressive steps", vgl. Maintaining the Strength, S. 149.

Tabelle 13

Entwicklungshilfe der amerikanischen Regierung und durch Entwicklungshilfe finanzierte Käufe in den USA (in Mill. US $)

Jahr	Entwicklungs-hilfe-transfers	davon verwendet für Käufe in den USA	
		Wert	Prozentsatz
1960	1 040,2	422,7	40,6
1961	1 054,6	465,7	44,2
1962	883,9	586,4	66,3
1963	1 170,0	929,3	79,4
1964	1 165,2	1 008,5	86,6
1965	1 287,8	1 185,8	92,1
1966	1 231,6	1 110,5	90,2
1967	1 402,3	1 349,5	96,2
1968	1 161,2	1 142,7	98,4
1969	1 024,6	1 013,7	98,9
1970	995,1	975,6	98,0
1971	973,0	971,8	99,7

Quelle: Agency for International Development, Operations Report, Fiscal Year 1971, S. 64.

negative Listen eingeführt; diese Listen enthielten Güter, die nicht durch Entwicklungshilfe finanziert werden konnten[2]. Diese Negativlisten umfaßten nicht nur Luxusgüter (wie vorher schon), sondern auch Güter, für die die Vereinigten Staaten immer schon ein potenter Anbieter gewesen waren. 1967 wurden dann auch positive Listen eingeführt; sie schrieben vor, welche Güter von nun an noch mit Entwicklungshilfegeldern gekauft werden durften. Diese Positivlisten enthielten in der Hauptsache Güter, bei denen die USA weniger wettbewerbsfähig waren als andere Industrieländer[3]. Dies führte ebenfalls zu Pressionen von seiten der Vereinigten Staaten auf die Empfängerländer, wobei auch die Möglichkeit einer Beendigung der Entwicklungshilfe angedeutet wurde[4]. Die Positivlisten waren häufig so restriktiv, daß die Empfängerländer sich außerstande sahen, die ihnen angebotene Entwicklungshilfe sinnvoller Verwendung zuzuführen[5]. Es scheint, daß es den Vereinigten Staaten gelang, die Zusätzlichkeitskriterien weitestgehend durchzuset-

[2] Vgl. Statement of Hon. William S. Gaud, Administrator, Agency for International Development, in: A Review of Balance of Payments Policies, Hearings before the Subcommittee on International Exchange and Payments, 91 Cong. 1 sess. (1969), S. 85 - 97.

[3] „... commodities ... which we would otherwise be unlikely to export in any great volume", Gaud, S. 92.

[4] „Discussions have been held with aid recipients about the difficulties of maintaining current assistance levels in the face of the U.S. payments deficit", Maintaining the Strength, S. 154.

[5] „In several instances AID positive lists have been so limited that countries could not draw down available funds at a reasonable pace, and put them to use for development", Gaud, S. 95.

zen; 1963 - 64 betrug die Substitution von Importen durch Entwicklungshilfe etwa 10 %, bis 1967 war sie bis auf 2 % zurückgegangen[6]. Ab 1971 war dann praktisch die gesamte von den Vereinigten Staaten gewährte Entwicklungshilfe an Lieferungen durch die Vereinigten Staaten gebunden.

Durch die Bindung amerikanischer Wirtschaftshilfe an amerikanische Warenexporte war eine Verwendung der Entwicklungshilfegelder durch die Empfänger nach ökonomischen Effizienzkriterien nicht mehr möglich. Trotz höherer Kosten mußten Güter häufig in den USA gekauft werden; die amerikanische Regierung schätzte, daß „some AID-financed goods may cost 10 to 40 % more than comparable goods from other suppliers“[7]. Auch dies kann als kaschierte Teilabwertung des Dollars interpretiert werden. Es ist schwer, die Teilabwertung quantitativ zu bestimmen; dazu bedürfte es der Kenntnis, um wieviel höhere Preise gegenüber anderen vergleichbaren Angeboten für Lieferungen aus den USA bezahlt werden mußten. Eine Übersicht über die Ergebnisse verschiedener Untersuchungen, die die für Empfänger von Entwicklungshilfe zusätzlichen Kosten zu schätzen versuchten, zeigt, daß diese zusätzlichen Kosten zwischen 12 % und 30 % lagen, wobei mit Fortdauer und Intensivierung der Zusätzlichkeitsbestimmungen vermutlich die Kosten stiegen (vgl. Tab. 14).

Tabelle 14

Durch liefergebundene Entwicklungshilfe zusätzlich bedingte Kosten der Empfängerländer

Land	Zusatzkosten	
1. Pakistan	12 %	
2. Chile	12,4 %	
3. Indien	14,9 %	
4. Iran	15 %	
5. Tunesien	20 %	
6. Verschiedene lateinamerikanische Länder	24 %	
7. Kolumbien	10 %	(1967)
Kolumbien	30 %	(1968)

Quellen:
1. Mahbub ul Haq, „Tied Credits — A Quantitative Analysis“, in: John H. Adler (Hrsg.), Capital Movements and Economic Development, New York 1967, S. 326 - 351.
2. Report on Tied Credits: Chile, UNCTAD, 8. Dezember 1967 (mimeo).
3. Deepak Lal, A Quantitative Analysis of Aid — Financial Imports of Certain Chemicals into India, UNCTAD, 3. Dezember 1968 (mimeo).
4. Eprime Eshag, Study on the Excess Cost of Tied Economic Aid Given to Iran 1966/67, UNCTAD, 13. Dezember 1967 (mimeo).
5. Eprime Eshag, Study of Tied Economic Aid Given to Tunesia in 1965, UNCTAD, 30. November 1967 (mimeo).
6. V. E. Tokman, „An Evaluation of Foreign Aid: The Chilean Case“, Bulletin of Oxford University Institute of Economics and Statistics, Mai 1969.
7. Thomas L. Hutcheson / Richard C. Porter, The Cost of Tying Aid: A Method and Some Colombian Estimates, Princeton Studies in International Finance Nr. 30, Princeton 1972.

[6] Gaud, S. 93.

[7] Gaud, S. 95.

Wie groß war die durch die Lieferbindung der Entwicklungshilfe bedingte Verbesserung der amerikanischen Zahlungsbilanz? Zumindest einige ungefähre Orientierungen lassen sich ausmachen. Die amerikanische Entwicklungshilfe betrug Mitte der sechziger Jahre im Durchschnitt 1,3 Mrd. Dollar jährlich, von denen etwa 1,2 Mrd. Dollar gebunden waren. Geht man davon aus, daß etwa 40 % dieser Gelder ohnehin in den USA ausgegeben worden wären (wie dies um 1960, also ohne extensive Bindungsbedingungen der Fall war), so hätte die Verbesserung der amerikanischen Zahlungsbilanz maximal 800 Mill. Dollar pro Jahr betragen. Dies aber nur unter der Voraussetzung, daß alle nunmehr in die USA abgeleiteten Käufe tatsächlich Zusatzkäufe waren; dies kann aber nur für die Jahre ab 1967, also nach Einführung der Positivlisten und der Zusätzlichkeitsbestimmungen unterstellt werden. Insoweit dürfte die Verbesserung der amerikanischen Zahlungsbilanz geringer gewesen sein, sie dürfte bei Entwicklungshilfeleistungen von 1,3 Mrd. Dollar jährlich bei maximal 700 Mill. Dollar gelegen haben. Die dabei durch das Zusätzlichkeitserfordernis bedingte Verbesserung war vergleichsweise bescheiden, die amerikanische Regierung schätzte diesen Effekt auf etwa 35 Mill. Dollar jährlich[8].

Die politischen Konsequenzen dieser Art von Entwicklungshilfen können hier außer Betracht bleiben, doch dürfte auch den Entwicklungsländern nicht entgangen sein, daß im Falle der amerikanischen Entwicklungshilfe — wenn man denn um die Vergabe von Entwicklungshilfe nicht umhinkommt — entwicklungspolitische und humanitäre Überlegungen weitgehend von handelspolitischen Motiven verdrängt wurden: Entwicklungshilfe als Instrument für Exportsteigerungen der Vereinigten Staaten. Die Kosten dieser Exportförderung trugen nicht allein die Entwicklungsländer, sondern auch die anderen Industrieländer, da deren Exporte in die Entwicklungsländer aufgrund der Lieferbindung der Entwicklungshilfe negativ beeinflußt wurden[9].

Ähnliche „Buy American"-Bestimmungen wie für die Entwicklungshilfe wurden ab 1961 auch für militärische Beschaffungen des amerikanischen Verteidigungsministeriums initiiert; sie gehen zurück auf Anordnungen, die auf der Grundlage des Buy American Act von 1933 erlassen wurden[10]. Betroffen war sowohl militärisches Material, das in den

---

[8] Gaud, S. 94.

[9] Die Ausführungen über den Dominanzeffekt aufgrund politischer Kapitaltransfers in überbewerteten Währungen erfordern hier insoweit eine Modifikation, als der durch die kaschierte Teilabwertung des Dollars bei Lieferbindung eliminierte Dominanzeffekt substituiert wird durch einen aus erzwungenen Importen resultierenden Dominanzeffekt.

[10] Es scheint, daß die USA das einzige wichtige Industrieland sind, in dem ein solches Gesetz existiert, wenn auch ähnliche Praktiken in anderen Ländern Anwendung finden.

USA Verwendung finden sollte, als auch Material, das zur Verwendung außerhalb der USA bestimmt war. Danach wurden Beschaffungsaufträge amerikanischer Militärstellen im Ausland in die Vereinigten Staaten zurückverlegt, wenn die Kosten dadurch um nicht mehr als 25 % stiegen; ab Mitte 1962 wurde die Differenz auf 50 % angehoben und durfte in einzelnen Fällen diese 50 %-Marge noch überschreiten. Damit stiegen die effektiven Beschaffungskosten beträchtlich; von 1961 bis 1967 wurden Beschaffungen im Werte von 340 Mill. Dollar in die USA zurückverlegt; die dadurch zusätzlich anfallenden Kosten betrugen etwa 75 Mill. Dollar, also ungefähr 22 %. Auch die Beschaffung militärischen Materials, das in den Vereinigten Staaten Verwendung finden sollte, wurde in die USA zurückverlegt, wenn die Differenz 50 % des Preises nicht überschritt. Von 1963 bis 1965 wurden Beschaffungsaufträge dieser Art im Wert von 13 Mill. Dollar in die USA zurückverlegt, was zu einer Erhöhung der Kosten dieser Beschaffungen um 4 Mill. Dollar führte, das entsprach etwa 31 %[11].

Auch diese Maßnahmen stellten eine kaschierte Teilabwertung des Dollars dar; auf der Grundlage der vorliegenden Zahlen dürfte die Abwertung im ersten Fall bei ca. 19 % gelegen haben, im zweiten Fall bei etwa 24 %. Dennoch sind diese Zahlen nur als Minimalwerte anzusehen. „Auf Grund von theoretischen Überlegungen kann man aber schließen, daß die durchschnittlichen Kostensteigerungen und damit auch die Abwertung des Verteidigungsdollars noch größer waren. Es ist durchaus wahrscheinlich, daß ‚Deviseneinsparungen' von über 300 Mill. Dollar mit einer durchschnittlichen Abwertung von 35 - 40 % erkauft wurden[12]."

Während der zugrundegelegten sieben Jahre betrug also die durchschnittliche Verbesserung der amerikanischen Zahlungsbilanz aufgrund nichtgetätigter Importe auf dem Sektor militärischer Beschaffungen etwa 50 Mill. Dollar jährlich. Diese Bruttoeffekte sind jedoch nicht mit den tatsächlichen Effekten auf die Zahlungsbilanz identisch. Modelltheoretische Untersuchungen ergaben, daß eine Abnahme der Importe der USA normalerweise von einer Abnahme der Exporte um 60 % des jeweiligen Betrags begleitet sind[13]. Auch wenn man von der Exaktheit solcher modelltheoretischer Untersuchungen nicht unbedingt überzeugt ist, kann man diese Quantifizierungen verwenden, wenn auch induzierte Exportveränderungen aufgrund von verringerten Importen in Höhe von

[11] Zu den Zahlen vgl. Maintaining the Strength, S. 140 - 142.

[12] *Heidi Schelbert-Syfrig*, Das „Buy-American" Prinzip und die amerikanische Zahlungsbilanz, Erlenbach und Zürich 1968, S. 21.

[13] Vgl. *Rolf Piekarz / Lois Ernstoff Stekler*, „Induced Changes in Trade and Payments", Review of Economics and Statistics XLIX (1967), S. 517 - 526.

60 % sehr hoch erscheinen. Auf der Grundlage dieser Zahlen hätte die Nettoverbesserung der amerikanischen Zahlungsbilanz aufgrund nichtgetätigter Importe militärischen Materials nur etwa 20 Mill. Dollar jährlich betragen.

Sind die hier skizzierten Überlegungen über die Sekundäreffekte richtig, dann müssen die dadurch bedingten sozialen Kosten ebenfalls berücksichtigt werden. Importe werden mit Zöllen belegt, die Verringerung von Importen führt dann auch zu einer Verminderung von Zolleinnahmen. Geht man davon aus, daß die amerikanischen Zölle Mitte der sechziger Jahre bei etwa 10 % lagen, so betrugen die zusätzlichen sozialen Kosten etwa 3 Mill. Dollar jährlich. Diese müssen den direkten Kosten, die sich auf etwa 11 Mill. Dollar jährlich beliefen, hinzugerechnet werden. Verbesserungen der Zahlungsbilanz um etwa 20 Mill. Dollar jährlich wurden dann mit sozialen Kosten in Höhe von 14 Mill. Dollar erkauft. Nicht berücksichtigt sind dabei die sozialen Kosten, die anderen Ländern entstanden aufgrund geringerer Exporte, doch lassen sich diese Kosten nur schwer quantifizieren und kaum zurechnen.

Ab 1961 wurden — ebenfalls aus zahlungsbilanzpolitischen Überlegungen heraus — die Waffenverkäufe des amerikanischen Verteidigungsministeriums stark ausgeweitet. Bis Ende der fünfziger Jahre waren Rüstungsgüter meist unentgeltlich an die mit den Vereinigten Staaten verbündeten Länder abgegeben worden, doch ab 1961 unternahm das amerikanische Verteidigungsministerium in Zusammenarbeit mit der amerikanischen Rüstungsindustrie eine weltweite Verkaufsoffensive. So verdoppelten sich die Waffenverkäufe des amerikanischen Verteidigungsministeriums von 1960 bis 1962; bis 1968 hatten sie sich wiederum verdoppelt, seit 1969 betragen sie ca. 1,5 Mrd. Dollar pro Jahr (vgl. Tab. 8). Insbesondere die Bundesrepublik wurde das Ziel dieser Bestrebungen, die in den sogenannten Devisenausgleichsabkommen formalisiert wurden (vgl. Tab. 15). Zwar wurden gegen Ende der sechziger Jahre auch andere Elemente in den Devisenausgleich aufgenommen — Schatzwechsel, ein Darlehen an die amerikanische Regierung mit einer Laufzeit von zehn Jahren und ab 1971 auch direkte Zahlungen der Bundesrepublik Deutschland —, doch entfiel im ersten Jahrfünft der sechziger Jahre der größte Teil der in den Devisenausgleichsabkommen vereinbarten Leistungen auf Waffenlieferungen des amerikanischen Verteidigungsministeriums an die Bundesrepublik. Vergleicht man die Zahlen über die Volumina der Devisenausgleichsabkommen mit den Zahlen der vom amerikanischen Verteidigungsministerium getätigten Waffenverkäufe, so stellt man fest, daß 1961 etwa 80 %, in den Jahren bis 1964 jeweils über 90 % allein auf die Bundesrepublik entfielen. Das amerikanische Verteidigungsministerium versuchte auch in diesem Fall, „Zusatzkriterien“ durchzusetzen, es scheint aber, daß die deutschen Waffenkäufe in den USA kaum Zusatzkäufe waren[14]. Die großen Waffenkäufe der Bundesrepublik zu Anfang der sechziger Jahre gingen zurück auf den forcierten Aufbau der Bundeswehr; diese Aufbauphase war etwa Mitte der sechziger Jahre abgeschlossen. Von da an datieren die Veränderungen in der Struktur der Devisenausgleichsabkommen; erst ab 1969 stiegen die Ausgaben der Bundeswehr für militärische Beschaffungen wieder an.

Tabelle 15

Deutsch-amerikanische Devisenausgleichsabkommen (in Mrd. US $)

1. Juli 1961 - 30. Juni 1963	1,220
1. Juli 1963 - 30. Juni 1965	1,375
1. Juli 1965 - 30. Juni 1967	1,350
1. Juli 1967 - 30. Juni 1968	0,500
1. Juli 1968 - 30. Juni 1969	0,725
1. Juli 1969 - 30. Juni 1971	1,645
1. Juli 1971 - 30. Juni 1973	2,065
1. Juli 1973 - 30. Juni 1975	ca. 2,570

Quelle: Gernot Volger, „Devisenausgleich als militär- und zahlungsbilanzpolitisches Instrument", Konjunkturpolitik 20 (1974), S. 346 - 380.

Die Effekte auf die Zahlungsbilanz der USA aufgrund dieser Waffenverkäufe dürften relativ gering gewesen sein; diese Waffen wären ohnehin in den USA gekauft worden. Dennoch waren die Divesenausgleichsabkommen für die Bundesrepublik mit erheblichen finanziellen Belastungen verbunden, insbesondere seit ab 1971 auch direkte Zahlungen an die Vereinigten Staaten erfolgten; diese Belastungen dürften sich auch ohne diese direkten Zahlungen ab 1969 auf etwa 700 Mill. DM jähr lich belaufen.

Wenn nun trotz der geringen Wirkungen auf die amerikanische Zahlungsbilanz die Devisenausgleichsabkommen, die ursprünglich nur als Provisorium intendiert waren, zur dauerhaften Institution wurden, so muß die Ursache dafür außerhalb des zahlungsbilanzpolitischen Bereichs gesucht werden, denn auch der amerikanischen Regierung blieb die mangelnde Effektivität des Devisenausgleichs nicht verborgen. In den Devisenausgleichsverhandlungen zwischen der Bundesrepublik und den Vereinigten Staaten wurde von den Vereinigten Staaten der Zusammenhang zwischen der Stationierung amerikanischer Truppen in der Bundesrepublik und Ausgleichsleistungen durch die Bundesrepublik oft genug betont; teilweise wurde auch ein Junktim zwischen einer weiteren starken Präsenz in der Bundesrepublik und Devisenausgleichsleistungen der Bundesrepublik konstruiert. Ein solches Junktim bot sich für die amerikanische Seite an, da die Bundesregierung immer eine starke amerikanische militärische Präsenz in der Bundesrepublik als notwendig an-

[14] Vgl. *Gernot Volger*, „Devisenausgleich als militär- und zahlungsbilanzpolitisches Instrument", Konjunkturpolitik 20 (1974), S. 346 - 380.

sah. Auch die amerikanische Regierung ging stets von dieser Voraussetzung aus, doch wahrscheinlich mit — zumindest teilweise — anderen Intentionen. Wie sich zeigen läßt, ist ein wesentlicher Grund für die Stationierung starker amerikanischer Truppen in der Bundesrepublik in Kontrollfunktionen gegenüber der Bundesrepublik zu finden[14a]. Dann mußte es natürlich im Interesse der amerikanischen Regierung liegen, eine substantielle Verminderung amerikanischer Truppen in der Bundesrepublik zu verhindern. Seit Ende der sechziger Jahre kamen solche Forderungen mehr und mehr von seiten des Kongresses; das Ziel dieser Bestrebungen war eine Neuorientierung der amerikanischen Außenpolitik, dabei wurde auch die amerikanische Militärpolitik einer Revision unterzogen. Zwar war die Einflußnahme des Kongresses auf die aktive Gestaltung der amerikanischen Außenpolitik bisher gering, doch gerade in diesem „guerilla war between the presidency and the Congress for control over foreign policy“[15] hat der Devisenausgleich seine Funktion: angesichts der wachsenden Kritik von seiten des Kongresses und der Forderung, die Zahl der in der Bundesrepublik stationierten amerikanischen Truppen zu vermindern, kann die amerikanische Regierung auf Ausgleichsmaßnahmen der Bundesrepublik verweisen, die die Zahlungsbilanzbelastungen durch Stationierung großer Kontingente amerikanischer Truppen in der Bundesrepublik scheinbar verringern. Überdies erwies sich der Devisenausgleich zumindest ab 1971 für die amerikanische Regierung insoweit als vorteilhaft, als die Bundesrepublik nunmehr auch direkte Zahlungen leistete, die ohne den Deckmantel des Devisenausgleichs — in dem es ja eigentlich um Zahlungsbilanzfragen, nicht um Budgetfragen geht — politisch kaum durchsetzbar gewesen wären, da solche direkten Zahlungen allzu sehr an Stationierungs- und Besatzungskosten erinnern.

Die Passivierungstendenzen der amerikanischen Handelsbilanz, die sich seit Mitte der sechziger Jahre abzeichneten, lassen sich — wenn man nur die zwei Aggregate Exporte und Importe untersucht — im wesentlichen auf eine stärkere Zunahme der Importe im Vergleich zu den Exporten zurückführen. Auf der Basis des Jahres 1965 nahmen bis Ende 1973 die amerikanischen Exporte um 84 % zu, während die Importe um 112 % wuchsen. Die sich verschlechternde Wettbewerbssituation der USA, die sich in diesen Zahlen spiegelt, konnte durch Zollerhöhungen nicht konterkariert werden, dies verboten die GATT-Regeln ebenso wie die im Rahmen der Kennedy-Runde erzielte Übereinkunft zur Senkung der Zölle. Die amerikanische Regierung griff deshalb auf das Instrument der Importquoten zurück. Importquoten sind in ihrer Funktion Zöllen äquivalent, doch sind sie weniger sichtbar als Zölle. Die mit den Import-

---

14a Vgl. dazu *Volger*, „Devisenausgleich“.

15 *Arthur Schlesinger, Jr.*, „Congress and the Making of American Foreign Policy“, Foreign Affairs 51 (1972/73), S. 79 - 113, hier S. 106.

quoten verbundene Abschirmung der mit Importen konkurrierenden Sektoren der amerikanischen Industrie kommt einer kaschierten Subsidierung dieser Sektoren durch die Regierung gleich. Auch die Gewerkschaften unterstützten seit Ende der sechziger Jahre mehr und mehr die Importquoten. Diese Konkordanz ist insoweit politisch nicht uninteressant, also sowohl die Arbeiterschaft wie auch die mit Exporten konkurrierenden Teile der Industrie politisch organisiert sind, während andererseits die Konsumenten, die die Kosten der mit diesen Quoten verbundenen höheren Preise zahlen müssen, nicht oder kaum politisch organisiert sind. Solche organisierten politischen Gruppen können Einfluß auf die Regierung ausüben, andererseits kann sich die Regierung deren Wohlwollen durch gezielte Förderung — hier in Form der Importquoten — versichern[16].

Eine große Anzahl von Gütern unterlagen diesen Importquoten: Erdöl (wobei hier auch militärpolitische Überlegungen mitspielten), Stahl, Woll- und Baumwolltextilien, Zucker, Fleisch (1973 aufgehoben, nachdem die Fleischpreise stark angestiegen waren), Milchprodukte, Weizen, Erdnüsse u. a.; 1971 waren 20 % aller amerikanischen Importe von diesen Quoten betroffen[17]. Dieser protektionistische Trend setzte sich weiter fort. 1970 wurde die sogenannte Mills Bill, die Quoten auf sämtliche Textil- und Schuhimporte vorsah, mit großer Mehrheit im Repräsentantenhaus verabschiedet, doch wurde sie nicht rechtskräftig. Im September 1971 und dann erneut Anfang 1973 wurde im amerikanischen Kongreß die sog. Burke-Hartke-Bill eingebracht, die, falls sie angenommen werden sollte, sämtliche amerikanischen Importe mit Quoten belegen würde, die den Importen der Jahre 1965 - 1969 entsprechen. Bisher hat jedoch die amerikanische Regierung diesen protektionistischen Tendenzen Widerstand entgegengesetzt, da die antizipierten Reaktionen der Handelspartner der USA alle „Erfolge" solcher Importrestriktionen zunichte machen könnten.

Eine Untersuchung, inwieweit die Quoten die amerikanische Zahlungsbilanz verbesserten, ist nicht möglich, doch läßt sich mit Sicherheit sagen, daß die kurzfristigen Effekte, die möglicherweise Passivierungstendenzen der amerikanischen Zahlungsbilanz verlangsamten, überschattet werden von langfristigen dynamischen Wirkungen. Die Quoten haben Reallokationseffekte, hin zu unproduktiven oder zumindest sub-

---

[16] Dadurch wird überdies verständlich, daß der Kongreß noch erheblich anfälliger für protektionistische Maßnahmen ist als die Regierung: die Abhängigkeit einzelner Kongreßmitglieder in Wahlkreisen, deren Unternehmens- und Beschäftigungsstruktur durch Importe stark beeinflußt wird, ist sehr viel größer als die des Präsidenten, der solche Partikularinteressen eher ignorieren kann.

[17] Vgl. *Stephen P. Magee*, „The Welfare Effects of Restrictions on U.S. Trade", Brookings Papers on Economic Activity 3: 1972, S. 645 - 701, hier S. 664.

optimal produktiven Produktionssektoren, was Vergeudung knapper Ressourcen und langfristig eine sich noch mehr verschlechternde Wettbewerbsposition der mit Importen konkurrierenden Industrien zur Folge hat.

Doch zumindest über die mit den Quoten verbundenen Kosten liegen Schätzungen vor. Es lassen sich dabei zwei Arten von Kosten unterscheiden, einmal die Wohlfahrtskosten, die der gesamten Volkswirtschaft aufgrund suboptimaler Ressourcenallokation entstehen (also im wesentlichen die Differenz zwischen Produktionskosten zusätzlich produzierter heimischer Güter und den Kosten der Importe, die statt dessen getätigt worden wären, wenn nicht die Quoten dies verhindert hätten), zum anderen die Konsumentenkosten, die erheblich höher sind als die Wohlfahrtskosten, da hier zusätzlich ein Einkommenstransfer von den Konsumenten zu den heimischen Produzenten stattfindet. Die sozialen Kosten waren am größten beim Öl (1,5 Mrd. Dollar pro Jahr), beträchtlich bei Textilien, Zucker und Stahl. Die den Konsumenten dadurch erwachsenen Kosten sind noch weit höher geschätzt worden (vgl. Tab. 16). Lediglich für Stahl liegen keine Schätzungen vor, da Stahl vielfältig als Zwischenprodukt Verwendung findet. Einen Hinweis gibt jedoch die Tatsache, daß allein in den ersten zwei Jahren und acht Monaten, nachdem Stahlimporte durch Quoten beschränkt worden waren, die amerikanische Stahlindustrie die Preise um fünfmal mehr erhöhte als in den

Tabelle 16

Soziale Kosten und Konsumentenkosten der amerikanischen Importquoten (in Mill. US $)

	Importe 1971	Soziale Kosten	Konsumentenkosten
Öl	3 278	1 500 (1)	5 000 (1)
Stahl	2 009	386 (2)	—
Textilien	2 430	1 250 (2)	2 500 — 4 800 (3)
Zucker	813	403 (2)	580 — 700 (3)
Fleisch	598	13 (2)	600 (3)
Milchprodukte	70	4 (2)	500 (4)
Sonstige	37	—	—
Gesamt	9 235	3 300 — 5 000 (2)	—

Quellen:

(1) The Oil Import Question, A Report on the Relationship of Oil Imports to the National Security by the Cabinet Task Force on Oil Import Control, Februar 1970.

(2) Stephen P. Magee, „The Welfare Effects of Restrictions on U.S. Trade", Brookings Papers on Economic Activity 3 : 1972, S. 645 - 701.

(3) Ilse Mintz, U.S. Import Quotas: Costs and Consequences, Washington 1973.

(4) C. Fred Bergsten, The Cost of Import Restrictions to American Consumers, New York (American Importers Association), o. J. (1972?).

vorausgegangenen acht Jahren, und dies trotz abnehmender Produktion und unausgelasteter Kapazitäten von 25 - 50 %[18].

Diese Importquoten wurden ergänzt durch „freiwillige" Exportbeschränkungen anderer Länder, die so freiwillig natürlich nicht waren. Die kurzfristigen statischen Effekte dieser Exportbeschränkungen auf die amerikanische Volkswirtschaft sind die gleichen wie die der Importquoten; durch solche Abkommen gelingt es jedoch der amerikanischen Regierung, die Verfügung von Importquoten zu vermeiden. Insbesondere mit Japan wurden solche Abkommen zur „freiwilligen" Exportbeschränkung abgeschlossen, darunter fielen Güter wie z. B. Fliesen, Fahrräder, Bestecke, Baseball-Handschuhe. Die ersten solcher „freiwilligen" Exportbeschränkungen von seiten Japans reichen bis ins Jahr 1956 zurück; Anfang 1971 bestanden 73 solcher Quoten auf japanischer Seite, von denen allein 39 auf Textilien und 17 auf Stahlprodukte entfielen, im Sommer 1971 war die Anzahl dieser Quoten auf etwa 100 gestiegen[19].

Die bisher beschriebenen Maßnahmen, die auf die Handelsbilanz zielten, erwiesen sich aber als wenig erfolgreich, da sich die seit 1965 abzeichnende Erosion der amerikanischen Handelsbilanz fortsetzte; 1971 importierten die USA erstmals mehr als die exportierten. So wurde die Eliminierung der Überbewertung des Dollars das Hauptziel der im Rahmen der Neuen Ökonomischen Politik vom 15. August 1971 verkündeten außenwirtschaftlichen Maßnahmen. Die Überbewertung des Dollars, die zwei Jahrzehnte lang den Interessen der amerikanischen Regierung dienstbar gemacht worden war, wurde aufgrund der veränderten Situation nunmehr als Bürde angesehen: "The time has come for exchange rates to be set straight and for the major nations to compete as equals. There is no longer any need for the United States to compete with one hand tied behind her back[20]." Ursprünglich wurde das Ausmaß der gewünschten Paritätsänderungen nicht spezifiziert, doch im September 1971 sprach dann der amerikanische Finanzminister von einem erwarteten Umschwung in der amerikanischen Zahlungsbilanz in Höhe von 13 Mrd. Dollar. Dabei sollten die europäischen Länder und Japan zu Aufwertungen ihrer Währungen veranlaßt werden, die groß genug sein sollten, den erwünschten Umschwung herbeizuführen. Als dies am Widerstand der betroffenen Länder scheiterte, kam es dann im Dezember 1971

---

[18] Vgl. Statement of Walter Adams, in: Role of Giant Corporations, Hearings before the Subcommittee on Monopoly of the Select Committee on Small Business, Part 2: Corporate Secrecy: Overviews, 92 Cong. 1 sess. (1972), S. 1146 bis 1185, hier S. 1150.

[19] Vgl. *Martin Bronfenbrenner*, „A Japanese-American Economic War?", The Quarterly Review of Economics and Business, Herbst 1971, S. 7 - 16, zu den Zahlen S. 8 - 9.

[20] Address by the President on Nationwide Radio and Television, Sunday, August 15, 1971, in: Weekly Compilation of Presidential Documents 7 (1971), S. 1168 ff., hier S. 1170.

zu dem Kompromiß, daß der Dollar um 8,57 % abgewertet wurde, während die Währungen einiger europäischer Länder und Japans aufgewertet wurden. Auf der Basis der gewichteten Handelsanteile betrug die Paritätsänderung des Dollars 8 % gegenüber den OECD-Ländern, unter Ausschluß Kanadas 12 %[21]. Dies entsprach nicht unbedingt den Vorstellungen der amerikanischen Regierung und konnte wohl auch die Überbewertung des Dollars nicht vollständig eliminieren, doch in Anbetracht der schwierigen Verhandlungen war dies wohl das einzige Ergebnis, auf das sich die USA und die anderen Länder der Zehnergruppe einigen konnten.

Die im Smithsonian Agreement getroffene Übereinkunft, die Präsident Nixon als „the most significant monetary agreement in the history of the world"[22] bezeichnete, hielt nur wenig länger als ein Jahr. Da sich der Passivierungstrend der amerikanischen Handelsbilanz 1972 fortsetzte, nahm die amerikanische Regierung die nächste Währungskrise im Februar 1973 zum Anlaß, den Parwert[23] des Dollars nochmals um 10 % zu senken; diese zweite Dollarabwertung ließ sich in der damals herrschenden Krisenatmosphäre auch relativ leicht durchsetzen. Kaum verständlich ist auf jeden Fall das Erstaunen der amerikanischen Regierung über die geringe Wirksamkeit der ersten Dollarabwertung[24]; das Handelsbilanzdefizit 1972 läßt sich recht einfach unter Hinweis auf die anfängliche Verschlechterung der amerikanischen Terms of Trade als Folge der ersten Dollarabwertung erklären. Auf der Basis der gewichteten Handelsanteile betrug die zweite Dollarabwertung etwa 7,5 % gegenüber allen OECD-Ländern, unter Ausschluß Kanadas etwa 11 %[25].

Die außenwirtschaftlichen Maßnahmen der Neuen Ökonomischen Politik enthielten noch ein weiteres wichtiges Element: eine Sondersteuer in Höhe von 15 % auf alle zollpflichtigen Warenimporte. Da diese Son-

---

[21] Vgl. Statement by Paul A. Volcker, Under Secretary of the Treasury, in: To Amend the Par Value Modification Act of 1972, Hearings before the Subcommittee on International Finance, 93 Cong. 1 sess. (1973), S. 71 - 77, hier S. 74.

[22] The President's Remarks Announcing a Monetary Agreement Following the Meeting at the Smithsonian Institution, December 19, 1971, in: Weekly Compilation of Presidential Documents 7 (1971), S. 1670.

[23] Das Konzept „Parwert" bezieht sich auf eine Rechnungseinheit, in der alle Parwerte definiert sind, also Gold und neuerdings Sonderziehungsrechte; das Konzept „Parität" bezieht sich auf das Verhältnis der Parwerte zweier Währungen, also — indirekt — auf den Devisenmarkt. Die Unterscheidung ist implizit schon in den Articles of Agreement, Article IV, Section 8 angelegt. Vgl. auch *Walter S. Salant*, „A Partial Glossary of International Finance", in: Lawrence B. Krause / Walter S. Salant (Hrsg.), European Monetary Unification and Its Meaning for the United States, Washington 1973, S. 310 - 314.

[24] „The fact remains, however, that the U. S. trade deficit was much larger in 1972 than had been expected after the realignment of exchange rates." Economic Report of the President, Januar 1972, S. 115.

[25] Vgl. Volcker, S. 74.

dersteuer bestehende GATT-Regelungen verletzte und den Exportinteressen einiger wichtiger Handelspartner der USA zuwiderlief, war klar, daß sie nur von kurzer Dauer sein würde. Erwartungsgemäß wurde nach dem Abschluß des Smithsonian Agreement im Dezember 1971 die Sondersteuer dann auch aufgehoben, so daß ihre direkten wirtschaftlichen Effekte gering gewesen sein dürften.

9. Goldpolitische Maßnahmen

Während der sechziger und siebziger Jahre kam es zu einer Reihe von Maßnahmen, deren Ziel nicht eine direkte und sofortige Verbesserung der amerikanischen Zahlungsbilanz war; dem größten Teil dieser Maßnahmen lag vielmehr die zweifache Intention zugrunde, die durch die amerikanischen Defizite normalerweise bedingten Reservenverluste relativ gering zu halten und eine Veränderung des Parwerts des Dollars zu verhindern. Diese beiden Ziele sind nicht unabhängig voneinander: eine fortschreitende Verringerung der amerikanischen Reserven mußte zwangsläufig irgendwann zu einer Situation führen, in der der Parwert und die Goldkonvertibilität des Dollars nicht gleichzeitig aufrechterhalten werden konnten.

Im Jahre 1962 begann das Federal Reserve System mit einer Reihe ausländischer Zentralbanken sowie der BIZ bilaterale Kreditabkommen abzuschließen. Diese sog. Swap-Abkommen waren Kreditlinien, die sich die Partner gegenseitig einräumten und im Bedarfsfall kurzfristig aktivieren konnten. Technisch besteht ein Swap z. B. im Ankauf von Dollars durch das Federal Reserve System gegen Gutschrift in der jeweiligen Landeswährung, nach Fälligkeit — in der Regel nach drei Monaten — findet eine umgekehrte Transaktion statt. Um die Swaps attraktiver zu gestalten, enthielten sie eine implizite Kursgarantie, da der Rückkauf zum gleichen Kurs getätigt wird wie vorher der Ankauf. Bei Bedarf können die Swaps um zusätzliche Dreimonatsperioden verlängert werden, doch sind Swaps grundsätzlich als kurzfristige Kredite gedacht, die z. B. bei Währungsspekulationen, deren Kapitalflüsse als reversibel angesehen werden, Verwendung finden sollen. Durch Swap-Operationen wird das Ausmaß der Reservenbestände einer Zentralbank nicht verändert, es werden lediglich amerikanische Sichtverbindlichkeiten gegen Terminverbindlichkeiten ausgetauscht. Insoweit stellen Swaps eine Maßnahme dar, um in Dollar gehaltene Währungsbestände ausländischer Zentralbanken zeitweilig inkonvertibel zu machen: "... Federal Reserve use of swap facilities can provide a temporary alternative to an enlargement of outright dollar holdings of foreign central banks *beyond the point at which conversion into gold would become likely*[1]."

[1] *Charles A. Coombs*, „Treasury and Federal Reserve Foreign Exchange Operations", Federal Reserve Bank of New York, Monthly Review 45 (1963), S. 39; Hervorhebung vom Verfasser.

Ursprünglich wurden Swap-Abkommen mit den Ländern der Zehnergruppe (unter Einschluß der Schweiz) sowie der BIZ und Österreich abgeschlossen. 1967 wurden überdies Dänemark, Norwegen und Mexiko in das Swap-Netz einbezogen, doch wurden die Kreditlinien mit Schweden, Norwegen, Dänemark, Japan und Mexiko bisher nicht aktiviert. Die eingräumten Kreditlinien betrugen zu Beginn, also Mitte 1962, etwa 700 Mill. Dollar und waren bis Mitte 1973 auf etwa 18 Mrd. Dollar angewachsen, doch wurden die Kreditlinien nie in voller Höhe ausgenutzt (vgl. Tab. 17). Von 1962 bis 1967 fluktuierten die Swaps zwischen Netto-Schuldnerpositionen und Netto-Kreditpositionen der USA mit Beträgen geringeren Ausmaßes, selten waren die ausstehenden Beträge größer als 500 Mill. Dollar. Ab 1968 begann dann die Kreditposition der USA zu wachsen, Mitte 1971 wiesen die USA Netto-Schuldnerpositionen größeren Ausmaßes (ca. 2,5 Mrd. Dollar) aus[2].

Ein weiteres währungspolitisches Instrument, dessen Funktion ebenfalls in einer Verminderung des Drucks auf die amerikanischen Goldreserven bestand, waren die 1962 vom amerikanischen Finanzministerium eingeführten Schatzanweisungen, die nach ihrem Erfinder, dem Unterstaatssekretär im Finanzministerium, Roosa-Bonds genannt wurden. "To round out such a system of *minimizing net losses of gold by the United States* as a result of pronounced surplus and deficit positions in other countries, the United States might also find it useful on occasion to provide the creditor country with an investment outlet for its surplus in the form of special bonds denominated in the creditor's currency[3]." Diese nichtmarktfähigen, mittelfristigen (Laufzeit 15 Monate bis 2 Jahre), verzinslichen Schatzanweisungen wurden in der jeweiligen Währung des Empfängerlandes ausgegeben und enthielten damit eine implizite Kursgarantie gegen eine Abwertung des Dollars. Da die Regierung der Vereinigten Staaten während der sechziger Jahre jeden Gedanken an eine Dollarabwertung weit von sich wies, schien die implizite Kursgarantie problemlos. Doch führte die Kursgarantie auch zu Kursverlusten der USA, wenn ein Empfängerland der Roosa-Bonds seine Währung aufwertete. Es scheint, daß diese Konsequenz der Kursgarantie nicht antizipiert wurde, der verzögerte Ausweis der durch die DM-Aufwertung von 1969 eingetretenen Verluste läßt darauf schließen, daß die USA diese Konsequenz nicht sofort akzeptierten[4]. Weiterhin wurden

---

[2] Vgl. *Charles A. Coombs*, „Treasury and Federal Reserve Foreign Exchange Operations", Federal Reserve Bank of New York, Monthly Review, September- und Märzausgaben.

[3] *C. A. Coombs / M. Iklé / E. Ranalli / J. Tüngeler*, „Conversations on International Finance", Federal Reserve Bank of New York, Monthly Review 45 (1963), S. 114 - 121, hier S. 120; Hervorhebung vom Verfasser.

[4] Die durch die DM-Aufwertung von 1969 verursachten Verluste wurden nur implizit ausgewiesen; ein Vergleich der Zahlen im März-Artikel von Coombs mit denen des September-Artikels zeigt, daß sich die Aufwertungs-

Tabelle 17

Reziproke Währungsabkommen (Swaps) des amerikanischen Federal Reserve System (in Mill. US $)

	Höhe der Abkommen in ausgewählten Jahren						Inanspruchnahme 1960 - 72a)	
	1962	1964	1966	1968	1970	1973	von USA	von Partner
Großbritannien	50	500	1 350	2 000	2 000	2 000	835	7 250
Frankreich	50	100	100	700	1 000	2 000	72	1 155
BRD	50	250	400	1 000	1 000	2 000	1 018	—
Italien	—	250	600	750	1 250	2 000	900	1 450
Belgien	50	50	150	225	500	1 000	1 833	769
Niederlande	50	100	150	400	300	500	1 325	247
Kanada	250	250	500	1 000	1 000	2 000	20	518
Japan	—	150	450	1 000	1 000	2 000	—	80
Schweden	—	50	100	250	250	300	—	—
Schweiz	100	150	200	600	600	1 400	3 046	—
Österreich	50	50	100	100	200	250	50	50
Dänemark	—	—	—	100	200	250	—	150
Norwegen	—	—	—	100	200	250	—	—
Mexiko	—	—	—	130	130	180	—	—
B I Z	100	150	400	1 600	1 600	1 850	1 240	1 678
Summe:	750	2 050	4 500	9 955	11 230	17 980	10 339	13 347

a) Inanspruchnahme 1967 ist unvollständig erfaßt.
Quelle: Charles A. Coombs, „Treasury and Federal Reserve Foreign Exchange Operations“, Federal Reserve Bank of New York, Monthly Review, verschiedene Ausgaben; teilweise eigene Rechnung.

Roosa-Bonds auch verwendet zur Konsolidierung von Swap-Krediten, die sich kurzfristig als nicht reversibel erwiesen.

Nur wenige Notenbanken übernahmen Roosa-Bonds. Den größten Teil absorbierten die Bundesrepublik, Italien, die Schweiz und die BIZ, kleinere Beträge entfielen auf Belgien, Österreich und die Niederlande (vgl. Tab. 18). Besonders groß war das Volumen der von der Deutschen Bundesbank übernommenen Schatzwechsel, speziell ab 1967. Zu diesem Zeitpunkt war es der Bundesregierung aufgrund der Bedarfssituation der Bundeswehr und aufgrund der deutschen Haushaltslage nicht mehr möglich, im Rahmen der Devisenausgleichsabkommen weiter Rüstungsgüter in großem Umfang zu kaufen. Im Devisenausgleichsabkommen von 1967/68 wurde erstmals nur die Übernahme eines großen Postens von Schatzanweisungen vereinbart, ebenso enthielten spätere Devisenausgleichsabkommen die Übernahme von Schatzanweisungen durch die Deutsche Bundesbank. Diese Papiere hatten eine Laufzeit von 4 1/2 Jahren, doch enthielten sie eine „Mobilisierungsklausel", die eine vorzeitige Liquidisierung ermöglichte, falls die Währungsbestände des Empfängerlandes innerhalb kurzer Zeit beträchtlich abnehmen würden. Dieser Fall trat dann bei der DM-Aufwertung von 1969 ein, als die Deutsche Bundesbank Schatzwechsel im Gegenwert von 2,8 Mrd. Dollar vorzeitig einlöste.

Jede Quotenerhöhung im IMF impliziert eine Vergrößerung der Goldbestände des IMF und damit korrespondierend eine Verringerung nationaler Goldbestände, da 25 % der Quote eines Landes in Gold einbezahlt werden müssen. Diese Verringerung nationaler Goldbestände suchten die Währungsbehörden der jeweiligen Länder durch den zusätzlichen Kauf von Gold auszugleichen, sei es, daß die Währungsbehörden eine Verringerung ihrer nationalen Goldbestände nicht in Kauf nehmen wollten (dies traf gelegentlich für einige Industrieländer zu), sei es, daß die Währungsbehörden nicht über ausreichend Gold verfügten, um die durch Quotenerhöhungen erforderlichen Goldzahlungen zu leisten (wie dies für Entwicklungsländer teilweise zutraf). Der einfachste Weg war dann jeweils der Kauf von Gold beim amerikanischen Schatzamt durch Dollarverkauf; zu solchen Goldverkäufen waren die Vereinigten Staaten ja durch die Articles of Agreement verpflichtet. Da Mitte der sechziger Jahre einige generelle Quotenerhöhungen im IMF vorgenommen wurden, stiegen auch die aus solchen Quotenerhöhungen resultierenden Dollarkonversionsforderungen, die an die Vereinigten Staaten herangetragen wurden. Da die amerikanische Regierung jedoch bestrebt war, Goldabflüsse zu vermeiden, wurden sogenannte „mitigation procedures" ent-

verluste auf über 800 Mill. Dollar beliefen. Vgl. *Charles A. Coombs*, „Treasury and Federal Reserve Foreign Exchange Operations", Federal Reserve Bank of New York, Monthly Review 52 (1970), S. 54 und S. 200.

Tabelle 18

In ausländischen Währungen denominierte Schatzanweisungen des amerikanischen Schatzamts („Roosa-Bonds") (in Mill. US $)

ausgegeben an	ausstehend am 31. August 1963	ausstehend am 3. März 1965	ausstehend am 1. Juni 1969	ausstehend am 9. März 1973
BRD	275	679,0	1 301,4	153,0
Italien	200	—	225,6	—
Schweiz	175	257,5	444,7	1 253,8
Belgien	30	30,1	—	—
Österreich	25	100,6	50,3	—
B I Z	—	69,5	207,7	171,6
Summe	705	1 136,7	2 229,7	1 578,4

Quelle: Charles A. Coombs, „Treasury and Federal Reserve Foreign Exchange Operations", Federal Reserve Bank of New York, Monthly Review, verschiedene Ausgaben.

wickelt, deren Zweck eine Umleitung der Goldkaufwünsche auf Währungsbehörden anderer Länder war.

Ein solches mitigation Arrangement sah dann so aus, daß ein Land, das Gold benötigte, dieses Gold nicht beim amerikanischen Schatzamt, sondern bei den Währungsbehörden eines anderen Landes kaufte. Nunmehr wurde dieses Gold dem IMF überwiesen, der es sofort an die Währungsbehörden jenes Landes verkaufte, von dem es ursprünglich erworben worden war. Auf diese Weise blieben die Nettogoldbestände der beiden an dieser Transaktion beteiligten Länder und des IMF unverändert.

Schon 1966 waren mitigation procedures angewandt worden, und als im Jahre 1969 der IMF erneut eine allgemeine Quotenerhöhung vorbereitete, bemühten sich die Vereinigten Staaten wiederum um eine Aktivierung der mitigation procedures. So schätzte das Joint Economic Committee die Goldforderungen, die ohne mitigation procedures an das amerikanische Schatzamt herangetragen worden wären, auf knapp 800 Mill. Dollar, und hielt eine Reduzierung durch mitigation procedures auf 60 bis 70 Mill. Dollar für denkbar[5].

Eine weitere goldpolitische Maßnahme ergriff die amerikanische Regierung Anfang 1968. Auf Anregung der Regierung verabschiedete der Kongreß ein Gesetz über die Aufhebung der Golddeckung des Dollars[6]. Das Federal Reserve Act von 1914 bestimmte eine Golddeckung in Höhe von 25 % der zirkulierenden Banknoten; Ende 1967 betrugen die amerikanischen Goldbestände 12 Mrd. Dollar bei einem Deckungserfordernis von 10,7 Mrd. Dollar. Unter der Voraussetzung einer jährlichen Zunahme der Banknoten um 500 Mill. Dollar und eine Zunahme des privaten Goldbedarfs für künstlerische und industrielle Zwecke von ca. 200 Mill. Dollar jährlich wäre nach spätestens zwei Jahren der gesamte Goldbestand der USA aufgrund der Deckungsverpflichtung nicht mehr disponibel gewesen, selbst wenn man von der Möglichkeit der Dollarkonversion durch ausländische Währungsbehörden während dieser Zeit einmal absieht. Um den gesamten Goldbestand der Vereinigten Staaten zumindest theoretisch für internationale Verpflichtungen einsetzen zu können, war eine Aufhebung der Golddeckung unumgänglich.

Im Jahre 1967 endete für die Deutsche Bundesbank die Möglichkeit, anfallende Dollars oder auch ihre bis dahin angesammelten Dollarbestände beim amerikanischen Schatzamt in Gold umzutauschen. Zwar hatten die deutschen Goldbestände während der sechziger Jahre stetig zu-

---

[5] Zu den Zahlen sowie einer Darstellung der mitigation procedures vgl. The Pedigreed Gold System: A Good System — Why Spoil It?, Report of the Subcommittee on International Exchange and Payments, 91 Cong. 1 sess. (1969), S. 9 - 11.

[6] Vgl. Removal of Gold Cover, Hearings before the Committee on Banking and Currency, 90 Cong. 2 sess. (1968).

genommen, doch ging dies — mit Ausnahme einer einmaligen Transaktion in Höhe von 200 Mill. Dollar im Jahre 1964, resultierend aus Goldverkäufen Italiens, die lediglich aus buchungstechnischen Gründen über das amerikanische Schatzamt liefen — im wesentlichen auf Transaktionen mit dem IMF und auf die Erträge aus dem Goldpool zurück. Dennoch veranlaßten die Vereinigten Staaten im Jahre 1967 im Rahmen der Verhandlungen über ein neues Devisenausgleichsabkommen die Bundesrepublik zu einer formellen Zusage, daß sie in Zukunft keine Dollarguthaben beim amerikanischen Schatzamt zur Einlösung in Gold präsentieren werde. Diese Zusage kam in Form eines Briefs des Präsidenten der Deutschen Bundesbank, Karl Blessing, an den Vorsitzenden des Board of Governors des Federal Reserve Systems zustande: "By refraining from dollar conversions into gold from the United States Treasury the Bundesbank has intended to contribute to international monetary cooperation and to avoid any disturbing effects on the foreign exchange and gold markets. You may be assured that also in the future the Bundesbank intends to continue this policy and to play its full part in contributing to international monetary cooperation[7]." In einem Brief an den Präsidenten der Bundesbank billigte die Bundesregierung diese Zusage[8]. Formelle Zusagen dieser Art haben andere Regierungen nicht abgegeben, was natürlich informelle Selbstbeschränkungen beim Umtausch von Dollars in Gold nicht ausschloß[9].

Bis 1961 hatten die Vereinigten Staaten die Parität des Dollars nicht durch Interventionen am Devisenmarkt, sondern durch An- und Verkauf von Gold stabilisiert. Diese Goldkäufe und -verkäufe wurden häufig über den Londoner Goldmarkt als dem größten und wichtigsten Transaktionszentrum für Gold abgewickelt. In der Regel fluktuierte der Londoner Goldpreis mit nur geringen Schwankungen um den Parwert des Dollars von 35 Dollar pro Unze. Im Oktober 1960 kam es erstmals zu einem abrupten Anstieg des Goldpreises auf etwa 40 Dollar pro Unze; dieser Anstieg wurde damals als sensationell angesehen. Die Bank von England, gestützt von den amerikanischen Währungsbehörden, intervenierte und drückte den Preis wieder auf 35 Dollar. In der Folge dieser Entwicklung trat die amerikanische Regierung an einige europäische Re-

---

[7] Brief des Präsidenten der Deutschen Bundesbank an den Vorsitzenden des Board of Governors of the Federal Reserve System, in: Deutsche Bundesbank, Auszüge aus Presseartikeln Nr. 34 vom 12. Mai 1967, S. 3.

[8] Brief des Bundeskanzlers der Bundesrepublik Deutschland an den Präsidenten der Deutschen Bundesbank, ebenda, S. 4.

[9] Triffin, aufgrund seiner umfangreichen Beratertätigkeit stets gut informiert, schrieb jedoch: „It (die amerikanische Regierung — Verf.) also exerted its immense economic and political bargaining power upon these countries to deter them from converting into gold the dollars accruing to them from current United States deficits ..." *Robert Triffin,* Our International Monetary System: Yesterday, Today and Tomorrow, New York 1968, S. 117.

gierungen heran und schlug eine Übereinkunft vor, deren Ziel es war, die anderen Länder an den Kosten der Stabilisierung der Dollarparität zu beteiligen. Die Zentralbanken Belgiens, Frankreichs, Italiens, der Niederlande, der Schweiz, der Bundesrepublik Deutschland und Großbritanniens bildeten zusammen mit der Federal Reserve Bank von New York ein Verkaufskonsortium, als dessen Beauftragter die Bank von England fungierte. Jedes Mitglied dieses Konsortiums verpflichtete sich, einen bestimmten Anteil des gesamten für Interventionszwecke benötigten Goldes zur Verfügung zu stellen; der Anteil der USA betrug 50 %, auf die Bundesrepublik entfielen 11 %, auf Frankreich und Großbritannien je 9 %. Es dürfte nicht allzu schwierig gewesen sein, die europäischen Notenbanken von der „Notwendigkeit" dieses Arrangements zu überzeugen; eine Abwertung des Dollars war zu dieser Zeit noch kaum vorstellbar und, da die möglichen Folgen kaum vorhersehbar waren, absolut unerwünscht.

Nachdem 1962 der Dollarpreis des Goldes wieder auf 35 Dollar gesunken war und das Goldangebot relativ groß war, traten die USA wiederum an die Länder des Goldpools mit dem Vorschlag des Ankaufs von Gold zur Stabilisierung des Goldpreises heran. Der Goldpool ging also insoweit auf zwei getrennte Arrangements zurück, die jedoch nicht unabhängig voneinander existierten[10]. Bis 1964 waren die Goldankäufe der Notenbanken insgesamt größer als die Goldverkäufe, so daß die beteiligten Zentralbanken ihre Goldbestände leicht vergrößern konnten. Spätestens 1966 trat jedoch eine neue Sitution ein. Die Sowjetunion, die seit Anfang der fünfziger Jahre regelmäßig Gold auf dem Londoner Goldmarkt verkauft hatte, stellte ihre Goldverkäufe ein, und der private Goldbedarf wuchs so weit, daß er ab 1967 größer war als das seit 1964 stagnierende Angebot neuproduzierten Goldes. Die Folge war ab November 1967 — teilweise in Zusammenhang mit der Pfundkrise — eine starke Nachfrage nach Gold, die die Länder des Goldpools nur durch erhebliche Abgaben aus ihren Beständen an den Markt befriedigen konnten[11]. Von Oktober 1967 bis einschließlich März 1968 betrugen diese Goldabgaben 3 Mrd. Dollar; nach dem Quotenarrangement entfiel etwa die Hälfte davon auf die Vereinigten Staaten[12].

Auf Anregung der amerikanischen Regierung kam es am 16. und 17. März 1968 zu einer Konferenz der Notenbankleiter der am Goldpool be-

---

[10] Zum Goldpool vgl. „The London Gold Market", Bank of England, Quarterly Bulletin, März 1964, S. 18 - 21.

[11] Die Bank von Frankreich kündigte im Juni 1967, als sich am Londoner Goldmarkt eine Goldhausse abzuzeichnen begann, ihre Mitarbeit im Goldpool auf; daraufhin übernahmen die USA die französische Quote von 9 %.

[12] Offiziell wurden die amerikanischen Verluste durch den Goldpool nie gesondert ausgewiesen, Auskünfte des amerikanischen Finanzministeriums an den Verfasser beziffern die gesamten durch den Goldpool bedingten amerikanischen Goldverluste auf 1,5 Mrd. Dollar.

teiligten Länder. Das Ergebnis dieser Konferenz war ein Beschluß, in Zukunft den Goldpreis am Markt nicht mehr durch Interventionen zu stützen. Goldtransaktionen sollten nur noch durch die Zentralbanken untereinander durchgeführt werden; jene Länder, deren Zentralbanken Gold auf dem freien Markt verkauften, würden Dollars nicht mehr beim amerikanischen Schatzamt konvertieren können[13]. Dieser Beschluß stellte die Zentralbanken vor die Alternative, ihre Reservenpolitik bezüglich Gold der Reservenpolitik der Vereinigten Staaten unterzuordnen oder der Möglichkeit verlustig zu gehen, anfallende Dollars beim amerikanischen Schatzamt konvertieren zu können. Zwar sprach das Kommuniqué nur von jenen Dollars, die den Zentralbanken durch eventuelle Goldverkäufe zufließen würden, doch wurde dieser Beschluß allgemein so verstanden — und war wohl auch so gemeint —, daß solche Länder dem amerikanischen Schatzamt überhaupt keine Dollars zur Konversion in Gold würden präsentieren können. Wer hätte auch entscheiden können, welcher Teil der Dollarreserven eines Landes auf solche Verkäufe zurückging und welcher Teil den „übrigen" Dollarreserven zuzurechnen sei.

Nachdem durch die Spaltung des Goldmarkts der Dollar auf der offiziellen Ebene weitgehend inkonvertibel gemacht worden war, hob die amerikanische Regierung am 15. August 1971 die Goldkonvertibilität des Dollars für ausländische Währungsbehörden generell auf. Dies betraf sowohl Dollarverpflichtungen, die vor diesem Datum gegenüber Zentralbanken eingegangen worden waren, als auch Dollarguthaben, die die Zentralbanken in Zukunft akkumulieren würden[14]. Die totale Aufhebung der Goldkonvertibilität des Dollars bei Fortführung des amerikanischen Zahlungsbilanzdefizits veränderte denn auch das 1944 in Bretton Woods geschaffene internationale Währungssystem entscheidend.

Nachdem durch die Aufhebung der Goldkonvertibilität des Dollars die Spaltung des Goldmarkts obsolet geworden war, da Zentralbanken auch untereinander kein Gold mehr transferierten[15], wurde am 13. November

---

[13] Vgl. das Kommuniqué der Zentralbankleiter, Federal Reserve Bulletin 54 (1968), S. 254. Späterhin wurde allerdings für Südafrika eine Ausnahmeregelung geschaffen, so daß Südafrika neugewonnenes Gold sowohl am privaten Goldmarkt als auch dem IMF verkaufen konnte, gegenüber dem IMF immer zum Preis von 35 Dollar pro Unze, auch wenn der Marktpreis darunter liegen sollte.

[14] Vgl. Fernsehansprache des amerikanischen Präsidenten vom 15. August 1971.

[15] Symptomatisch dafür ist die Haltung der Zentralbanken der europäischen Gemeinschaft. Diese Zentralbanken hatten sich verpflichtet, Zahlungsbilanzüberschüsse und -defizite untereinander durch Transferierung verschiedener Reservemedien auszugleichen, und zwar je nach dem Anteil der verschiedenen Reservemedien am Gesamtbestand der nationalen Reserven. Als dieser Beschluß 1972 erstmalig praktiziert werden sollte, weigerte sich Italien, Gold zu

1973 das Abkommen vom März 1968 über die Spaltung des Goldmarkts beendet[16]. Eine Erklärung dazu wurde nicht gegeben, in einer Pressekonferenz sprach der amerikanische Finanzminister lediglich davon, daß die Vereinigten Staaten sich frei betrachteten, Gold auf dem privaten Markt zu verkaufen. Nun steht aber keineswegs zu erwarten, daß die Vereinigten Staaten in absehbarer Zeit mehr als minimale Teile ihres Goldbestands auf dem privaten Markt zu verkaufen beabsichtigen. Doch ist durch die Beendigung des Abkommens vom 17. März 1968 eine wichtige Hürde für eine Angleichung des privaten und des offiziellen Goldpreises beseitigt. Theoretisch könnten Zentralbanken durch Goldverkäufe am privaten Markt Gewinne realisieren, die weit über den Buchwert ihres Goldes hinausgehen. Da der private Markt für Gold aber der einzig existente Markt ist, wird die Versuchung groß sein, den Buchwert des Währungsgoldes in Richtung des Goldpreises am privaten anzugleichen, auch wenn keinerlei Goldverkäufe an den privaten Markt stattfinden sollten[17]. Formal ist also die Spaltung des Goldmarkts seit Ende 1973 zumindest teilweise aufgehoben, faktisch besteht diese Spaltung aber weiter fort. Solange in den Verhandlungen über eine Reform des internationalen Währungssystems nicht eine Einigung über die Rolle der verschiedenen Reservemedien erreicht worden ist, werden Zentralbanken weder von ihrem Recht, Gold am privaten Markt zu verkaufen, Gebrauch machen, noch wird Gold aufgrund des gespaltenen Goldpreises für Transaktionen der Notenbanken untereinander Verwendung finden.

---

transferieren; andere Defizitländer der Gemeinschaft folgten diesem Beispiel. Die Ursache dieser Immobilisierung des Währungsgoldes lag in der extremen Disparität zwischen dem offiziellen Goldpreis und dem Goldpreis am privaten Markt.

[16] Die Bekanntmachung dieses Beschlusses ist abgedruckt in: Federal Reserve Bulletin 59 (1973), S. 831.

[17] Solche Bestrebungen gehen vor allem auf einige europäische Länder zurück, deren Reserven nach starken Reduktionen fast nur noch aus Gold bestehen (wie z. B. Großbritannien und Italien); im April 1974 befürworteten die Finanzminister der EG denn auch Goldtransaktionen der Notenbanken untereinander zu marktnahen Preisen. Im Dezember 1974 kam es dann bei einem Treffen des französischen und des amerikanischen Präsidenten u. a. auch zu einer Vereinbarung, wonach Zentralbanken nunmehr die Bewertung ihrer Goldbestände individuell vornehmen können; kurze Zeit später gab dann auch die französische Regierung die Höherbewertung ihrer Goldreserven bekannt.

10. Politische Implikationen und Konsequenzen der amerikanischen zahlungsbilanzpolitischen Maßnahmen

In der vorausgegangenen Darstellung wurden die Maßnahmen der amerikanischen Regierung unter zahlungsbilanzsystematischen Gesichtspunkten präsentiert und in Hinsicht auf ihre ökonomischen Konsequenzen analysiert. Eine Untersuchung der amerikanischen Zahlungsbilanzpolitik erfordert jedoch eine Analyse der internen Zusammenhänge dieser Maßnahme untereinander. Zeigt die amerikanische Zahlungsbilanzpolitik Konturen, von denen auf ein kohärentes zahlungsbilanzpolitisches Programm geschlossen werden könnte? Welche politischen Intentionen lagen den zahlungsbilanzpolitischen Maßnahmen zugrunde? Eine Beantwortung solcher Fragen nach der Kontingenz der Maßnahmen ermöglicht dann Aussagen über intendierte und tatsächliche Einflußnahme auf die Zahlungsbilanz unter längerfristigen Gesichtspunkten.

Unter systematischen Gesichtspunkten lassen sich zahlungsbilanzpolitische Maßnahmen unterteilen in Maßnahmen, die von vornherein keine Verbesserung einer defizitären Zahlungsbilanz intendieren und solche, deren Ziel eine Aktivierung der Zahlungsbilanz ist. Zu den ersteren gehören alle Finanzierungsmaßnahmen sowie die goldpolitischen Maßnahmen (die den Charakter von Finanzierungsmaßnahmen tragen), zu den letzteren kompensatorische Verbesserungen und die eigentlichen Anpassungsmaßnahmen. Anpassungsmaßnahmen zielen immer auf die Handelsbilanz; sind sie erfolgreich, so verändern sich die Kosten-Preis-Relationen in Überschuß- und Defizitländern, was dann Reallokationseffekte unter den Produktionsfaktoren zur Folge hat[1].

Kompensatorische Verbesserungen stellen in funktionaler Hinsicht eine Alternative zu Anpassungsmaßnahmen dar: sind sie erfolgreich, so verringern sie ein Defizit und machen dadurch einen Rekurs auf Anpassungsmaßnahmen weniger dringend. Solche kompensatorischen Verbesserungen zielen immer auf Finanztransfers; Defizite erfordern eine Einschränkung der Finanztransfers.

---

[1] Dies ist das „klassische“ Anpassungskonzept, seine Verwendung ist im strengen Sinne inkompatibel mit Konzepten, die eine Anpassung der Zahlungsbilanz postulieren. Vgl. *Fritz Machlup*, „Real Adjustment, Compensatory Corrections, and Foreign Financing of Imbalances in International Payments“, in: Richard E. Caves / Harry G. Johnson / Peter B. Kenen (Hrsg.), Trade, Growth and the Balance of Payments, Amsterdam 1965, S. 185 - 213.

Da hier das amerikanische Defizit im engeren Sinne als „overspending" diagnostiziert wurde, folgt, daß kompensatorische Verbesserungen von großem Einfluß auf eine Aktivierung der amerikanischen Zahlungsbilanz gewesen wären, ohne daß solche Maßnahmen *allein* eine Aktivierung der amerikanischen Zahlungsbilanz erreicht hätten. Jede Veränderung eines Postens der Zahlungsbilanz hat in der Regel Veränderungen anderer Posten zur Folge, da solche Posten ja nichts anderes als die statistische Aufzeichnung von Waren- und Geldströmen sind, die in hohem Maße voneinander abhängig sind. Aufgrund dieser Interdependenz der verschiedenen Posten der Zahlungsbilanz ist nicht zu erwarten, daß die Reduzierung eines Finanztransfers um einen bestimmten Betrag zu einer gleich großen Verbesserung der Zahlungsbilanz führt. Der Positivierungseffekt solcher Maßnahmen läßt sich kaum genau angeben, er kann irgendwo zwischen Null und 100 % des jeweiligen Betrags liegen[2].

Wenn hier die amerikanischen auswärtigen Militärausgaben aufgefaßt wurden als das monetäre Spiegelbild der militärischen Einflußnahme der USA auf das internationale politische System und damit als wichtigste Komponente der bargaining power zwischen den Vereinigten Staaten und anderen Ländern, so ist von daher verständlich, daß die amerikanische Regierung eine substantielle Reduzierung der Militärausgaben nicht als Möglichkeit zur Verbesserung der amerikanischen Zahlungsbilanz ernsthaft in Betracht zog. Der Konflikt zwischen globaler außenpolitischer Orientierung, die nach herrschendem amerikanischen Selbstverständnis große auswärtige Militärausgaben erforderlich macht, und dem Ziel einer ausgeglichenen Zahlungsbilanz wurde von der amerikanischen Regierung grundsätzlich zugunsten außenpolitischer Interessen entschieden. Die Stationierung amerikanischer Truppen im Ausland in großem Umfang hatte Priorität vor zahlungsbilanzpolitischen Maßnahmen. Zwar zeigt ein Blick auf die auswärtigen Militärausgaben der Vereinigten Staaten, daß zwischen 1960 und 1965 diese Ausgaben relativ konstant waren, woraus auf den Versuch einer Stabilisierung geschlossen werden kann; doch wurden die auswärtigen Militärausgaben nie gravierend verringert. Eine effektive Reduzierung der auswärtigen Militärausgaben hätte nur in der Rückverlegung großer Kontingente amerikanischer Truppen in die Vereinigten Staaten bestehen können, doch wurden solche Maßnahmen nicht in Angriff genommen. Lediglich in Europa wurde die Zahl der dort stationierten Truppen verringert, doch zumindest 1968 war die Gesamtzahl der im Ausland stationierten Truppen größer als 1963[3], so daß von diesen

[2] Aus dieser Schwierigkeit, die Wirksamkeit kompensatorischer Verbesserungen zu quantifizieren, ergab sich gelegentlich die Neigung, Verbesserungen der amerikanischen Zahlungsbilanz aufgrund solcher Maßnahmen relativ gering einzuschätzen und Verbesserungen im wesentlichen nur von Anpassungsmaßnahmen zu erwarten, so z. B. *Machlup*, „Real Adjustment", S. 211 - 213.

[3] Vgl. Maintaining the Strength, S. 136.

Reduzierungen kaum Effekte auf die Zahlungsbilanz ausgingen; ebenso dürfte der Übergang zu einer Freiwilligen-Armee kaum gravierende Auswirkungen auf die Zahlungsbilanz gehabt haben. Die Priorität militärpolitischer Interessen gegenüber Zahlungsbilanzzielen wurde von der amerikanischen Regierung denn auch offen zugegeben: "Therefore, balance-of-payments considerations cannot be overriding, or indeed, examined independent of requirements stemming from our national security objectives, including fulfillment of our commitments to help provide for the security of other nations[4]."

Um dennoch die Belastungen der amerikanischen Zahlungsbilanz nicht übermäßig wachsen zu lassen, versuchte die amerikanische Regierung, die Regierungen verbündeter Länder, d. h. praktisch die Regierungen der in der NATO zusammengeschlossenen Länder, zu größeren Militärausgaben zu veranlassen. Insbesondere an jene europäischen Länder, deren Zahlungsbilanzen relativ große Überschüsse aufwiesen, wurde diese Forderung herangetragen[5].

Nicht ganz so eindeutig wie die Haltung der amerikanischen Regierung ist die Haltung des amerikanische Kongresses gewesen. Es scheint, daß die Mehrheit des Kongresses ebenfalls eine Truppenreduzierung im Ausland, insbesondere in Europa, während der sechziger Jahre sowohl aus zahlungsbilanzpolitischen wie auch aus militärpolitischen Überlegungen heraus ablehnte. Das Joint Economic Committee nahm in seinen Berichten die amerikanische Militärpolitik als gegeben an und beschränkte seine Empfehlungen auf ökonomische Argumente, während das Foreign Relations Committee und das Armed Services Committee explizit die Priorität der Militärpolitik gegenüber der Zahlungsbilanzpolitik billigten[6]. Doch gab es während der letzten Jahre eine starke Minderheit von Senatoren, die davon ausgeht, daß eine Reduzierung amerikanischer Truppen in Europa die amerikanischen Verpflichtungen in der NATO nicht berühren sowie die Fähigkeit der USA zur Abschreckung und Ver-

[4] Ebenda, S. 133. Diese Position wurde in wissenschaftlichen Untersuchungen, die sich mit amerikanischen Zahlungsbilanzproblemen beschäftigten, dann weitgehend übernommen — jedenfalls soweit diese Analysen den Zusammenhang zwischen Militärpolitik und Zahlungsbilanzpolitik überhaupt reflektierten. So z. B. Aubrey, der die rhetorische Frage stellte: „Could the military leader of the free world really be moved primarily by balance-of-payments considerations?" *Henry G. Aubrey*, The Dollar in World Affairs: An Essay in International Financial Policy, New York und Evanston 1964, S. 40.

[5] Die Logik einer solchen Argumentation ist natürlich höchst dubios: die Forderung nach größeren Militärausgaben kann nicht mit dem Hinweis auf die relativ großen Währungsreserven eines Landes begründet werden, sondern bestenfalls mit Bezug auf den relativen Wohlstand eines Landes (ausgedrückt z. B. in BSP pro Kopf).

[6] Vgl. z. B. United States Troops in Europe, Report of the Combined Subcommittee of Foreign Relations and Armed Services Committees, 90 Cong. 2 sess. (1968).

teidigung nicht verringern würde[7]. Dieser Gruppe geht es jedoch nicht primär um eine Entlastung der amerikanischen Zahlungsbilanz; vielmehr manifestiert sich hier der Versuch einer Überprüfung und Neuordnung der außenpolitischen Prioritäten der USA, wobei auch die Militärpolitik einer Überprüfung unterzogen wird. Doch war der Einfluß des Kongresses bei der Formulierung der Außenpolitik bisher gering, weshalb auch Initiativen zur Reduzierung der in Europa stationierten Truppen erfolglos blieben und eher die Administration stärkten. Diese kann nämlich gegenüber den europäischen Ländern auf die Kritik des Kongresses und die Versuche zur Truppenreduzierung verweisen; um diese Kritik abzufangen, bedürfe es Maßnahmen der europäischen Regierungen, deren Ziel eine Verringerung der Belastungen der amerikanischen Zahlungsbilanz durch Truppenstationierung im Ausland sein müsse. Bisher hat allein die Bundesrepublik solche Ausgleichsmaßnahmen in größerem Umfang ergriffen, auch wenn diese Maßnahmen — wie gezeigt — die amerikanische Zahlungsbilanz nicht direkt verbesserten. Andererseits gibt es eine weitere Gruppe im amerikanischen Kongreß, die ebenfalls den Zusammenhang zwischen Militärpolitik und Zahlungsbilanzpolitik reflektiert, doch bestimmen hier ökonomische Argumente die Diskussion. Gelegentlich wurde dabei ein Junktim zwischen Truppenstationierung im Ausland und Entlastung der amerikanischen Zahlungsbilanz durch die Empfängerländer konstruiert; dabei bezog sich das Junktim immer mehr oder weniger explizit auf die Bundesrepublik. Ein Grund dafür ist die Tatsache, daß die Devisenbelastung der amerikanischen Zahlungsbilanz durch Truppenstationierung in der Bundesrepublik die größte einzelne Komponente der amerikanischen auswärtigen Militärausgaben darstellt; ein anderer Grund dürfte in dem Bestreben aller deutschen Regierungen zu suchen sein, eine Reduzierung amerikanischer Truppen in der Bundesrepublik zu vermeiden. Die schärfste Forderung nach Ausgleich der durch Truppenstationierung im Ausland bedingten Zahlungsbilanzbelastung ist das sog. „Jackson-Nunn Amendment“ vom November 1973. Dieses Gesetz bestimmt, daß spätestens zwei Jahre nach Inkrafttreten keinerlei Gelder für Truppenstationierung im Ausland mehr bewilligt werden dürfen, soweit die Belastungen der amerikanischen Zahlungsbilanz nicht durch Ausgleichsmaßnahmen der Empfängerländer kompensiert werden. Werden weniger als 100 % der amerikanischen Zahlungsbilanzbelastungen durch Ausgleichsmaßnahmen kompensiert, so sollen in Höhe der fehlenden Ausgleichsleistungen Truppen abgezogen werden[8]. Es bleibt abzuwarten, inwieweit die amerikanische Regierung dieses Gesetz als Druckmittel gegenüber den europäischen Staaten verwenden wird und inwieweit sie in der Lage sein wird, dem Ge-

[7] Vgl. ebenda, S. 11 ff.

[8] Vgl. Public Law 93 - 155 (Defense Procurements Bill) vom 16. November 1973.

setzesauftrag auszuweichen, falls — wie zu erwarten sein wird — die Ausgleichsleistungen der europäischen Länder nicht voll die amerikanischen Zahlungsbilanzbelastungen durch Truppenstationierungen kompensieren. Es darf jedoch angenommen werden, daß die amerikanische Regierung weiterhin versuchen wird, militärpolitischen Überlegungen Vorrang vor zahlungspolitischen Überlegungen einzuräumen, so daß die amerikanischen Truppen im Ausland nicht substantiell reduziert werden, selbst wenn die Ausgleichsleistungen als unzureichend angesehen werden.

Doch auch im Bereich des Kapitalverkehrs waren die von der amerikanischen Regierung ergriffenen Maßnahmen nur bedingt erfolgreich. Als die Interest Equalization Tax eingerichtet wurde, führte sie lediglich zu einer Umleitung der Kapitalströme auf andere Anlageformen. Zwar bot die IET zusammen mit dem VFCR Program und später dem Foreign Direct Investment Program die Möglichkeit, Kapitalabflüsse zu kontrollieren, doch waren diese Maßnahmen nur zwischen 1966 und 1969 von einiger Wirksamkeit. Reduzierungen der amerikanischen Direktinvestitionen, die mit amerikanischen Geldern finanziert wurden, gab es lediglich in Europa, während insgesamt die amerikanischen Auslandsinvestitionen stagnierten, ohne daß eine grundsätzliche Verbesserung der Zahlungsbilanz durch diese Maßnahmen erreicht wurde. Die Ambivalenz dieser Maßnahmen legt die Vermutung nahe, daß hier lediglich die europäische Kritik an den amerikanischen Direktinvestitionen abgefangen werden sollte, ohne daß jedoch eine fundamentale Verbesserung der amerikanischen Zahlungsbilanz intendiert wurde[9]. Schon ab 1969 wurden die Bestimmungen des Foreign Direct Investment Program so gelockert, daß kaum noch Wirkungen von ihm ausgingen. Als ab 1969 die kurzfristigen Kapitalabflüsse immer größeren Umfang annahmen, ergriff die amerikanische Regierung keine zusätzlichen Maßnahmen, um diese Kapitalabflüsse einzudämmen. Ende 1974 wurden die Kapitalkontrollen dann vollständig aufgehoben.

Es ist nicht ganz einfach, mögliche Gründe zu finden für die mangelnde Bereitschaft der amerikanischen Regierung, private Kapitaltransfers effektiv einzuschränken. Zum einen dürften sich hier ideologische Abneigungen gegen eine starke Einflußnahme auf wirtschaftliche Transaktionen durch die Regierung manifestieren. Im Vergleich zu den europäischen Ländern, in denen die Regierungen immer ein sehr viel ungebrocheneres Verhältnis gegenüber Einflußnahmen auf das wirtschaftliche Geschehen hatten, sind in den Vereinigten Staaten in der Regel Auffas-

---

[9] Selbst die amerikanische Regierung kam zu einer negativen Einschätzung bezüglich der Wirksamkeit der Kapitalkontrollen: „In retrospect, the direct favorable influence of these capital control measures on the overall payments balance may have been only marginal." International Economic Report of the President, März 1973, S. 28.

sungen anzutreffen, die bruchlos aus der Phase frühkapitalistischer Entwicklung in die Gegenwart übernommen wurden. Doch sind ideologische Motivationen nur selten ausschließliches Movens politischer Entscheidungen. So unterstellt die amerikanische Regierung den amerikanischen Direktinvestitionen im Ausland positive Rückwirkungen auf die Handelsbilanz; amerikanische Firmen exportieren Investitionsgüter, Know-how und Managementdienstleistungen an ihre ausländischen Tochtergesellschaften[10]. Überdies waren in den letzten Jahren die Einnahmen aus Direktinvestitionen größer als die Kapitaltransfers für neue Direktinvestitionen, insofern werden für die amerikanische Regierung die kurzfristig passivierenden Effekte amerikanischer Direktinvestitionen im Ausland überschattet von vermuteten langfristigen positiven Einflüssen auf die amerikanische Zahlungsbilanz. Von einer Einschränkung des kurzfristigen Kapitalverkehrs erwartete überdies die amerikanische Regierung Rückwirkungen auf die Rolle des Dollars als weltweit akzeptierter Transaktionswährung. Da jedoch Veränderungen internationaler Währungen in *einer* Funktion Veränderungen in anderen Funktionen zur Folge haben können, vermied die amerikanische Regierung alle Schritte, die zu einem Abbau von Funktionen des Dollars als dominanter Währung hätten führen können. Der währungspolitische Einfluß eines Staates auf andere Staaten hängt auch ab von den Funktionen, in denen seine Währung international Verwendung findet; insoweit wird das Desinteresse der amerikanischen Regierung an einer Begrenzung der Reichweite dieser Funktionen einsichtig. Hinter der Entscheidung der amerikanischen Regierung gegen eine effektive Begrenzung der privaten amerikanischen Kapitaltransfers standen also auch Überlegungen über die Rolle des Dollars als dominanter Währung.

Da die kompensatorischen Verbesserungen der amerikanischen Zahlungsbilanz, die möglich gewesen wären, nicht realisiert wurden, griff die amerikanische Regierung auf eine Anzahl von Maßnahmen zur Erzielung von Handelsbilanzüberschüssen zurück. Etwa ab 1962 wurde die liberale Handelspolitik mehr und mehr als einseitige Forderung an die Handelspartner der USA verstanden. Importe wurden eingeschränkt, sei es durch Importquoten, „freiwillige" Importbeschränkungen anderer Länder und die Preisdifferentiale bei militärischen Beschaffungen, während die Kosten dieser Maßnahmen den amerikanischen Konsumenten überwälzt wurden. Wichtiger noch als diese Importerschwerungen waren Maßnahmen zur Förderung des Exports. So wurde die amerikanische Wirtschaftshilfe — unter der Voraussetzung, daß überhaupt Wirtschaftshilfe vergeben wird — mehr und mehr als Instrument zur Exportausweitung verstanden, was sich in den Lieferbindungen niederschlug. Ebenso muß auch der amerikanische Waffenexport in Zusammenhang mit

[10] Vgl. International Economic Report, S. 11.

der forcierten Förderung des Exports gesehen werden; ab 1961 gewann dieser Rüstungsexport eine neue Funktion zur Entlastung der amerikanischen Zahlungsbilanz. Waffenverkäufe haben überdies den Vorteil, Folgekäufe zu induzieren: hat ein Land einmal bestimmte Waffensysteme installiert, so macht eine Benutzung dieser Waffensysteme häufig einen Rückgriff auf dazu passende periphere Anlage notwendig. Daß solche logistische Abhängigkeit dann in der Regel auch militärpolitische Abhängigkeit zur Folge hat, sei hier nur am Rande vermerkt.

Die Betonung der Exportförderung zieht sich denn auch wie ein roter Faden durch alle außenwirtschaftlichen Maßnahmen und Verlautbarungen der amerikanischen Regierung. Auch der amerikanische Kongreß stimmt hier vollständig mit der amerikanischen Regierung überein. Geradezu dramatisch formulierte das Joint Economic Committee, es sei „the expansion of exports relative to imports a matter of vital importance“[11]. Trotz aller Exportförderungsmaßnahmen ging der Überschuß in der amerikanischen Handelsbilanz ab 1965 zurück, und auch die im Rahmen der Kennedy-Runde vereinbarten Zollsenkungen änderten daran nichts. Die amerikanische Regierung war jedoch nicht bereit, die sich verändernde Wettbewerbsposition der Vereinigten Staaten und den Übergang von einer güterorientierten zu einer dienstleistungsorientierten Wirtschaft, der sich in diesen Zahlen widerspiegelte, zu akzeptieren. Als dann 1971 auch die amerikanische Handelsbilanz ein Defizit aufwies, war das primäre Ziel der amerikanischen Regierung die Wiedergewinnung des traditionell positiven Außenhandelssaldos: “Therefore, to restore a balance-of-payments equilibrium, we must turn to a substantial trade surplus[12].” Gelegentlich kam es dabei auch zu geradezu ideologischen Überhöhungen: “The tradition of the Yankee trader, which we may proudly invoke, is a tradition that placed its faith in more trade, not less[13].” Solche Äußerungen sind zumindest Indizien für den Stellenwert der Exportausweitung im Rahmen der amerikanischen Zahlungsbilanzpolitik. Treffend hat Kenen diese Handelspolitik denn auch als „Export über alles“[14] charakterisiert. Verständlich wird diese Handelspolitik, wenn man bedenkt, daß ein Außenhandelsüberschuß von der amerikanischen Regierung als unabdingbare Voraussetzung zur Fortführung all jener Aktivitäten angesehen wurde, die defizitär in die amerikanische Zahlungsbilanz eingehen.

---

[11] The United States Balance of Payments, Report of the Joint Economic Committee, 88 Cong. 2 sess. (1964), S. 6.

[12] International Economic Report, S. 30.

[13] The United States in a Changing World Economy, Vol. I: A Foreign Economic Perspective („Peterson Report“), Washington 1971, S. 51.

[14] *Peter B. Kenen*, Giant Among Nations, Chicago 1963, S. 57.

Das wichtigste Anpassungsinstrument, das einer Regierung zur Verfügung steht, ist zweifellos eine Variation des Außenwerts der Währung. Paritätsänderungen — sie wurden im Bretton-Woods-System durch Änderungen des Parwerts induziert — führen effektiver als die Mehrzahl der anderen Anpassungsmaßnahmen zu Kosten- und Preisveränderungen innerhalb der betroffenen Länder. Doch gerade dieses Instrument der Paritätsänderung fand während der sechziger Jahre selten Verwendung; Paritätsänderungen wurden bestenfalls als ultima ratio angesehen, nicht als normales Mittel der Zahlungsbilanzpolitik. Kam es dennoch zu Paritätsänderungen (meist Abwertungen), so geschah dies als unvermeidliche Folge einer vorausgegangenen Währungskrise, in deren Verlauf die jeweilige Zentralbank ihre Reserven so weit erschöpft hatte, daß zur Wiederherstellung des Vertrauens in die jeweilige Währung eine Abwertung als unvermeidbar angesehen wurde. Noch seltener als zu Abwertungen kam es zu Aufwertungen, da hier kaum direkter Druck auf eine Regierung ausgeübt werden konnte. Es dürften dabei im wesentlichen zwei Gründe gewesen sein, die zur Ablehnung von Paritätsänderungen führten. Zum einen bestand die Vermutung, daß jede Abwertung als wirtschaftspolitisches Versagen der jeweiligen Regierung interpretiert würde; damit wurden Währungsabwertungen zu politischen Prestigefragen. Zum anderen stand dahinter wohl das intuitive Erfassen eines fundamentalen ökonomischen Sachverhalts: jede Anpassungsmaßnahme hat Anpassungskosten zur Folge, und die internationale Verteilung der Anpassungskosten hängt unter anderem davon ab, welches Land die Anpassungsmaßnahmen initiiert[15]. Zwar werden Anpassungskosten in der Regel von Überschuß- und Defizitländern gemeinsam getragen, doch ist die relative Verteilung variabel. Ergreift ein Land Anpassungsmaßnahmen, so werden die diesem Land zufallenden Anpassungskosten u. U. größer sein, als sie im Falle der Inaktivität gewesen wären.

Wie alle anderen Regierungen, die sich Defiziten in ihren Zahlungsbilanzen konfrontiert sahen, versuchte auch die Regierung der Vereinigten Staaten während der sechziger Jahre, Anpassungsmaßnahmen über eine Abwertung ihrer Währung zu vermeiden. Zu diesem Zwecke postulierte die amerikanische Regierung die *Unmöglichkeit* einer Dollarabwertung. Zur Begründung dafür wurden sowohl praktische als auch prinzipielle Gründe angeführt. Die prinzipiellen Gründe hoben ab auf den Status der dominanten Währung: "Because of the central role of the U.S. dollar in the international monetary system, the United States cannot move its own parity with respect to other currencies[16]." Da die amerikanische Regierung von der Wirksamkeit solch apodiktischer Setzungen wohl selbst nicht ganz überzeugt war, wurden dann noch prak-

[15] Vgl. dazu ausführlich unten Kap. 11.

[16] Economic Report of the President, Februar 1970, S. 140.

tisch-institutionelle Begründungen herangezogen: "Since the United States does not have primary control over any market exchange rate, other nations in effect determine the exchange value of the dollar[17]." An dem letzten Argument ist allerdings so viel richtig, daß die Vereinigten Staaten während der sechziger Jahre nur geringen Einfluß auf die Marktzahlungsbilanz nahmen. Bis 1968 stabilisierten die Vereinigten Staaten den Außenwert des Dollars fast ausschließlich durch Interventionen am Goldmarkt, so daß die Aufgabe der Kursstabilisierung den übrigen Ländern zufiel. Nur gelegentlich und mit relativ geringen Beträgen intervenierten die Vereinigten Staaten auch am Devisenmarkt. Natürlich hätten im Falle einer Dollarabwertung die anderen Länder — d. h. zumindest der Großteil der Länder der Zehnergruppe — diese Abwertung tolerieren müssen und ihre Interventionspunkte verändern müssen, damit die Abwertung hätte wirksam werden können. Insoweit hätte also eine Dollarabwertung eine Kooperation mit den anderen Ländern vorausgesetzt, doch ist diese allgemeine Voraussetzung prinzipiell Bedingung jeder Paritätsänderung. Paritätsänderungen können nur wirksam werden, wenn andere Länder diese tolerieren — eine Voraussetzung, die durch die Unwirksamkeit und Irrationalität der kompetitiven Abwertungen der dreißiger Jahre eindrucksvoll demonstriert wurde.

Die Situation der amerikanischen Regierung unterschied sich also hinsichtlich des grundsätzlichen Problems der internationalen Kooperation nicht von der Situation anderer Regierungen. Dennoch ist nicht zu verkennen, daß die Bereitschaft anderer Regierungen zur Kooperation und zur Tolerierung einer Dollarabwertung nicht leicht zu erreichen gewesen wäre. Dafür gibt es mehrere Gründe, die im wesentlichen auf die asymmetrische Struktur des internationalen ökonomischen Systems einerseits und des internationalen Währungssystems andererseits zurückgehen. Schon die Größe der amerikanischen Volkswirtschaft und der daraus resultierende relativ stark fühlbare Einfluß einer Dollarabwertung auf die anderen Volkswirtschaften dürfte nicht ohne Konsequenzen auf die Kooperationsbereitschaft anderer Länder gewesen sein. Diese Asymmetrie würde *jede* Paritätsänderung des Dollars zum Problem werden lassen, unabhängig davon, ob das internationale Währungssystem symmetrisch oder asymmetrisch strukturiert ist. Die asymmetrische Struktur des internationalen Währungssystems verstärkte jedoch noch die Abneigung zur Tolerierung einer Dollarabwertung, da Konsequenzen für die Reservewährungs- und Transaktionsaufgaben des Dollars nicht auszuschließen waren. Zentralbanken werden von Regierungen immer auch als Geschäftsbanken benutzt; die Regierungen erwarten Gewinnausweise, die meist in den Regierungshaushalt transferiert wurden, während Verluste durch Regierungszuweisungen abgedeckt werden. So irra-

---

[17] Economic Report of the President, Februar 1970, S. 140.

tional diese Auffassung von der Funktion einer Zentralbank auch sein mag, so bestimmt sie doch weitgehend die Realität der Geld- und Währungspolitik in allen Ländern. Je größer nun der Anteil der von einer Zentralbank gehaltenen Dollarreserven ist, um so geringer ist die Bereitschaft dieser Zentralbank zur Tolerierung einer Dollarabwertung, da die Dollarabwertung Verlustausweisungen zur Folge hätte. Diese Verlustausweisungen können bis zur Höhe des Abwertungssatzes betragen, nämlich dann, wenn die betreffende Zentralbank 100 % ihrer Reserven in Dollar hält. Solche Überlegungen dürften vor allem die Entwicklungsländer bewogen haben, einer Dollarabwertung Widerstand entgegenzusetzen, da die Entwicklungsländer einen relativ großen Anteil ihrer Währungsreserven in Dollars hielten. Doch auch in den Industrieländern dürften solche Überlegungen zumindest subsidiär eine Rolle gespielt haben. Ebenso ist nicht auszuschließen, daß vor allem von seiten der Industrieländer eine Kooperation bei der Dollarabwertung aufgrund der Transaktionsfunktion des Dollars nur widerstrebend zugestanden worden wäre. Werden internationale Kontrakte in Dollar fakturiert und erst bei Lieferung der Ware oder später bezahlt, so würde eine Dollarabwertung zu Verlusten für den Anbieter bzw. Produzenten einer Ware führen. Aus alldem ergibt sich, daß die angeblich in der Interventionsfunktion des Dollars begründete Unmöglichkeit einer Dollarabwertung politische Rhetorik ist, ohne daß verkannt wird, daß die asymmetrische Struktur des internationalen Währungssystems eine effektive Paritätsänderung des Dollars erschwert. Solche politischen Hindernisse können jedoch kein Argument sein für die prinzipielle Unmöglichkeit einer Dollarabwertung.

Dennoch dürften die eben analysierten Schwierigkeiten nur von mäßiger Bedeutung gewesen sein. Das Gewicht der Entwicklungsländer in internationalen Währungsfragen war während der sechziger Jahre gering; ihr Anteil am Welthandel war nicht so groß, daß ein Mitziehen der Entwicklungsländer im Falle einer Dollarabwertung die Wirksamkeit einer solchen Maßnahme gravierend beeinträchtigt hätte. Für die Transaktionsfunktion des Dollars gab es kaum eine praktische Alternative, so daß in dieser Hinsicht nach einer Dollarabwertung wohl kaum Veränderungen eingetreten wären. Überdies sind — wie oben gezeigt — die Entscheidungen privater Wirtschaftssubjekte nur von marginalem Einfluß auf den Status einer vollentwickelten internationalen Währung. Die Entscheidung über eine Dollarabwertung sowie ihre Tolerierung wäre weitgehend eine Sache der Regierungen der Länder der Zehnergruppe gewesen, und die damit verbundenen politischen Koordinationsprobleme wären sehr wohl lösbar gewesen.

Natürlich wäre die Bereitschaft der Länder der Zehnergruppe zur Tolerierung einer Dollarabwertung auch von der jeweiligen Zahlungsbilanz-

und Konjunktursituation innerhalb der betroffenen Länder abhängig gewesen, doch war auch dies nur eine Folge der dominanten ökonomischen Position der Vereinigten Staaten, also vor allem ihres relativ großen Anteils am Welthandel. Darüber hinaus dürfte die erforderliche Bereitschaft zur Tolerierung einer Dollarabwertung in den Jahren 1968 und 1969 kaum vorhanden gewesen sein, da die Zahlungsbilanz der USA in diesen beide Jahren positiv war, auch wenn dies Aktivierung der amerikanischen Zahlungsbilanz allein auf kurzfristige monetäre Entwicklungen zurückging.

Überdies scheint es auch Widerstände auf europäischer Seite gegen eine Dollarabwertung gegeben zu haben, wenn die Dollarabwertung die einzige Maßnahme zur Bereinigung des Zahlungsbilanzdefizits der USA gewesen wäre. Schließlich hatten die Vereinigten Staaten einen Exportüberschuß mit Europa, und auf europäischer Seite war man sich sehr wohl darüber im klaren, daß das Defizit der Vereinigten Staaten auf exzessive Finanztransfers sowie die asymmetrische Struktur des internationalen Währungssystems, das solche exzessiven Finanztransfers ermöglichte, zurückzuführen war. Insoweit gab es wohl erhebliche Widerstände auf europäischer Seite, da eine Dollarabwertung *allein* weder die asymmetrische Struktur des internationalen Währungssystems verändert hätte, noch die USA dem Zwang ausgesetzt hätte, ihre Finanztransfers einzuschränken. Statt dessen hätte eine Dollarabwertung lediglich den Druck auf die europäischen Handelsbilanzen vergrößert. Zumindest inoffiziell wurde auf europäischer Seite klargemacht, daß die europäische Auffassung über das amerikanische Defizit mit der amerikanischen keineswegs identisch war. So z. B. 1970, als ein hoher EWG-Funktionär, der es vorzog, ungenannt zu bleiben, warnte, daß eine Dollarabwertung um etwa 20 % sehr wohl von den europäischen Ländern konterkariert werden könnte. Nach europäischer Auffassung sei das Zahlungsbilanzdefizit der vorausgegangenen Jahre großenteils auf den Vietnamkrieg zurückzuführen: "The sooner the U.S. ends its 'overseas adventures' he said, the better it will be for both the American and European economies[18]."

Trotz all dieser Einschränkungen dürfte hinreichend klargeworden sein, daß die Auffassung der amerikanischen Regierung von der Unmöglichkeit einer Dollarabwertung politische Ideologie im Gewande ökonomischer Rhetorik war. Aufgrund des mit einem überbewerteten Dollar verbundenen Dominanzeffekts war die amerikanische Regierung an einer Dollarabwertung überhaupt nicht interessiert. Doch griff — wie gezeigt — die amerikanische Regierung während der sechziger Jahre zu kaschierten Teilabwertungen des Dollars; dies betraf den Dollar für militärische

[18] *Richard F. Janssen*, „Nixon Plan to Stimulate Economy Revives European Discussion of Dollar Devaluation", Wall Street Journal, 11. November 1970.

Beschaffungen, den „Entwicklungshilfedollar“ und den Dollar für Auslandsanleihen.

Der amerikanische Kongreß hat sich die Auffassung der amerikanischen Regierung, der Dollar könne gar nicht abgewertet werden, nie zu eigen gemacht. Dies ist nicht verwunderlich, wenn man bedenkt, daß nur der Kongreß eine Änderung des Parwerts des Dollars vornehmen kann und sich seiner Prärogative auf diesem Gebiet immer bewußt war. Der von der amerikanischen Regierung nur indirekt erhobene Anspruch an die anderen Länder, d. h. in der Hauptsache die europäischen Länder, ihre Währungen aufzuwerten, um internationale Ungleichgewichte zu beseitigen — genaugenommen: das amerikanische Defizit zu eliminieren —, wurde vom Kongreß denn auch mit aller Deutlichkeit formuliert: "If international imbalance consists of deficits by the reserve-currency countries and surpluses by others, so that the former must not devalue, appreciation of the surplus countries' currencies might then be in order[19]."

Häufig wurde eine Dollarabwertung mit einer Goldpreiserhöhung identifiziert, was wohl ebenfalls als rhetorischer Trick zur Vermeidung einer Dollarabwertung interpretiert werden muß. Eine Goldpreisänderung ist in der Formulierung der Articles of Agreement eine gleiche Veränderung aller Parwerte[20] und ist damit keineswegs identisch mit der Variation des Parwerts *einer* Währung. Doch in welcher Formulierung auch immer: der Kongreß, und insbesondere das einflußreiche Subcommittee on International Exchange and Payments unter seinem Vorsitzenden Reuss, lehnte jede Möglichkeit einer Dollarabwertung während der sechziger Jahre strikt ab[21].

Als sich jedoch im Jahre 1971 der Umschwung vom Handelsbilanzüberschuß zum Handelsbilanzdefizit abzeichnete und als das Defizit auf der Basis der offiziellen Reservetransaktionen riesige Ausmaße annahm, trat eine neue Situation ein. Die Wiedergewinnung des traditionell aktiven Handelsbilanzsaldos wurde nunmehr zum vordringlichen Ziel, demgegenüber auch der aus der Überbewertung des Dollars resultierende Dominanzeffekt kaum noch von Bedeutung war, da eine Aktivierung der amerikanischen Handelsbilanz nur um den Preis einer Paritätenänderung möglich war. Gemäß den Vorstellungen der amerikanischen Regierung sollte diese Paritätenänderung aber nicht durch eine Abwertung des Dollars zustandekommen. Im Kongreß kam es jedoch schon bald zu einem Meinungsumschwung in der Abwertungsfrage. Anfang August 1971

---

[19] The United States Balance of Payments, Report . . ., S. 12.

[20] Vgl. Articles of Agreement, Article IV, Section 7.

[21] Vgl. z. B. *Henry S. Reuss*, „Memo to the Gold Speculators: Only Congress Can Increase the Price of Gold, and Congress Won't“, Congressional Record, Vol. 116 Part 28, 91 Cong. 2 sess. (1970), S. 38 407 - 38 410.

forderte das Subcommittee on International Exchange and Payments unter Federführung Reuss' erstmals eine Dollarabwertung: "Finally, a decrease in the external value of the dollar, at least against several major currencies, is required to rectify the U.S. balance of payments ... *The goal of the exchange rate change should be to produce a U.S. balance of payments such that surpluses on current account are sufficient to finance normal levels of unfettered net private investment abroad*[22]." Die amerikanische Regierung wies das Ansinnen einer Dollarabwertung sofort zurück und erklärte, daß keinerlei Diskussionen über dieses Thema geplant seien, weder mit dem IMF noch mit anderen Ländern.

Nach der Veröffentlichung des Subcommittee-Reports mit der Forderung nach einer Dollarabwertung setzte ein Dollarabfluß riesigen Ausmaßes ein. Die amerikanische Regierung versuchte, diese Krise wie gewöhnlich mit Swap-Krediten zu überbrücken. Am 15. August 1971 betrugen die Swap-Außenstände mehr als 3 Mrd. Dollar, von denen allein 2,4 Mrd. Dollar in der Woche vom 8. bis 13. August aufgenommen worden waren. Die nach der Dollarabwertung vom Dezember 1971 eingetretenen Abwertungsverluste, die bedingt waren durch die implizite Wechselkursgarantie der Swaps, betrugen 300 Mill. Dollar[23]. Schon aus diesen großen Abwertungsverlusten läßt sich eindeutig folgern, daß die amerikanische Regierung bis zuletzt entschlossen war, den Parwert des Dollars nicht zu verändern. Ironischerweise unternahm jedoch die amerikanische Regierung am 15. August 1971 selbst den entscheidenden Schritt zur Veränderung des Dollars, indem sie die bis dahin zumindest noch formal bestehende Goldkonvertibilität des Dollars für Währungsbehörden aufhob. Die Folge dieser unilateralen Maßnahme war, daß ausländische Währungsbehörden nicht mehr an den bis dahin gültigen Interventionspunkten intervenierten, was zu einer sofortigen de-facto-Abwertung des Dollars auf den Devisenmärkten führte. Obwohl die amerikanische Regierung diese Paritätsänderung hinnehmen mußte — oder sogar angestrebt hatte —, war sie dennoch keineswegs zu einer Änderung des Parwerts des Dollars bereit. Am 13. September 1971 erschien der Unterstaatssekretär für Geldfragen, Volcker, vor dem Kongreß und betonte, daß die amerikanische Regierung eine Parwertänderung des Dollars ablehne: "We are looking for some exchange rate changes which would appreciate other currencies and relatively depreciate the dollar in some sense[24]." Auf der

---

[22] Action Now to Strengthen the U. S. Dollar, Report of the Subcommittee on International Exchange and Payments, 92 Cong. 1 sess. (1971), S. 11; Hervorhebung im Original.

[23] Zu den Zahlen vgl. Gold, SDR's and Central Bank Swaps, Report of the Subcommittee on International Exchange and Payments, 92 Cong. 2 sess. (1972), S. 9.

[24] Statement of Hon. Paul A. Volcker, in: International Aspects of the President's New Economic Policies, Hearings before the Committee on Finance, 92 Cong. 1 sess. (1971), S. 2 - 44, hier S. 6.

Ende September 1971 stattfindenden IMF-Jahrestagung bekräftigte der amerikanische Finanzminister erneut die Haltung der amerikanischen Regierung: "A change in the gold price is of no economic significance and would a patently retrogressive step in terms of our objective to reduce, if not eliminate, the role of gold in any new monetary system[25]." Und im März 1972 erinnerte der amerikanische Finanzminister Connally erneut daran, daß die amerikanische Regierung im Herbst 1971 eine Dollarabwertung abgelehnt hatte: "In the international negotiations following the suspension of convertibility on August 15, a prime U.S. objective was to obtain a major international currency realinement. I would recall to the committee that we entered these negotiations with the strong view that the preferable course would be to achieve the necessary realinement without disturbing the long-established official dollar price of gold[26]."

Statt einer Parwertänderung des Dollars versuchte die amerikanische Regierung durch Druck auf die übrigen Länder der Zehnergruppe diese Länder zu Aufwertungen ihrer Währungen zu veranlassen. Der amerikanische Finanzminister sprach Mitte September 1971 auf einer Konferenz der Zehnergruppe in London von einem erwarteten Umschwung in der amerikanischen Zahlungsbilanz in Höhe von 13 Mrd. Dollar, wobei wohl auch dem amerikanischen Finanzminister klar war, daß eine solch exorbitante Veränderung der Zahlungsströme ohne eine fundamentale Reform des internationalen Währungssystems kaum Tolerierung durch die übrigen Länder der Zehnergruppe finden würde. Aus den weiteren Äußerungen des amerikanischen Finanzministers ging dann hervor, wie die Vereinigten Staaten sich diesen Umschwung vorstellten: unter der Voraussetzung der Vollbeschäftigung sollte an die Stelle des Handelsbilanzdefizits in Höhe von 5 Mrd. Dollar ein Handelsbilanzüberschuß in Höhe von 8 Mrd. Dollar treten, der dann ausreichen würde, die amerikanischen Finanztransfers für Entwicklungshilfe, auswärtige Militärausgaben und Auslandsinvestitionen abzudecken[27]. Am 21. September bekräftigte der Unterstaatssekretär für Geldfragen in einem Hearing vor dem amerikanischen Kongreß in fast gleichlautenden Worten diese Zahlen. Auf Fragen von Kongreßmitgliedern bestätigte er ausdrücklich, daß keinerlei Revision der außenpolitischen Zielsetzungen zum Zwecke der Verbesserung der amerikanischen Zahlungsbilanz durch die Regierung erwogen werde[28]. Ebenso sprach der amerikanische Finanzminister in

[25] Statement by the Governor of the United States, Summary Proceedings 1971, S. 215 - 222, hier S. 218 - 219.

[26] Statement by Secretary Connally, in: To Provide for a Modification in the Par Value of the Dollar, Hearings before the Committee on Banking and Currency, 92 Cong. 2 sess. (1972), S. 2 - 55, hier S. 6.

[27] Vgl. „Connally Holds His Ground, More or Less“, The Economist, 18. September 1971, S. 72.

[28] Vgl. Statement of Hon. Paul A. Volcker, in: The International Implications of the New Economic Policy, Hearings before the Subcommittee on

einer weiteren Pressekonferenz am 26. September 1971 in Washington von dem erwarteten Umschwung von 13 Mrd. Dollar.

Diese Häufung der Forderung nach einem Umschwung von 13 Mrd. Dollar in der amerikanischen Zahlungsbilanz ist natürlich nicht zufällig. Wenn man sich überdies noch an die am 15. August 1971 eingeführte Sondersteuer erinnert, so wird die Stoßrichtung dieser Äußerungen klar. Adressat waren die europäischen Länder und Japan, von denen allein handelspolitische Konzessionen erwartet werden konnten. Dabei ist wahrscheinlich, daß, mehr noch als die europäischen Länder, Japan der Hauptadressat dieser Sondersteuer war. Jedenfalls herrschte in Japan diese Auffassung vor; dort wurden die außenwirtschaftlichen Maßnahmen vom August 1971, speziell jedoch die Sondersteuer, als „umgekehrtes Pearl Harbor" angesehen[29]. Für die europäischen Länder und Japan war jedoch die Größe des geforderten Umschwungs jenseits aller sinnvollen Realisierungsmöglichkeiten, weshalb der geforderte Betrag eher als aktuelles Druckmittel und späteres Kompromißobjekt im Ausgleich für europäisch-japanische Konzession in Form von Aufwertungen der Währungen dieser Länder angesehen wurde. Schon im September 1971 bot denn auch der amerikanische Finanzminister die Aufhebung der Sondersteuer an, wenn die europäischen Länder und Japan Aufwertungen ihrer Währungen zustimmen: "If other governments will make tangible progress toward dismantling specific barriers to trade over coming weeks and *will be prepared to allow market realities freely to determine exchange rates for their currencies* for a transitional period, *we, for our part, would be prepared to remove the surcharge*[30]." Trotz ihrer aus der Ökonomie entlehnten Rhetorik der Symmetrie von Auf- und Abwertungen war der amerikanischen Regierung natürlich nicht verborgen geblieben, daß aus der Perspektive individueller Länder die Konsequenzen einer Dollarabwertung und der Aufwertung der Währungen jener Länder keineswegs identisch sind[31]. Mehrere Monate lang standen sich so die Interessen der europäischen Länder und Japans einerseits sowie der Vereinigten Staaten andererseits gegenüber, bis es am 15. Dezember 1971 bei einer Begegnung zwischen Präsident Nixon und Präsident Pompidou zu einem Kompromiß kam, als dessen Kernpunkt wohl die Bereitschaft der amerikanischen Regierung zur Veränderung des Parwerts des Dollars anzusehen ist. Dieser Kompromiß wurde wenige Tage später formalisiert im Kommuniqué, daß die Ergebnisse des Smithsonian Agreement

---

Foreign Economic Policy, 92 Cong. 1 sess. (1972), S. 80 - 112, bes. S. 82 sowie für die auswärtigen Militärausgaben S. 107.

[29] Vgl. *Frank Gibney*, „Pearl Harbor in Reverse", Harper's Magazine, Januar 1972, S. 49 - 57.

[30] Statement by the Governor for the Unted States, Summary Proceedings 1971, hier S. 219; Hervorhebung vom Verfasser.

[31] Vgl. dazu unten Kap. 11.

fixierte[32]. Danach betrug die Veränderung des Parwerts des Dollars 7,9 %, während sich die Mehrheit der Länder der Zehnergruppe zu Aufwertungen ihrer Währungen in unterschiedlichem Ausmaß bereit erklärte. Die durchschnittliche Paritätsänderung des Dollars blieb natürlich hinter jenen Zahlen zurück, die einen Handelsbilanzumschwung der geforderten Größenordnung hätten bewirken können; es war bekannt, daß die dafür notwendige Paritätsänderung von der amerikanischen Regierung mit 20 - 25 % angesetzt worden war. Doch war wohl das im Smithsonian Agreement fixierte Ergebnis das einzig mögliche, auf das sich die Länder der Zehnergruppe zu jenem Zeitpunkt einigen konnten, ohne daß jedoch die amerikanische Regierung ihr Ziel als erreicht ansehen konnte. Da die europäischen Länder kaum zu weiteren Aufwertungen ihrer Währungen zu bewegen waren, konnte eine zusätzliche Verbesserung der amerikanischen Zahlungsbilanz nur von einer erneuten Dollarabwertung erwartet werden. Als im Februar 1973 der Dollar dann wiederum im Zentrum einer Währungskrise stand, handelte die amerikanische Regierung denn auch sehr schnell und erreichte von den europäischen Ländern binnen weniger Tage das Zugeständnis der Tolerierung einer weiteren Dollarabwertung.

In der Abwertungsfrage gelang es also den Vereinigten Staaten während der sechziger Jahre weitgehend, ihre dominante Position zur Durchsetzung ihrer Interessen einzusetzen. Natürlich wäre eine Dollarabwertung bescheidenen Ausmaßes, also in einer Größenordnung, die von den europäischen Ländern und Japan toleriert worden wäre, *allein* nicht in der Lage gewesen, das amerikanische Defizit zu eliminieren, während eine Dollarabwertung großen Ausmaßes kaum Akzeptierung gefunden hätte. Eine Dollarabwertung wäre also nur im Rahmen einer umfassenden Revision der amerikanischen Zahlungsbilanzpolitik sinnvoll und politisch möglich gewesen. Der Versuch, statt dessen die Überschußländer zu Aufwertungen ihrer Währungen zu bewegen, war während der sechziger Jahre kaum erfolgreich; weder hätte dadurch das Dollarproblem gelöst werden können, noch sahen es die europäischen Länder und Japan als ihre Aufgabe an, durch eigenes Handeln das Dollarproblem zu beseitigen. Insoweit zeigen sich hier auch die Grenzen des Dominanzeffekts, ebenso werden diese Grenzen bei der von den Vereinigten Staaten akzeptierten ersten Dollarabwertung sichtbar. Das Handelsbilanzdefizit bewirkte dann 1971 ohnehin eine neue Situation.

Wichtiger noch als die Abwertungsfrage jedoch war für den Dominanzeffekt die amerikanische Goldpolitik. Wollten die europäischen Länder nicht auf verbale Äußerungen ihres Unmuts über das amerikanische Defizit und die amerikanische Zahlungsbilanzpolitik zurückfallen, so stand

---

[32] Das Kommuniqué findet sich in International Financial News Survey, 22. - 30. Dezember 1971.

ihnen nur ein Mittel zur Verfügung, ihre eigenen Interessen in Richtung auf Eliminierung des amerikanischen Defizits durchzusetzen: eine aktive Goldpolitik, d. h. die Präsentation von Dollars beim amerikanischen Schatzamt zur Konversion in Gold. Umgekehrt lag es natürlich im amerikanischen Interesse, Dollarkonversionen möglichst zu vermeiden; mit abnehmenden Goldreserven verminderte sich auch das Vertrauen ausländischer Währungsbehörden in die Stabilität und Bonität des Dollars als Reservemedium. Die seit Anfang der sechziger Jahre praktizierten goldpolitischen Maßnahmen der Vereinigten Staaten verfolgten deshalb alle den einen Zweck, Abnahmen des amerikanischen Goldbestandes zu minimieren. Das konnte nur geschehen, indem man Ländern, die eine Einlösung von Dollars verlangten, dies mehr oder weniger offen verwehrte. Diesem Zweck dienten primär Roosa-Bonds und Swaps, die gegen liquide Dollarreserven getauscht wurden, was nichts anderes als de-facto-Goldinkonvertibilität des Dollars in Höhe der jeweiligen Beträge der Roosa-Bonds oder Swaps bedeutete. Roosa selbst hat später die währungspolitischen Implikationen dieser partiellen Goldinkonvertibilität des Dollars offen ausgesprochen: "While we also saw considerable gains in national prestige, influence and earnings from this reserve currency function, it was by no means clear that the dollar could go on expanding indefinitely as the principal supplement to gold in the reserve holdings of other countries — not unless some way were also found to mobilize other currencies in residual support of that function. Our first preference, quite understandably I would suppose, was to find ways in which the strength of other currencies could be mobilized to give peripheral support to the dollar[33]."

Dennoch war es nicht ganz leicht, die europäischen Länder zur Akzeptierung der partiellen Goldinkonvertibilität des Dollars zu bewegen. Im Falle der Swaps war der implizite Preis dafür die vereinbarte Gegenseitigkeit, da im Bedarfsfall auch andere Länder von Swaps Gebrauch machen konnten; im Falle der Roosa-Bonds wurde die Bereitschaft der Empfängerländer durch die Verzinsung der Schatzanweisungen und — wichtiger noch — die implizite Kursgarantie erkauft. Überdies unterstellte die amerikanische Regierung ein gleich starkes Interesse der anderen Länder am effizienten Funktionieren des Standards der dominanten Währung, wobei es Anzeichen dafür gibt, daß die amerikanische Regierung — zumindest während der sechziger Jahre — den Interessengegensatz zwischen ihr und den Regierungen der übrigen Industrieländer tatsächlich nur partiell perzipierte: "We therefore turned to ways of enlisting some of the other leading currencies in various short-term arrangements for partial support of the dollar in periods of unusual pressure — not from any narrowly national standpoint but in order to protect the

[33] *Robert V. Roosa*, The Dollar and World Liquidity, New York 1967, S. 29.

functioning of the entire system[34]." Längst hat zwar die Ökonomie die in dieser Auffassung unterstellte Kongruenz von Partikularinteressen und Universalinteresse als „fallacy of composition" kritisiert, ohne daß jedoch diese Kritik von allzu großen Konsequenzen für die Verwendbarkeit des Arguments in der währungspolitischen Diskussion gewesen wäre.

Im Falle der Roosa-Bonds dürfte die Bereitschaft der Empfängerländer zur Übernahme der Bonds von einer weiteren Bedingung abhängig gewesen sein: dem relativen Anteil der Dollarreserven dieser Länder im Verhältnis zu ihren gesamten Reserven. Die Bundesrepublik und Italien waren Länder mit hohen Dollaranteilen in ihren Reserven, und auf diese beiden Länder entfielen in den ersten Jahren auch Roosa-Bonds in größerem Umfang. Einen weiteren großen Teil an Schatzanweisungen übernahm die Bundesrepublik im Rahmen des Devisenausgleichs im Jahre 1967. Auch hier zeigt sich somit der Zusammenhang zwischen Militärpolitik und Zahlungsbilanzpolitik: die militärpolitische Abhängigkeit der Bundesrepublik erforderte währungspolitische Konzessionen.

Für die Bundesrepublik wurde die partielle Goldinkonvertibilität ihrer Dollarreserven 1967 zur totalen Inkonvertibilität. Zwar ist nicht auszuschließen, daß es auch mit anderen Ländern mehr oder weniger informelle Abmachungen gab, Dollarkonversionen zu beschränken, doch sind keine anderen formellen Zusagen dieser Art bekanntgeworden. Es ist auch kaum wahrscheinlich, daß andere Länder sich freiwillig dieses Rechts begeben hätten, denn auch der Blessing-Brief kann als Reflex der militärpolitischen Abhängigkeit der Bundesrepublik von den Vereinigten Staaten gedeutet werden. Dafür spricht einmal ganz allgemein der Zusammenhang mit dem Devisenausgleich; der Brief war Bestandteil des Devisenausgleichsabkommens von 1967. Darüber hinaus machte aber Blessing nach seinem Ausscheiden aus der Bundesbank in einem Interview eindeutig klar, daß eine latente amerikanische Drohung, Truppen aus der Bundesrepublik abzuziehen, den entscheidenden Anstoß für die Nichtkonvertierungszusage gegeben hatte: „Es war nie eine ausgesprochene Drohung, aber die Drohung war immer im Hintergrund da. Der frühere Hochkommissar McCloy war einmal bei der deutschen Regierung und sagte: Hören Sie mal, wir haben jetzt eine Senatsentscheidung gehabt; da kommt demnächst eine Mehrheit, daß wir unsere Boys zurückziehen. Wir müssen was tun. Da hat er mich an einem Sonntagnachmittag um halb vier zu Hause angerufen und gesagt: ‚Ich muß heute abend zurückfliegen, können wir uns nicht noch sehen?' Und ich habe ihm gesagt: ‚Mein lieber McCloy, Ihre Situation ist klar, das ist ein Zahlungsbilanzproblem bei Ihnen, nichts weiter. Sie haben gesehen, daß wir vernünftig sind und

---

[34] *Roosa*, S. 30.

nicht unsere Dollar in Gold konvertieren. Ich bin bereit, Ihnen das sogar schriftlich zu geben für eine gewisse Zeit'[35]."

Aus der von Blessing erwähnten Tatsache, daß die Bundesrepublik in den fünf Jahren vor 1967 keine Dollars beim amerikanischen Schatzamt in Gold konvertiert hatte, läßt sich aber nicht unbedingt schließen, daß diese Politik unter allen Umständen weiter fortgeführt worden wäre. Zwar dürfte auch die bis dahin geübte Zurückhaltung bei der Konvertierung von Dollars in Gold die partielle Abhängigkeit der deutschen Reservenpolitik von der amerikanischen Reservenpolitik reflektieren, doch hat Blessing im gleichen Interview bedauert, den Brief geschrieben und sich damit der Möglichkeit von Dollarkonversionen begeben zu haben: „Ich erkläre Ihnen heute, daß ich mich selber persönlich schuldig fühle auf dem Gebiet. Ich hätte damals rigoroser sein müssen gegenüber Amerika. Die Dollar, die bei uns anfielen, die hätte man einfach rigoros in Gold umtauschen müssen, bis sie (gemeint sind die Amerikaner — Verf.) zur Verzweiflung gekommen wären"; denn die amerikanische Regierung sei „mit ihrer Währungspolitik nie unter Bewährungszwang geraten"[36]. Da die Nichtkonvertierungszusage jedoch ohne zeitliche Begrenzung gegeben worden war, war eine Rücknahme der Zusage nicht möglich. Die Tragweite der Zusage wird deutlich, wenn man bedenkt, daß die Bundesbank zwei Drittel ihrer Reserven in ausländischen Währungen hielt, von denen der größte Teil auf Dollarpositionen entfiel[37]. Es scheint, daß weder die Deutsche Bundesbank noch die Bundesregierung, die ihre Zustimmung zur Nichtkonvertierungszusage gab, sich der Tragweite dieser Zusage bewußt waren. Was die Bundesbank betrifft, so machte die Nichtkonvertierungszusage die im damaligen Devisenausgleichsabkommen übernommenen amerikanischen Schatzwechsel völlig überflüssig; Funktion der Schatzwechsel war ja eine partielle Goldinkonvertibilität deutscher Dollarreserven auf Zeit, während durch die Nichtkonvertierungszusage die *gesamten* deutschen Dollarreserven *ohne zeitliche Begrenzung* goldinkonvertibel wurden. Noch weniger dürfte sich die Bundesregierung über die

[35] Gespräch mit Karl Blessing, in: *Leo Brawand*, Wohin steuert die deutsche Wirtschaft?, München 1971, S. 50 - 68, hier S. 61.

[36] a.a.O.

[37] In Zusammenhang mit diesen Zahlen und der Nichtkonvertierungszusage ist ein Blick auf die japanische Reserven interessant. Im August 1971 bestanden nur 5 % der japanischen Währungsreserven aus Gold, der Rest — abgesehen von Reservepositionen im IMF und Sonderziehungsrechten — in ausländischen Währungen, hiervon wiederum der überwiegende Teil in Dollarpositionen. Es ist bekannt, daß Japan praktisch keine Dollarkonversionen beim amerikanischen Schatzamt vornahm, auch wenn in diesem Fall keine formelle Übereinkunft vorlag. Man darf annehmen, daß diese Zurückhaltung auf japanischer Seite nicht ganz freiwillig war; es sei hier nur daran erinnnert, daß erst 1972 das von den Vereinigten Staaten besetzte Okinawa an Japan zurückgegeben wurde, nachdem sich Japan lange vergeblich um eine Rückgabe bemüht hatte.

währungspolitischen Implikationen des Blessing-Briefs im klaren gewesen sein. Die Zusage bedeutete, der amerikanischen Seite währungspolitischen Beistand zu gewähren, ohne daß damit Verpflichtungen für die Bundes*regierung* verbunden gewesen wären. Doch zumindest innerhalb der Bundesbank scheint man sehr bald die Konsequenzen der Nichtkonvertierungszusage erkannt zu haben. Nur wenige Wochen später versuchte der für internationale Währungsfragen zuständige Vizepräsident der Deutschen Bundesbank, Emminger, den Inhalt und die Reichweite des Briefes durch eine restriktive Interpretation einzuschränken: die Zusage sei keineswegs eine generelle Nichtkonvertierungsgarantie gewesen, vielmehr beziehe sie sich nur auf jene Dollarzuflüsse der Deutschen Bundesbank, die durch die Stationierung amerikanischer Truppen in der Bundesrepublik verursacht würden. Eine generelle Goldinkonvertibilität des Dollars sei untragbar: „Wer die Goldkonvertibilität des Dollars aufhebt, könnte also eine Büchse der Pandora mit unabsehbaren Gefahren öffnen", und „die übrige Welt würde sich wohl nicht sehr lange mit einem solchen unfreiwilligen Dollarstandard abfinden"[38].

Emmingers Warnung war zwar deutlich, doch bestand für die amerikanische Regierung keine Notwendigkeit, ihr Bedeutung beizumessen, weshalb denn auch Emmingers Versuch der Uminterpretation folgenlos blieb. Diese Folgenlosigkeit bestätigt also nur, was die Nichtkonvertierungszusage ohnehin dokumentiert hatte: die weitgehende Unterordnung der deutschen Reservenpolitik unter die amerikanische Reservenpolitik.

So fand sich denn auch kein anderes Land zu so weitgehender Unterstützung der amerikanischen Währungspolitik bereit wie die Bundesrepublik, wenn auch zu Anfang der sechziger Jahre alle wichtigen Länder — d. h. faktisch die Länder der Zehnergruppe unter Einschluß der Schweiz — sich zu Hilfsmaßnahmen bereitfanden. Ihren konkreten Ausdruck fanden diese Hilfsmaßnahmen insbesondere im Goldpool, der von der Mehrzahl der Länder der Zehnergruppe getragen wurde. Ursprünglich diente ja auch der Goldpool lediglich der Absicht, die amerikanischen Goldverluste zu minimieren durch Überwälzung eines Teils der Verluste auf die übrigen am Goldpool beteiligten Länder. Da jedoch der Goldpool bald eine positive Bilanz auswies, konnten die partizipierenden Länder dann ihre Goldbestände sogar leicht erhöhen. Doch wurde diese Zunahme der Goldbestände weit überkompensiert durch die ab Ende 1967 eintretende starke private Nachfrage nach Gold, so daß der Effekt des Goldpools auf die Goldreserven der beteiligten Länder insgesamt negativ war.

---

[38] *Otmar Emminger*, „Brauchen wir eine Reform des internationalen Währungssystems?" Deutsche Bundesbank, Auszüge aus Presseartikeln, Nr. 43 vom 14. Juni 1967, S. 1 - 7, hier S. 5.

Eine ähnliche Intention wie dem Goldpool lag auch den mitigation procedures zugrunde, mit denen die Nachfrage nach Gold durch Zentralbanken bei generellen Quotenerhöhungen des IMF auf andere Länder als die Vereinigten Staaten umgeleitet wurde, wodurch die Goldverluste der USA, die normalerweise zu erwarten gewesen wären, ebenfalls minimiert wurden.

Ein Land, Frankreich, stellte ab 1965 alle goldpolitischen Unterstützungsmaßnahmen des Dollars ein. Im Januar 1965 kündigte die Bank von Frankreich Dollarkonversionen beim amerikanischen Schatzamt in Höhe von 150 Mill. Dollar an. Weniger wichtig als die Tatsache der Dollarkonversion selbst war dabei ihre Ankündigung, die die Banque de France in einem Kommuniqué der Presse zugänglich machte. Schon vorher hatte Frankreich regelmäßig Dollars in Gold umgetauscht, wenn auch die Beträge normalerweise relativ gering waren; doch waren im Juli 1962 und im Juli 1963 ebenfalls Beträge in Höhe von jeweils 150 Mill. Dollar beim amerikanischen Schatzamt in Gold konvertiert worden. In diesem Kommuniqué kündigte die Banque de France jedoch nicht nur eine einmalige Umtauschaktion an, sondern gab bekannt, daß sie zukünftig regelmäßig Dollarkonversionen vornehmen werde[39]. Ebenso hat Frankreich im Gegensatz zu beinahe allen übrigen europäischen Überschußländern keine Roosa-Bonds übernommen. In seiner Pressekonferenz am 4. Februar 1965 ging dann Präsident de Gaulle ausführlich auf das internationale Währungssystem ein und widmete insbesondere der Rolle des Goldes längere Ausführungen[40]. Dabei machte er klar, daß er keineswegs beabsichtigte, seine goldpolitischen Auffassungen bis in ihre letzten Konsequenzen hinein zu verfolgen. Für ihn waren lediglich die politischen Implikationen des internationalen Währungssystems von Interesse, und hier wurde erstmals einer breiten Öffentlichkeit deutlich, daß währungspolitische Fragen jenseits der ökonomischen Drapierung durch Zentralbanker und Ökonomen genuin politische Fragen sind. Der französische Präsident verhehlte nicht, daß er in Dollarkonversionen das einzig wirksame Instrument zur Beeinflussung der amerikanischen Zahlungsbilanzpolitik und darüber hinaus für eine Reform des internationalen Währungssystems sah. Folgerichtig stellte dann Frankreich kurze Zeit später seine Mitarbeit im Goldpool ein.

Die Spaltung des Goldmarkts im März 1968 war insoweit sinnvoll, als sie die schon vorher latent vorhandene und partielle Dissoziation der offiziellen und der privaten Ebene offenkundig machte. Schon vorher

---

[39] Das Kommuniqué findet sich in Le Monde, Nr. 6217 vom 9. Januar 1965, wiederabgedruckt in: Deutsche Bundesbank, Auszüge aus Presseartikeln, Nr. 3 vom 15. Januar 1965, S. 13.

[40] Vgl. Conférence de presse tenue au Palais de l'Elysee, 4. Februar 1965, in: *Charles de Gaulle,* Discours et Messages. Pour l'Effort 1962 - 1965, Paris 1971, S. 325 - 342.

waren ja nur Zentralbanken berechtigt gewesen, Dollars beim amerikanischen Schatzamt in Gold zu konvertieren. Doch reichten die Konsequenzen der Spaltung des Goldmarkts sehr viel weiter, als aus den Worten des Kommuniqués, das die Spaltung publik machte, entnommen werden konnte. Zwar schloß das Kommuniqué nur jene Zentralbanken vom Zugang zu den amerikanischen Goldreserven aus, die zukünftigt noch Gold auf dem freien Markt verkauften (womit sich die Regierung der Vereinigten Staaten über rechtlich bindende Abmachungen hinwegsetzte, die in den Articles of Agreement kodifiziert waren), doch wurde schon damals die Spaltung des Goldmarkts allgemein dahingehend verstanden, daß die Vereinigten Staaten nur noch Dollarbeträge geringen Umfangs in Gold konvertieren würden. So sah z. B. Friedman die Beibehaltung des Dollarpreises von 35 Dollar pro Unze Gold nach der Spaltung des Goldmarkts an als „fiction, maintained for the protection of the European bankers"; denn sollte irgendeine europäische Zentralbank eine größere Menge Dollars in Gold konvertieren wollen, so würden die Vereinigten Staaten „in all probability say no"[41]. Damit sei das internationale Währungssystem ein reiner Dollarstandard, den die europäischen Zentralbanken entweder akzeptieren müßten, oder sie müßten zu freien Wechselkursen übergehen. Rueff vertrat die Auffassung, daß mit der Spaltung des Goldmarkts der Dollar für jene Staaten, die politisch oder militärisch von den Vereinigten Staaten abhängig sind, de facto inkonvertibel geworden sei: "Pour tous les pays soumis à l'influence des Etats-Unis, soit parce que — telle l'Allemagne — ils ont besoin de sa protection militaire, soit parce que, pour des raisons politiques, ils en désirent l'amitié, soit parce qu'économiquement ils dépendent d'eux, le dollar sera devenu, en fait, une monnaie inconvertible[42]."

Nach der Spaltung des Goldmarkts war die totale Goldinkonvertibilität des Dollars für alle Länder nur noch eine Frage der Zeit. Überraschend kam lediglich der Zeitpunkt, an dem die amerikanische Regierung die Goldkonvertibilität des Dollars aufhob, nicht mehr die Tatsache selbst, die in der ökonomischen Literatur antizipiert oder herbeigewünscht worden war — je nach politischem Standpunkt und Einsicht in die politischen Implikationen dieser Maßnahme[43]. Die amerikanische Regierung, die noch

---

[41] „Friedman Applauds Two-Tier System", American Banker, 28. April 1968, S. 3.

[42] *Jacques Rueff*, Le péché monétaire de l'occident, Paris 1971, S. 256.

[43] Manche Ökonomen konnten allerdings die sich schon lange vor 1971 abzeichnenden Bestrebungen der amerikanischen Regierung, das Gold als Reservemedium zu eliminieren und damit — unter den Voraussetzungen des Bretton-Woods-Systems — einen reinen Dollarstandard zu errichten, überhaupt nicht verstehen. So z. B. Aliber, der solche Bestrebungen „somewhat paradoxical" fand. Vgl. *Robert Z. Aliber*, „Gresham's Law, Asset Preferences, and the Demand for International Reserves", The Quarterly Journal of Economics LXXXI (1967), S. 628 - 638, hier S. 636.

1968 die Goldkonvertibilität des Dollars zum festen Preis von 35 Dollar pro Unze Gold als Angelpunkt des internationalen Währungssystems bezeichnet hatte[44], transformierte mit ihrer Entscheidung zur Aufhebung der Goldkonvertibilität des Dollars am 15. August 1971 das Bretton-Woods-System in einen reinen Dollarstandard. Diese Option war im Standard der dominanten Während schon latent angelegt, realisiert wurde sie durch eine Neuinterpretation der amerikanischen Interessen durch die amerikanische Regierung. Mit der Aufhebung der Goldkonvertibilität des Dollars verloren die Überschußländer, die die amerikanischen Defizite durch unfreiwillige automatische Kredite finanzierten, das einzige Instrument, mit dem sie auf die Zahlungsbilanzpolitik der Vereinigten Staaten Einfluß nehmen konnten. Damit standen die Überschußländer vor der Wahl, entweder die politischen Implikationen des Dollarstandards zu akzeptieren, indem sie durch unlimitierte Dollarakkumulationen ihre währungspolitische Souveränität zugunsten der Vereinigten Staaten aufgaben, oder ihre Währungen gegenüber dem Dollar — und damit aufgrund der konfligierenden Interessen der Überschußländer untereinander potentiell auch gegenüber allen anderen Währungen — aufzuwerten. Die Reaktion der Notenbanken nach der Aufhebung der Goldkonvertibilität des Dollars zeigt, wie wenig sie dieser Situation gewachsen waren.

Die kompensatorischen Verbesserungen, die hätten ergriffen werden können, d. h. Einschränkungen der auswärtigen Militärausgaben und der Direktinvestitionen im Ausland, wurden nicht realisiert. Statt dessen wurde der Exportförderung und -ausweitung eine zentrale Rolle zugewiesen, da nur eine positive Handelsbilanz die aufgrund unveränderter außenpolitischer Interessen eintretenden Passivierungseffekte der amerikanischen Zahlungsbilanz teilweise kompensieren konnte — was zumindest solange als notwendig angesehen wurde, wie die übrigen Länder über die Goldeinlösungsfrage noch Einfluß auf die amerikanische Zahlungsbilanzpolitik ausüben konnten. Eine Abwertung des Dollars wurde aufgrund der unveränderten außenpolitischen Interessen ebenfalls abgelehnt, bis das Handelsbilanzdefizit eine Revision dieses Standpunkts erforderlich machte. Ihren stärksten Ausdruck fand die währungspolitische Dominanz der Vereinigten Staaten in der Goldpolitik, die gekennzeichnet war durch eine fortschreitende Einschränkung der Goldkonvertibilität des Dollars; den Abschluß dieser Entwicklung bildete die totale Goldinkonvertibilität des Dollars. Insoweit lassen sich also die Manifestationen des Dominanzeffekts anhand der amerikanischen zahlungsbilanzpolitischen Maßnahmen der sechziger und beginnenden siebziger Jahre durch-

[44] „The interchangeability of gold and the dollar at $35 an ounce is the fulcrum of the system." Statement des damaligen Finanzministers Fowler, in: Removal of Gold Cover, Hearings, S. 15.

gängig verfolgen; die Entwicklung bis 1971 läßt sich dabei als eine stetige Intensivierung des Dominanzeffekts deuten. Zwar brachten die Maßnahmen vom August 1971 eine neuerliche Verstärkung des Dominanzeffekts, doch wurde wenig später klar, daß damit auch die Grenzen einer möglichen Intensivierung des Dominanzeffekts erreicht waren. Die Umstrukturierung des internationalen Währungssystems, die ab Ende 1971 eintrat, kann teilweise auch als Einsicht aller Beteiligten in diese Zusammenhänge gedeutet werden.

11. Über Anpassungsverantwortlichkeit (II): Die internationale Verteilung von Anpassungskosten

Bisher wurde die Verantwortung der Vereinigten Staaten für das amerikanische Defizit lediglich unter dem Aspekt des durch das Defizit bedingten Ressourcentransfers diskutiert. Die Frage der Verantwortlichkeit ist aber noch unter einem zweiten Aspekt von Bedeutung. So, wie mit einem Ungleichgewicht Kosten verbunden sind, die im Falle des amerikanischen Defizits in der Regel den Überschußländern zufielen (in der Form der reduzierten internen Absorption sowie der importierten Inflation und ganz allgemein in einer geringeren Wirksamkeit wirtschaftspolitischer Instrumente), so sind auch mit der Eliminierung eines Ungleichgewichts Kosten verbunden. Über die Frage der Anpassungsverantwortlichkeit in Hinblick auf die mit dem Ungleichgewicht verbundenen Kosten hat es bisher kaum Kontroversen gegeben, was zumindest teilweise erklärt werden kann unter Hinweis auf die unkritische Hypostasierung, die das Gleichgewichtskonzept in der Ökonomie erfahren hat: ganz augenscheinlich machte das Gleichgewichtskonzept einen Funktionswandel von einem heuristischen Instrument zu einer normativen Idee durch. Aber selbst wenn die Frage nach der Wünschbarkeit oder Notwendigkeit der Eliminierung des amerikanischen Defizits als unkontrovers vorausgesetzt wird, stellt sich die Frage der internationalen Verteilung der mit der Eliminierung des Defizits verbundenen Kosten. Da in der Regel jene Länder, die Anpassungsmaßnahmen ergreifen, auch die mit diesen Maßnahmen verbundenen Kosten tragen oder doch zumindest einen relativ größeren Anteil der Kosten, als dies ohne das Einleiten von Anpassungsmaßnahmen der Fall gewesen wäre, läßt sich die Frage der Verantwortlichkeit für Anpassungsmaßnahmen ebensogut umformulieren in die Frage nach der internationalen Verteilung der Anpassungskosten. Diese Frage ist ihrer Natur nach eine normative Frage, wenn sie auch in der Ökonomie so diskutiert wurde, als ob positive Lösungen möglich seien[1]. Zur Verteilung der Anpassungskosten hat Cohen das „kosmopolitische Kriterium“ vorgeschlagen, die Verantwortung für die Wiederherstellung des internationalen Gleichgewichts — sofern das Gleichgewicht durch monetäre Ursachen bedingt ist — unter Berücksichtigung

[1] So z. B. *Robert A. Mundell*, „The Proper Division of the Burden of International Adjustment“, National Banking Review 3 (1965), S. 81 - 87, wiederabgedruckt in: Robert A. Mundell, International Economics, New York 1968, S. 187 - 195.

der Herkunft des Ungleichgewichts zu verteilen[2]. Zwar ist auch Cohens Kriterium ein normatives Kriterium, doch entspricht es wohl einer verbreiteten Billigkeits- und Gerechtigkeitsauffassung.

Die bisherige Analyse der amerikanischen Zahlungsbilanzpolitik erbrachte das Ergebnis, daß die ergriffenen Maßnahmen nur von geringer Wirksamkeit waren. Da das amerikanische Defizit trotz der ergriffenen Maßnahmen fortdauerte, kann das gewonnene Resultat kaum überraschen. Mißt man dieses Ergebnis am Postulat des Cohenschen Kriteriums der Anpassungsverantwortlichkeiten, so muß konstatiert werden, daß sich die Vereinigten Staaten ihren Anpassungsverantwortlichkeiten entzogen[3].

Ein Grund dafür dürfte in dem schon skizzierten Konflikt zwischen außenpolitischen und zahlungsbilanzpolitischen Zielen liegen; dieser Konflikt wurde von der amerikanischen Regierung regelmäßig zugunsten außenpolitischer Interessen entschieden. Doch gab es noch eine weitere Ursache für die relative Ineffizienz der ergriffenen Maßnahmen.

Nicht nur zwischen außenpolitischen und zahlungsbilanzpolitischen Interessen bestand eine Zielkonflikt, sondern ebenso zwischen internen und externen wirtschaftspolitischen Zielen, wobei dieser Konflikt in der Regel zugunsten binnenwirtschaftlicher Zielsetzungen entschieden wurde. Schon vom Gesetzesauftrag her ist das außenwirtschaftliche Gleichgewicht keine den übrigen wirtschaftspolitischen Zielen gleichrangig nebengeordnete Zielgröße. Das „Employment Act of 1945“ bestimmt maximale Beschäftigung, Produktion und Kaufkraft als wirtschaftspolitische Aufgaben der Regierung; das Ziel des außenwirtschaftlichen Gleichgewichts findet keine Erwähnung[4]. Dies ist verständlich, wenn man die wirtschaftsgeschichtliche Situation bedenkt, in der das Employment Act entstand: 1945 waren amerikanische Zahlungsbilanzpolitik und amerikanische Reservenpolitik problemlos im Vergleich zu den übrigen wirt-

---

[2] Vgl. *Benjamin J. Cohen,* Adjustment Costs and the Distribution of New Reserves, Princeton 1966, S. 19 - 20. Cohen unterscheidet zwischen transitorischen und permanenten Anpassungskosten. Letztere sind nichts weiter als die vermehrte interne Absorption des vormaligen Überschußlandes bzw. die Disabsorption des vormaligen Defizitlandes, wobei diese „Kosten“ immer vom vormaligen Defizitland getragen werden. Da diese veränderte Ressourcennutzung aber gerade das Ziel von Anpassungsmaßnahmen ist, erscheint es unzweckmäßig, dies als Anpassungskosten zu bezeichnen. Wenn also hier von Anpassungskosten die Rede ist, so sind damit Cohens transitorische Anpassungskosten (die gemessen werden können über das im Vergleich zur Situation ohne Anpassungsmaßnahmen veränderte reale Volkseinkommen) gemeint, jene Kosten also, die Element des Anpassungs*prozesses* sind.

[3] Insoweit gewinnt Cohens Kriterium auch in heuristischer Funktion Bedeutung.

[4] Vgl. Employment Act of 1945, U. S. Statutes At Large, 79 Cong. 2 sess. (1946), Vol. 60 Part I, S. 23 - 26.

schaftspolitischen Aufgaben. Darüber hinaus sind binnenwirtschaftliche Maßnahmen, die unter zahlungsbilanzpolitischen Gesichtspunkten erfolgen, in einer geschlossenen Volkswirtschaft mit relativ hohen Kosten verbunden. Insoweit wären also solche Maßnahmen (im Falle eines Zahlungsbilanzdefizits also deflationäre finanzpolitische Maßnahmen) ohnehin unzweckmäßig gewesen, so daß das Potential zahlungsbilanzpolitischer Instrumente, das den Vereinigten Staaten realiter zur Verfügung stand, begrenzter war als dies gemeinhin der Fall ist. Diese binnenwirtschaftliche Orientierung unter Vernachlässigung außenwirtschaftlicher Gesichtspunkte wurde von der amerikanischen Regierung auch nur wenig kaschiert: "Our underlying approach to the payments deficit has been, from the start, to seek a solution within the framework of a more vigorous domestic economy ... It was essential to spur more rapid growth at home, while finding the solution to our external problems in the rising productivity and improved climate for domestic investment that this growth would bring[5]." Ebenso wenige Jahre später: "Put in the simplest terms, I see no head-on collision between our domestic and international objectives[6]." Diese weitgehend passive Zahlungsbilanzpolitik läßt sich fast durchgängig für die sechziger und siebziger Jahre verfolgen[7]. Kennzeichen dieser passiven Zahlungsbilanzpolitik war das amerikanische Desinteresse an den Konsequenzen, die aus dieser Politik für die übrigen Länder resultierten. Zumindest aus europäischer Perspektive — und die europäischen Länder waren wohl am meisten von den Auswirkungen der passiven amerikanischen Zahlungsbilanzpolitik tangiert — war dieses Desinteresse alles andere als freundlich: das Schlagwort vom „benign neglect“ wurde allgemein in Richtung „malignant neglect“ interpretiert. Ist doch „benign neglect“ eine geradezu typische Illustration dafür, was Fulbright als die Arroganz der Macht bezeichnet hat: „... the tendency of great nations to equate power with virtue and major responsibilities with a universal mission[8].“

Eine theoretische Rechtfertigung der passiven Zahlungsbilanzpolitik der Vereinigten Staaten konnte kaum ausbleiben, wenn sich auch diese Rechtfertigung nur in der Diktion und Offenheit von der bis dahin geübten Praxis unterschied, sonst jedoch die herrschende Praxis getreulich

[5] Statement of Douglas Dillon, Secretary of the Treasury, in: Balance of Payments — 1965, Hearings before a Subcommittee of the Committee on Banking and Currency, 89 Cong. 1 sess. (1965), S. 14 ff., hier S. 14 und 15.

[6] *Paul A. Volcker*, (Ohne Titel), The Journal of Finance XXVI (1971), S. 243 - 250, hier S. 244. Volcker war damals Unterstaatssekretär im amerikanischen Finanzministerium.

[7] Das Konzept der passiven Zahlungsbilanzpolitik bezieht sich also nur auf die relative Gewichtung, die das Ziel des außenwirtschaftlichen Gleichgewichts im Zielkatalog einer Regierung erfährt; ob eine passive Zahlungsbilanzpolitik zu einem Zahlungsbilanzdefizit führt, ist nicht von vornherein entschieden.

[8] *J. William Fulbright*, The Arrogance of Power, New York 1966, S. 9.

nachvollzog[9]. Ausgehend von der de-facto-Goldinkonvertibilität des Dollars nach dem Abkommen vom März 1968 und der dubiosen Voraussetzung, der Dollar könne nicht abgewertet werden, konstatierte Krause die Existenz eines Dollarstandards, der es den Vereinigten Staaten ermögliche, Zahlungsbilanzfragen vollständig zu ignorieren. Anderen Ländern, die durch die Existenz internationaler Ungleichgewichte tangiert seien, stehe jederzeit die Möglichkeit offen, durch entsprechende Maßnahmen, d. h. am besten durch Veränderungen ihrer Wechselkurse, diese Ungleichgewichte zu eliminieren. Doch selbst wenn andere Länder ein durch das amerikanische Defizit generiertes Ungleichgewicht nicht beseitigen wollten, sollten die Vereinigten Staaten keinerlei zahlungsbilanzpolitische Maßnahmen treffen. Die wirtschaftspolitischen Instrumente, die der Regierung der USA zur Verfügung stehen, sollten ausschließlich im Rahmen binnenwirtschaftlicher Zielsetzungen eingesetzt werden. „Relief from balance-of-payments contraints on monetary and fiscal policies may be of particular importance for the economic situation in which the United States now finds itself — underemployed domestic resources combined with a possible balance-of-payments deficit, a classic conflict situation. Policy makers in the United States should design measures to meet its domestic needs ... and let other countries control the international consequences[10].“ So offen konnte die Regierung der Vereingten Staaten natürlich die bisher geübte Praxis nicht beschreiben; wenn schon der Dominanzeffekt den amerikanischen Zielsetzungen dienstbar gemacht wurde, so mußte doch andererseits jegliche währungspolitische Dominanz in Abrede gestellt werden[11].

Krauses Propagierung einer passiven Zahlungsbilanzpolitik der Vereinigten Staaten basiert einmal auf den politischen Voraussetzungen des Dominanzeffekts, der die wichtigsten Kontrahenten der USA dazu gebracht hatte, im Washingtoner Abkommen von 1968 auf Goldkonversionen ihrer Dollarreserven faktisch zu verzichten, zum anderen auf wishful thinking, indem er normative und positive Argumente identifiziert und konfundiert. Schon vor der ersten Dollarabwertung war das Argument, der Dollar könne nicht abgewertet werden, nicht schlüssig; die Verwendung des Arguments reflektierte vielmehr den Wunsch, der Dollar

---

[9] Vgl. *Lawrence B. Krause*, „A Passive Balance-of-Payments Strategy for the United States“, Brookings Papers on Economic Activity 3: 1970, S. 339 - 360.

[10] Ebenda, S. 359.

[11] „I leave it to others to judge whether the policies of the United States for more than the past quarter century have been benign. But I submit they have not been policies of neglect.“ Remarks of John B. Connally, Secretary of the U. S. Treasury at the International Banking Conference of the American Bankers Association in Munich, Germany — May 28, 1971, in: Deutsche Bundesbank, Auszüge aus Presseartikeln Nr. 41 vom 1. Juni 1971, S. 1 - 4, hier S. 2.

solle nicht abgewertet werden. Hätte also Krause diese normative Frage als solche behandelt, so hätte er kaum zu solch einseitigen Schlußfolgerungen über die Verantwortlichkeit für das Dollardefizit kommen können. Denn „if the world wishes to maintain a fixed exchange-rate system, then it seems only equitable that the burden of doing so should be shared. If some countries do not, because they attach a high priority to the achievement of domestic goals, then it seems only natural for those countries to be the ones with the onus of changing their exchange-rate. A passive payments policy represents a claim to have one's cake and eat it too, to enjoy the benefits of exchange-rate stability without making the sacrifices that system imposes[12]."

Zwar trat im August 1971 kurzzeitig ein Umschwung zu einer aktiven Zahlungsbilanzpolitik ein, doch unterschied sich diese neue Entwicklung nur in ihrer Intensität, nicht jedoch in ihrer Substanz von der voraufgegangenen Politik. Einerseits wurde durch die Aufhebung der Goldeinlösungspflicht ein letztes formales Hindernis für einen reinen Dollarstandard eliminiert, während andererseits die europäischen Länder und Japan mit Hilfe der Sondersteuer zu Aufwertungen ihrer Währungen genötigt wurden. Dabei konnte sich die Regierung der Vereinigten Staaten jedoch nur in der Goldeinlösungsfrage durchsetzen, da die europäischen Länder und Japan aufgrund fehlender Kohärenz untereinander nicht in der Lage waren, hier den Dominanzeffekt zu durchbrechen, während andererseits die den Vereinigten Staaten aufgezwungene Revision ihres Standpunkts in der Frage der relativen Verteilung der Anpassungsverantwortlichkeiten und -lasten — konkret: in der Frage der Dollarabwertung — auch die Grenzen des Dominanzeffekts andeutete. Zumindest ihrer Intention nach war die vom August 1971 datierende aktive Zahlungsbilanzpolitik der Vereinigten Staaten nur eine Fortsetzung der voraufgegangenen Politik mit anderen Mitteln. Als jedoch auch der Regierung der Vereinigten Staaten die Grenzen des Dominanzeffekts deutlich wurden, trat relativ bald wieder ein Umschwung zu einer passiven Zahlungsbilanzpolitik ein; dieser Umschwung zeichnete sich dann in der zweiten Hälfte des Jahres 1972 langsam ab, wenn auch nunmehr die Konsequenzen der passiven amerikanischen Zahlungsbilanzpolitik aufgrund des Übergangs zu flexibleren Wechselkursen sowie Leitkursen, die die Notenbanken nicht in jedem Fall stabilisieren müssen, weniger stark fühlbar sind.

Lehnte es die Regierung der Vereinigten Staaten bis zum Dezember 1971 auch ab, wirksame Maßnahmen zur Eliminierung des amerikanischen Defizits zu ergreifen, so forderte sie doch andererseits die Überschußländer zu Anpassungsmaßnahmen, d. h. in der Regel zu Aufwer-

[12] *John Williamson*, The Choice of a Pivot for Parities, Essays in International Finance Nr. 90, Princeton 1971, S. 9.

tungen ihrer Währungen, auf. Auch der amerikanische Kongreß vertrat in dieser Frage keine von der Regierung abweichende Position — wenn auch festgehalten werden muß, daß der Kongreß dann im Jahre 1971 einige Monate weniger zur Revision seiner bisher vertretenen Position in der Frage der Dollarabwertung benötigte als die amerikanische Regierung. Neben der postulierten Unmöglichkeit einer Dollarabwertung diente als Argument wiederum der Hinweis auf die Unzweckmäßigkeit finanzpolitischer Maßnahmen zur Behebung des Defizits: „The committee regards it as intolerable that balance-of-payments deficits of the order of magnitude of $ 2 to $ 3 billion a year should, for an extended period of time, cause a $ 600 billion economy to pursue policies that aggravate serious domestic problems, particularly when the surplus countries are not adequately meeting their responsibilities in the adjustment process. So minute a tail must not be permitted to wag such a large dog ... The surplus countries must fully recognize their responsibilities to adjust and act accordingly[13].“ Und auch hier ließ die Arroganz der Macht nicht auf sich warten — will man nicht annehmen, daß die Mitglieder des amerikanischen Kongresses in besonderem Maß mit Ironie begabt sind: „The surplus countries must observe standards of conduct in international commercial and financial matters as high as those maintained by the deficit countries[14].“ Es ging natürlich überhaupt nicht um eine abstrakte Verteilung der Anpassungslasten zwischen *den* Defizitländern und *den* Überschußländern, sondern ganz konkret zwischen den USA einerseits und den europäischen Ländern (und später Japan) andererseits *in einem asymmetrischen Währungssystem*, wenn sich auch die allgemeinen Formulierungen des Joint Economic Committee, die ihre Herkunft aus der ökonomischen Theorie nicht verbergen, trefflich zur Kaschierung solch fundamentaler Tatbestände eignen.

Überhaupt fiel es der amerikanischen Seite leicht, ökonomische Argumentation zur Untermauerung ihrer Position heranzuziehen, wenn es um das Problem der internationalen Verteilung der Anpassungsverantwortlichkeiten ging. Die meisten ökonomischen Analysen zu dieser Frage sind „allgemeine“ Untersuchungen, denen das Problem der asymmetrischen Struktur des internationalen Währungssystems überhaupt nicht in den Blick kommt. Da implizit ein symmetrisch strukturiertes Währungssystem vorausgesetzt wird, können die Ergebnisse häufig genug auch nur für ein solches — nichtexistentes — Währungssystem Gültigkeit beanspruchen. Da überdies politische Variable, wie die wirtschaftspolitischen und sonstigen Entscheidungen von Regierungen, ausgeblendet werden, wird die Zurechnung von Verantwortlichkeiten auf der

[13] The United States Balance of Payments, Report of the Joint Economic Committee, 88 Cong. 2 sess. (1964), S. 10.

[14] Ebenda, S. 11.

Grundlage des Verursacherkonzepts (à la Cohen) entweder ganz allgemein abgelehnt[15], oder die Verantwortlichkeit wird in höchst „unparteiischer“ Weise, also in dem Bewußtsein, Werturteile vermieden zu haben, allen von Ungleichgewichten betroffenen Ländern gleichermaßen zugeschrieben[16]. So rekapitulierte z. B. der Vorsitzende des Federal Reserve System vor dem amerikanischen Kongreß: „The balance of payments is, by definition, a flow between countries or regions. The U. S. deficit is the rest of the world's surplus.“ Die aus dieser allgemeinen Voraussetzung gezogene Schlußfolgerung ließ denn auch nicht auf sich warten: „These favorable prospeçts (die sich nach Burns' Auffassung damals in der amerikanischen Zahlungsbilanz zeigten) can be hastened ... if they are accomodated by other countries.“ Der von ihm konstatierte „simple arithmetic truism“ habe „important policy implications for our major trading partners as well as for us“[17]. Nun trifft Burns' „simple arithmetische Binsenweisheit“, das Defizit eines Landes entspreche dem Überschuß der restlichen Welt, nicht nur für die USA zu, sondern ebenso für — z. B. — Großbritannien, Honduras oder Swasiland, ohne daß von diesen Ländern bisher der Anspruch erhoben wurde, die übrige Welt möge Anpassungsmaßnahmen vornehmen, um die Defizite dieser Länder zu eliminieren. Solche Forderungen wurden wohl schon deshalb nicht erhoben, weil diesen Ländern kein Potential zur Verfügung stand, mit dessen Hilfe solchen Forderungen mehr als nur verbaler Nachdruck hätte verliehen werden können — im Gegensatz zu den Vereinigten Staaten, einem „Giant Among Nations“ (Kenen). Darüber hinaus ist Burns' Binsenweisheit ohnehin nur in einem trivialen Sinne richtig: die Überschüsse des „Rests der Welt“ sind keineswegs das *direkte* Gegenstück der amerikanischen Defizite, vielmehr verbergen sich in diesen Überschüssen des Rests der Welt auch alle Ungleichgewichte der übrigen Länder untereinander — aber wenn man in Zwei-Länder-Modellen denkt, fallen solche Qualifizierungen ohnehin nicht ins Gewicht.

Da also ökonomische Argumentationen sich zur Stärkung der amerikanischen Position im Konflikt um die aus dem amerikanischen Defizit herrührenden Anpassungsverantwortlichkeiten geradezu anboten, konn-

---

[15] So z. B. *James Tobin*, „Adjustment Responsibilities of Surplus and Deficit Countries“, in: Fellner / Machlup / Triffin, Maintaining and Restoring, S. 201 - 211, hier S. 205.

[16] So z. B. *Tibor Scitovsky*, Money and the Balance of Payments, London 1969, S. 183/184.

[17] Statement by Arthur F. Burns, Chairman, Board of Governors of the Federal Reserve System, Hearings before the Committee on Banking, Housing and Urban Affairs, 19. Mai 1971. Vgl. auch *Robert Z. Aliber*, National Preferences and the Scope for International Monetary Reform, Essays in International Finance Nr. 101, Princeton 1973, S. 9: „The U. S. payments balance mirrors the sum of the payments balances of other countries; the United States has a payments deficit because other countries have a surplus.“

te es natürlich nicht ausbleiben, daß diese Argumente auch Verwendung fanden. Dabei wird der amerikanischen Seite keineswegs eine ausschließlich machiavellistisch orientierte Politik unterstellt. Regierung und Kongreß sind angewiesen auf Information und Beratung durch Ökonomen als Voraussetzung für politische Entscheidungen. Werden nun bestimmte methodisch und inhaltlich traditionell akzeptierte Doktrinen der Ökonomie regelmäßig von Ökonomen vorgetragen, so besteht für politische Entscheidungsträger nicht unbedingt die Notwendigkeit, die Validität dieser Doktrinen in Zweifel zu ziehen. Demgegenüber finden Auffassungen, die sich innerhalb der Ökonomie nicht im Hauptstrom akzeptierter Überzeugungen bewegen, nur begrenzte Möglichkeiten, sich zu artikulieren und eventuell ebenfalls auf den politischen Entscheidungsprozeß Einfluß zu nehmen[18].

Der amerikanische Kongreß versuchte überdies, aus dem Zusammenhang von Militärpolitik und Zahlungsbilanzpolitik ein Argument für Anpassungsleistungen durch die europäischen Länder zu gewinnen — wobei sich die Argumentation immer mehr oder weniger offen auf die Bundesrepublik bezog, wenn auch nicht jeweils in der Formulierung. Da ein beträchtlicher Teil des amerikanischen Defizits durch Stationierung amerikanischer Truppen in Europa bedingt ist, müsse dieser Teil durch Ausgleichsleistungen der Empfängerländer kompensiert werden, insbesondere wenn diese Länder Überschüsse in ihren Zahlungsbilanzen aufwiesen. Da der amerikanischen Seite die relative Ineffizienz des deutsch-amerikanischen Devisenausgleichs nicht verborgen geblieben war, bestand der Kongreß auf wirksamen Ausgleichsmaßnahmen, d. h. Budgetzahlungen, die tatsächlich die amerikanische Zahlungsbilanz effektiv entlasten würden: „The only appropriate offset is a full and immediate NATO cash payment for the foreign exchange cost of keeping U. S. forces in Europe. No country's balance of payments should benefit or suffer as a result of obligations mutually agreed upon under the NATO structure[19]." Den stärksten Ausdruck fanden diese Bestrebungen bisher im sog. Jackson-Nunn Amendment, das die amerikanische Regierung verpflichtet, nach Ablauf von zwei Jahren Truppen aus Europa abzuziehen, soweit deren Stationierung nicht durch Ausgleichszahlungen kompensiert wird. Zwar zeigt sich auch hier der im amerikanischen politischen System institutionalisierte Konflikt zwischen dem Kongreß und dem Präsidenten, doch war dieser Konflikt gleichzeitig immer auch eine

---

[18] *Galbraith* hat solche wissenschaftsinternen Konformitätszwänge treffend charakterisiert: es gibt „a sizable group of economists who unhesitantly associate what they have been reared to believe with absolute scholarship. Anything alien to their installed belief is deficient. A facility in mathematics or even in theoretical model-building adds alarmingly to this tendency." New Industrial State, S. XVI.

[19] Action Now, S. 10.

Art „Arbeitsteilung", da der Präsident gegenüber den europäischen Ländern auf die sehr viel stärkeren und weiter zielenden Forderungen des Kongresses verweisen konnte — eine Strategie, die nicht ohne Erfolg geblieben ist, wie sich z. B. an den deutsch-amerikanischen Devisenausgleichsabkommen ab 1971 ablesen läßt, die allesamt in verschleierter Form direkte Budgetzahlungen enthielten.

Die internationale Verteilung von Anpassungskosten ist — innerhalb gewisser Grenzen — variabel. Sie hängt ab von strukturellen Merkmalen der betroffenen Volkswirtschaften einerseits, zum anderen davon, welches Land Anpassungsmaßnahmen ergreift. Es sind im wesentlichen vier strukturelle Merkmale von Volkswirtschaften, die die Verteilung der Anpassungskosten beeinflussen[20]. (1) Diversifizierung der Produktion: In der Produktion auf relativ wenige Güter spezialisierte Nationen tragen im Vergleich zu relativ diversifizierten Nationen einen disproportionalen Anteil der Anpassungskosten — bei spezialisierten Volkswirtschaften ist die Abhängigkeit vom Außenhandel größer. (2) Industrialisierungsgrad: Volkswirtschaften, die Primärgüter produzieren, zahlen größere Anpassungskosten als Volkswirtschaften, die Industriegüter produzieren. (3) Internationaler Investmentstatus: Kapitalimportierende Volkswirtschaften tragen einen größeren Anteil der Anpassungskosten als kapitalexportierende Volkswirtschaften. (4) Langfristige Wachstumsrate: Länder mit größeren (langfristigen) Wachstumsraten tragen einen geringeren Anteil der Anpassungskosten als Länder mit weniger großen Wachstumsraten. Sowohl was die Diversifizierung der Produktion, den Industrialisierungsgrad als auch die langfristige Wachstumsrate angeht, bestanden zwischen den Vereinigten Staaten einerseits und den übrigen Industrieländern andererseits während der sechziger Jahre (mit Ausnahme der japanischen Wachstumsraten) kaum gravierende Unterschiede, so daß diese Faktoren die Verteilung der Anpassungskosten nur unwesentlich beeinflußt haben dürften. Ein gravierender Unterschied bestand zwischen den Vereinigten Staaten und den übrigen Industrieländern im Investmentstatus: die Vereinigten Staaten exportierten Kapital in großem Umfang, während die anderen Industrieländer entweder Kapital importierten oder nur in geringem Maße exportierten. Dieser Kapitalexport ist ja nur ein spezieller Aspekt der dominanten Währung, so daß der Liste der Asymmetrien, die eine dominante Volkswirtschaft charakterisieren, hier noch ein weiteres Merkmal hinzugefügt werden kann: gegenüber der dominanten Volkswirtschaft tragen die übrigen Länder

---

[20] Vgl. dazu *Cohen*, Adjustment Costs, S. 22 ff. Hier geht es nur um die Frage der *internationalen* Verteilung von Anpassungskosten; wie und auf welche Sektoren innerhalb der betroffenen Volkswirtschaften die Anpassungskosten dann aufgeteilt werden, bleibt hier unerörtert. Ebenso bleibt die Frage nach der absoluten Größe der Anpassungskosten außer Betracht, es geht hier also nur um die relative Verteilung der Anpassungskosten.

einen disproportionalen Anteil der Anpassungskosten. Cohens allgemeine Schlußfolgerung, „the capacity to avoid the transitional cost of adjustment required by external imbalance" sei „one dimension of national *power* in international economic relations"[21] trifft also auch die Situation zwischen den Vereinigten Staaten und den übrigen Industrieländern. Da diese Fähigkeit der Vereinigten Staaten zur Vermeidung der Anpassungskosten aus der Rolle des Dollars als dominanter Währung herrührte, gab es in dieser Hinsicht für die übrigen Länder auch kaum Möglichkeiten, die disproportionale Verteilung der Anpassungskosten zu beeinflussen.

Die relative Verteilung der Anpassungskosten hängt aber noch von einer weiteren Variablen ab. Anpassungskosten werden unterschiedlich verteilt, je nachdem, welches Land Anpassungsmaßnahmen ergreift. Das läßt sich am Zwei-Länder-Modell nicht einsichtig machen; dort ist es gleichgültig, ob z. B. das Überschußland eine Aufwertung seiner Währung vornimmt oder das Defizitland seine Währung abwertet. Geht man jedoch von einer multistaatlichen Welt aus, so verändert das Land, das Anpassungsmaßnahmen ergreift, seine Position nicht nur gegenüber einem anderen Land, sondern gleichzeitig auch gegenüber allen anderen Ländern der Welt. Insoweit besteht also ein beträchtlicher Unterschied zwischen einer Dollarabwertung, bei der die Wettbewerbspositionen der übrigen Länder untereinander nicht tangiert werden, und der Aufwertung der Währung eines Überschußlandes, die gleichzeitig eine Aufwertung gegenüber dem Dollar und der ganzen Welt bedeuten würde[22]. Das Verlangen der Vereinigten Staaten, die Überschußländer sollten ihre Währungen aufwerten, dadurch könne das internationale Ungleichgewicht ebenso beseitigt werden, stellt also den Versuch dar, den durch die Anpassungsinitiative bedingten Teil der Anpassungskosten auf die Überschußländer abzuwälzen. Dabei muß jedoch noch unterschieden werden zwischen der Situation bis 1971 und der Situation danach: unter einem Regime fester und nur selten veränderter Wechselkurse, wie es während der sechziger Jahre bestand, ist der Anteil der Anpassungskosten, dessen Verteilung durch die Anpassungsinitiative bedingt ist, relativ groß; in einem System flexiblerer Wechselkurse, wie es ab 1972 existierte, nimmt die relative Bedeutung dieses Teils der Anpassungskosten ab.

Wie dargestellt, ist also der Dominanzeffekt für die Frage der relativen Verteilung der Anpassungskosten von eminenter Bedeutung. So implizierte die Tatsache, daß die amerikanische Seite Anpassungsmaßnahmen während der sechziger Jahre kategorisch ablehnte, immer gleichzeitig den Versuch, die Überschußländer zu Aufwertungen ihrer Währungen

[21] *Cohen*, Adjustment Costs, S. 15; Hervorhebung im Original.
[22] Vgl. dazu ausführlich *Williamson*, Choice of a Pivot, S. 11 - 15.

zu veranlassen. Als Druckmittel dafür diente häufig der Zusammenhang zwischen Militär- und Zahlungsbilanzpolitik, wenn auch die Versuche der Vereinigten Staaten, andere Länder zur Anpassungsinitiative zu bewegen, kaum von Erfolg waren[23]. Lediglich die Bundesrepublik konnte ab 1971 im Rahmen des Devisenausgleichs zu Anpassungsmaßnahmen geringen Ausmaßes veranlaßt werden. Noch 1971, als die Vereinigten Staaten eine Dollarabwertung strikt ablehnten und statt dessen Aufwertungen der übrigen Länder forderten, lag diesem Versuch die Absicht der Überwälzung der Anpassungskosten zugrunde[24]. Dieser Versuch war ja — durch Einsatz des Instruments der Sondersteuer — zumindest teilweise erfolgreich, da die im Smithsonian Agreement beschlossenen Parwertänderungen nicht nur eine Dollarabwertung, sondern ebenso Aufwertungen der Währungen einiger anderer Länder umfaßten. Da jedoch die Vereinigten Staaten eine Dollarabwertung nicht verhindern konnten und ihnen damit auch Teile der durch die Initiierung von Anpassungsmaßnahmen bedingten Kosten zufielen, deuten die seit dem Dezember 1971 eingetretenen Entwicklungen auf eine quantitative Veränderung des Dominanzeffekts hin.

---

[23] Die wenigen Aufwertungen, die während der sechziger Jahre stattfanden, insbesondere die DM- und Guilder-Aufwertungen von 1961 und 1969 waren ohnehin aus anderen Gründen erforderlich, und das Ausmaß dieser Aufwertungen war natürlich überhaupt nicht geeignet, die amerikanische Zahlungsbilanzsituation zu verbessern.

[24] Gegen eine solche Formulierung könnte geltend gemacht werden, daß sie dem politischen Prozeß mehr Rationalität zuschreibe, als ihm tatsächlich eigen ist. Dazu läßt sich nur sagen, daß politische Entscheidungsträger, auch wenn sie nicht unbedingt über eine den Wissenschaften vergleichbare konzeptionelle und theoretische Komplexität verfügen, normalerweise in der Lage sind, die Implikationen solcher Tatbestände wie der hier geschilderten abzuschätzen.

Dritter Teil

12. Die Vereinigten Staaten und die Institutionen des internationalen Währungssystems

Wenn im folgenden der Einfluß der Vereinigten Staaten auf die Institutionen des internationalen Währungssystems untersucht wird, so sind mit dem Begriff „Institutionen" mehr als nur formale Organisationen gemeint. Die 1962 abgeschlossenen General Arrangements to Borrow, die formal in den IMF eingegliedert worden waren, transzendierten sehr bald schon die ursprünglichen Intentionen eines reinen Kreditabkommens und entwickelten sich mehr und mehr zum entscheidenden währungspolitischen Forum. Auch das 1972 geschaffene Zwanzigerkomitee besteht im Rahmen des IMF, während die erstmals 1973 auftretende Fünfergruppe lediglich ad hoc zusammentrat und keine feste Organisationsstruktur aufweist.

Gegen Ende des Krieges bestand kein Zweifel an der faktischen Dominanz der Vereinigten Staaten in politischer und wirtschaftlicher Hinsicht. Es konnte nicht ausbleiben, daß diese Dominanz sich widerspiegelte in den Beratungen von Bretton Woods und dem daraus erwachsenen Ergebnis der Gründung des IMF. Dies soll am Beispiel der Quoten des IMF konkretisiert werden.

Jedem prospektiven Mitgliedsland des IMF wurde eine Quote zugeteilt, wobei dieser Quote drei Funktionen zukommen: (1) die Quote gibt die Höhe der Mitgliedssubskription an, (2) die Quote bestimmte das Volumen der Ziehungsrechte, (3) die Quote bestimmt die Größe der Stimmrechte[1]. Die Koppelung dieser drei Funktionen an die Quote schuf dabei aus der Perspektive individueller Länder ein Dilemma: unter dem Aspekt der Ziehungs- und Stimmrechte wurde eine möglichst große Quote angestrebt, unter dem Aspekt der Subskription eine möglichst kleine Quote. Für die Bestimmung der Quoten gab es eine Formel, die fünf Elemente (Volkseinkommen, Währungsreserven, Importe, Exporte, Anteil des Außenhandels am Volkseinkommen) umfaßte, wobei die Elemente unterschiedlich gewichtet wurden[2]. Tatsächlich war die Festsetzung der Quoten unabhängig von dieser Formel, da sich mit der Formel beinahe jede

---

[1] Seit 1970 hat die Quote noch eine weitere Funktion: sie bestimmt das Volumen der zugeteilten SZR des jeweiligen Landes.

[2] Die Formel findet sich in: *J. Keith Horsefield,* The International Monetary Fund 1945 - 1965, Vol. I: Chronicle. Washington 1969, S. 95.

gewünschte Quote errechnen ließ. Die Quoten wurden denn auch nicht mit dieser pseudowissenschaftlichen Formel errechnet, sondern von den Vereinigten Staaten in einer Reihe von Verhandlungen mit den übrigen an der Konferenz von Bretton Woods beteiligten Ländern mehr oder weniger willkürlich ausgehandelt[3]. Das Ergebnis war, daß die Vereinigten Staaten die größte Quote in Höhe von 2,75 Mrd. Dollar erhielten, was etwas mehr als 31 % der Summe aller Quoten entsprach[4]. Nach den Quoten richten sich die Stimmrechte der Länder, also die potentielle Einflußmöglichkeit der Länder auf die Entscheidungen des IMF. Zwar haben alle Länder einen Sockelbetrag von 250 Stimmen, er wird jedoch ergänzt durch eine im Verhältnis zu den Quoten anteilige Aufstockung: pro Quotenanteil im Gegenwert von 100 000 Dollar ergibt sich eine weitere Stimme[5]. Aufgrund dieses Berechnungsmodus werden nur etwa 10 % der Gesamtstimmen gleichmäßig auf alle Mitgliedsländer des IMF verteilt, während der größte Teil der Stimmrechte durch die Quoten der Länder bestimmt wird. Durch die Quote der USA ergab sich so ein Stimmanteil von 27 750 Stimmen, was 28 % der gesamten Stimmrechte entsprach.

Nun bestimmen aber die Articles of Agreement, daß mindestens eine $^4/_5$-Mehrheit der Stimmrechte für eine Quotenänderung erforderlich ist[6]. Damit wurde den Vereinigten Staaten ein prinzipielles Vetorecht bei Quotenänderungen eingeräumt. Quotenänderungen können nicht gegen den Willen der Vereinigten Staaten durchgeführt werden. Zwar nahm die Quote der USA während der letzten zwei Jahrzehnte relativ ab, da andere Länder dem IMF beitraten und die Quoten einiger Länder selektiv erhöht wurden, doch entsprach die Quote der USA Ende 1973 mit 6,7 Mrd. SZR (was 6,7 Mrd. Dollar auf der Basis des Dollarwerts von 1944 entspricht) immer noch einen Anteil von knapp 23 % der Summe aller Quoten[7]. Aus dieser Quote ergaben sich 67 250 Stimmen, das entsprach einem Anteil von 21,35 % aller Stimmrechte im IMF. Trotz der relativen Abnahme des Einflusses der Vereinigten Staaten auf den Entscheidungsprozeß des IMF durch die Veränderung ihres Stimmanteils hat sich also an der grundsätzlichen Situation nichts geändert, da die Vereinigten Staaten

---

[3] Vgl. dazu *Robert Mossé*, Le système monétaire de Bretton Woods et les grands problèmes de l'après-guerre, Paris 1948, S. 47 - 48.

[4] Zu den 1944 festgelegten Quoten vgl. Articles of Agreement, Schedule A. Dabei muß jedoch berücksichtigt werden, daß sich die Quoten später aufgrund der Nichtratifizierung des Bretton-Woods-Abkommens durch die Sowjetunion, in ihrer relativen Gewichtung — bei unveränderten absoluten Quoten — leicht veränderten.

[5] Vgl. Articles of Agreement, Article XII, Section 5 (a).

[6] Article III, Section 2.

[7] Zu den Zahlen vgl. International Financial Statistics.

weiterhin über die für Quotenänderungen wichtige Sperrminorität verfügen[8].

Schon gegen Anfang der sechziger Jahre entsprach das Gewicht der Vereinigten Staaten im IMF nicht mehr den tatsächlichen Verhältnissen; das relative Gewicht der europäischen Länder in internationalen Währungsfragen hatte stark zugenommen, ohne daß das — trotz selektiver Quotenerhöhungen — in der Quotenstruktur adäquat reflektiert wurde. Das konnte auch gar nicht anders sein, da die Quotenverteilung den Charakter eines Nullsummenspiels hat: unter der Voraussetzung einer Mindestquote von 20 % für die Vereinigten Staaten war nur eine marginale Umverteilung von Quotenanteilen möglich.

Doch läßt sich dieses Problem noch allgemeiner formulieren. Jede formale Organisation politischen Charakters spiegelt immer auch eine Machtverteilung wider. Die relative Machtverteilung innerhalb einer Organisation braucht aber nun keineswegs identisch zu sein mit der tatsächlichen Machtverteilung unter den jeweiligen Konkurrenten. Veränderungen der relativen Machtverteilung zwischen den beteiligten Ländern werden in der Regel erst mit zeitlicher Verzögerung in der Organisation nachvollzogen. Die Gründe dafür sind einmal zu suchen in den immanenten Trägheitsmomenten jeder formalen Organisation, zum anderen auch in den politischen Konflikten der Beteiligten, da die Organisationsstruktur nicht nur die Realität widerspiegelt, sondern ebenso Instrument in diesem Konflikt ist. Mit Hilfe dieses Instruments können Veränderung der relativen Machtverteilung verzögert oder beschleunigt werden. Insoweit reflektiert also die Quotenverteilung des IMF eine geronnene Machtstruktur, nämlich jene des Jahres 1944, ohne daß die in den folgenden drei Jahrzehnten eingetretenen Veränderungen der relativen Machtverteilung in der Welt in einer Veränderung der relativen Quotenanteile einen adäquaten Niederschlag gefunden hätten.

Für die Dominanz der Vereinigten Staaten im Rahmen des IMF lassen sich noch zwei weitere Indizien anführen. Die Articles of Agreement verpflichten jedes IMF-Mitglied zum Rückkauf seiner eigenen Währung, wenn ein anderes Mitglied solche Währungsguthaben akkumuliert hat und deren Konvertierung in Gold oder in seine eigene Währung fordert[9]. Es ist nicht bekanntgeworden, daß der IMF oder die Mehrheit seiner Mitglieder protestierte oder daß Konsultationen mit den Vereinigten Staaten eingeleitet wurden, als im August 1971 die Konvertibilität des Dollars in Gold oder ausländische Währungen gegenüber Währungsbe-

---

[8] Auch der Hinweis auf die seit 1970 existierende Sperrminorität der EG-Länder vermag diese Aussage nur geringfügig zu relativieren; sind doch die EG-Länder eine *Gruppe* von Staaten, die in jedem Falle erst einmal zu einer gemeinsamen Position finden müssen.

[9] Article VIII, Section 4.

hörden von der amerikanischen Regierung aufgehoben wurde[10]. Ein zweites Indiz läßt sich in der Neuwahl des Geschäftsführenden Direktors des IMF am 1. September 1973 sehen. Es war allgemein bekannt, daß die Regierung der Vereinigten Staaten mit der Amtsführung des Franzosen Pierre-Paul Schweitzer nicht zufrieden war, wobei dieses Ungenügen unter ausschließlich politischen Gesichtspunkten gesehen wurde, so daß die Vereinigten Staaten an einem Personenwechsel an der Spitze des IMF interessiert waren; am 1. September 1973 kam es denn auch zu einem Wechsel an der Spitze des IMF. Solche Überlegungen wie die hier skizzierten über den dominanten Einfluß der Vereinigten Staaten auf den IMF, der nicht allen Ökonomen entging, mögen Johnson zu der Beobachtung veranlaßt haben, „that the International Monetary Fund has been tarred with the brush of undue subservience to United States objectives ..."[11].

Da 1958 durch den Übergang der wichtigsten Industrieländer zur vollen Konvertibilität ihrer Währungen eine weitgehende Liberalisierung des Kapitalverkehrs eingetreten war, nahmen in den darauffolgenden Jahren die internationalen Kapitalbewegungen stark zu. Schon bald wurde klar, daß für eine Abwehr von „Spekulationswellen" die Beistandsmöglichkeiten des IMF gegenüber betroffenen Ländern allzu gering waren. Von solchen spekulativen Kapitalbewegungen wurden nur jene wenigen Währungen erfaßt, die in einer oder mehreren Funktionen international Verwendung fanden. Das waren neben dem Dollar nur die Währungen einiger anderer Industrieländer. Ebenso konnten für Hilfsmaßnahmen des IMF in Form von Krediten nur wenige Währungen Verwendung finden, doch verfügte der IMF nicht über ausreichende Mengen „harter" Währungen. Dabei wurden vor allem die beiden wichtigsten internationalen Währungen als potentielle Opfer zukünftiger Währungskrisen angesehen: 1960 stand nach einer Welle der Goldspekulation der Dollar im Zentrum der Krise, die Krise von 1961 richtete sich gegen das englische Pfund. Eine Vergrößerung des Kreditpotentials der von solchen Kapitalbewegungen betroffenen Länder wurde deshalb als unumgänglich angesehen.

Die naheliegende Möglichkeit wäre gewesen, einfach die Quoten des IMF aufzustocken. Dem standen jedoch mehrere Bedenken und Hindernisse im Weg. Zum einen wurden prinzipiell nur wenige Währungen benötigt, eine allgemeine Quotenerhöhung hätte aber den IMF noch

[10] Auch ist natürlich nicht bekannt, ob die Regierungen anderer Länder aufgrund dieser Situation zu einer Neueinschätzung von Verträgen kamen, die sie mit der Regierung der Vereinigten Staaten abgeschlossen hatten, seien dies wirtschaftliche, militärische oder andere Verträge.

[11] *Harry G. Johnson*, „The International Monetary Crisis", in: I. A. McDougall / R. H. Snape (Hrsg.), Studies in International Economics, Amsterdam 1970, S. 105 - 120, hier S. 114.

mehr mit Währungen der Mehrheit der Mitgliedsländer überschwemmt — Währungen, die keiner sinnvollen Verwendung zugeführt werden konnten. Überdies hätte eine allgemeine Quotenaufstockung, die ja auch eine Vergrößerung der Goldbestände des IMF impliziert, zu einer Verringerung nationaler Währungsreserven geführt, insbesondere jener Reserven, die in Gold gehalten wurden. Darüber hinaus fürchteten die Vereinigten Staaten, daß die meisten Länder versuchen würden, diese nationalen Goldverluste durch Umtausch von Dollars beim amerikanischen Schatzamt auszugleichen, wodurch die amerikanischen Reservenbestände zusätzlich reduziert würden. Von größter Bedeutung war jedoch der Widerstand der europäischen Länder gegen eine solche Lösung. Die europäischen Länder gingen davon aus, daß zusätzlich benötigte Kredite in ihren Währungen gezogen werden würden. Die Bereitschaft, zusätzliche Gläubigerfunktionen zu übernehmen, bestand auf europäischer Seite jedoch nur, wenn diese Bereitschaft auch angemessen honoriert wurde[12].

Zwar war der IMF — d. h. der Geschäftsführende Direktor und sein Stab — an einer Quotenaufstockung interessiert, doch meldeten schon im Frühstadium der Diskussion die europäischen Länder ihre Vorbehalte an. So forderte auf der IMF-Jahrestagung 1961 der niederländische Gouverneur, daß den Gläubigerländern kollektiv ein Veto über die Verwendung ihrer Währungen eingeräumt werden müsse[13], während der französische Gouverneur sogar ein individuelles Vetorecht jedes einzelnen Gläubigerlandes forderte[14]. Dieser Konflikt zwischen dem prospektiven Kreditnehmer Vereinigte Staaten und den prospektiven Gläubigerländern, den europäischen Ländern und insbesondere deren Sprecher Frankreich, führte dann zum Entwurf eines französisch-amerikanischen Abkommens, in dem die europäischen Länder ihre Interessen in der Frage der Entscheidung über die Verwendung ihrer Währungen für zusätzliche Kredite durchsetzten: „... the decision to lend special resources through the Fund to an applicant borrower and the determination of the financial circumstances warranting the transaction would be made by the Participating Countries[15].“ Nachdem sich so die europäischen Länder und die Vereinigten Staaten geeinigt hatten, hätte dieser Entwurf aufgrund der Mehrheiten im IMF ohne Schwierigkeiten angenommen werden können. Der Geschäftsführende Direktor des IMF, Jacobssen, weigerte sich je-

[12] Insoweit bildet diese Erwartung und die spätere Realisierung der zusätzlichen Kreditfazilitäten die Analogie zu den Verhandlungen von Bretton Woods: dort waren die Vereinigten Staaten die prospektiven Gläubiger, der Preis dafür waren die große Quote der Vereinigten Staaten und die ihnen eingeräumte Sperrminorität bei Quotenänderungen.

[13] Vgl. Summary Proceedings 1961, S. 117.

[14] Ebenda, S. 64.

[15] Zitiert nach *Horsefield,* S. 511.

doch, diesen Entwurf zu akzeptieren, da er nach Jacobssens Auffassung nicht in Übereinstimmung stand mit den Articles of Agreement. Zum einen ersetze der Entwurf den kollektiven Entscheidungsmodus des IMF über Ressourcen des IMF durch die Entscheidung einer Gruppe von Mitgliedsländern des IMF; zum anderen sehe der Entwurf vor, daß die Entscheidung darüber, ob Kredite aus den Ressourcen des Fonds oder durch Kreditaufnahme bei einem Mitgliedsland finanziert werden sollten, durch das Land, das einen Kredit erbat, getroffen werden sollte. Statt dessen forderte der Geschäftsführende Direktor, daß jede vom Fond zu ratifizierende Vereinbarung folgende drei Prinzipien beachten müsse:

„(1) Any borrowing arrangement to which the Fund could agree must be fitted into the framework of the Fund according to the Articles.

(2) The authority of the Fund must not be impaired.

(3) The draft must provide for the decision whether to borrow to be made by the Fund, and the decision whether to lend to be made by the participating countries[16]."

Das Ergebnis der weiteren Verhandlungen war dann eine Übereinkunft zwischen dem IMF und den zehn an diesen Verhandlungen beteiligten Ländern (der sog. Zehnergruppe), die als „General Arrangements to Borrow" (GAB) bekannt wurde[17]. Eine Analyse der wichtigsten Elemente des Abkommens zeigt, daß die europäischen Länder ihre Vorstellungen dennoch weitgehend durchgesetzt hatten. Die Verwendung der dem IMF gewährten Kredite wurde auf die zehn Teilnehmerländer beschränkt (Paragraph 7), und die dem IMF nunmehr zusätzlich zur Verfügung stehenden Ressourcen sollten nur Verwendung finden „to forestall or cope with an impairment of the international monetary system" (Präambel). Obwohl also formal die GAB in den IMF inkorporiert wurden, war das Abkommen doch ausschließlich eine Angelegenheit der westlichen Industrieländer. Währungskrisen, die den Bestand des internationalen Währungssystems hätten gefährden können, waren durch Krisen unbedeutender Währungen nicht zu erwarten.

Insbesondere in der Frage der Aktivierung eines Kredits wurde dem IMF zwar eine formale Entscheidungsbefugnis eingeräumt, doch behielten sich die Teilnehmer eine kollektive Entscheidung über die Vergabe von Krediten vor[18]. Erwünscht war eine einmütige Entscheidung aller

---

[16] *Horsefield,* S. 511.

[17] Zum Wortlaut der General Arrangements to Borrow vgl. *J. Keith Horsefield* (Hrsg.), The International Monetary Fund 1945 - 1965, Vol. III: Documents, Washington 1969, S. 246 - 252.

[18] Der Entscheidungsmodus findet sich nicht im Abkommen, sondern in einem Brief des französischen Finanzministers Baumgartner an den amerikanischen Finanzminister Dillon, der auch den übrigen Teilnehmern übermittelt wurde. Der Brief ist abgedruckt in I. M. F., Vol. III, S. 252 - 254.

Teilnehmer. Kam diese jedoch nicht zustande, so sollte eine Mehrheitsentscheidung (unter Ausschluß des prospektiven Kreditnehmers) gefällt werden, bei der mindestens zwei Drittel der anwesenden Teilnehmer zustimmen mußten und überdies eine $^{3}/_{5}$-Mehrheit auf der Basis der gewichteten Stimmrechte der anwesenden Teilnehmer erforderlich war, wobei sich die gewichteten Stimmrechte aus den zugesagten Kreditbeiträgen der Teilnehmer ergaben. Der Grund für die $^{3}/_{5}$-Mehrheit auf der Basis der gewichteten Stimmrechte ist zu suchen in dem Bestreben der europäischen Länder, nicht nur den Vereinigten Staaten ein Vetorecht einzuräumen, sondern ebenso den EWG-Ländern, wenn sie ihre Interessen harmonisieren konnten.

Vergleicht man den relativen Einfluß der europäischen Länder im IMF mit dem relativen Einfluß der europäischen Länder in den GAB, so muß eine eindeutige Verstärkung des Einflusses der europäischen Länder konstatiert werden (vgl. Tab. 19). So betrugen 1962 die Stimmrechte der Mitglieder der Zehnergruppe ohne Großbritannien und die Vereinigten Staaten im IMF 24 % (und der EWG-Länder allein nur 17 %), während in den GAB diese Länder über 50 % der Stimmrechte verfügten (die EWG-Länder immerhin über 41 %). Insoweit spiegelt die Neugewichtung des relativen Einflusses der Länder der Zehnergruppe in den GAB nur die Realität wider. Wenn dabei der Einfluß der europäischen Länder überproportional erscheinen sollte, so reflektiert auch dieser überproportionale Anteil die Realität: im Gegensatz zu den Vereinigten Staaten sind die europäischen Länder eine *Gruppe* von Staaten; da diese Länder auch untereinander ihre Interessenkonflikte habe, ist eine gemeinsame Stimmabgabe nicht von vornherein gesichert. Doch haben sich in den GAB die europäischen Länder insoweit durchsetzen können, als das von den europäischen Ländern gewünschte kollektive Veto seinen Niederschlag in den für eine Kreditaktivierung erforderlichen Mehrheiten fand, ohne daß das von Frankreich geforderte individuelle Vetorecht jener Länder, die Kredite bereitstellen mußten, realisiert wurde. Lediglich in einem Fall konnte sich ein Land seiner Verpflichtung zur Bereitstellung von Krediten entziehen: wenn die gegenwärtige oder zukünftige Zahlungsbilanz- und Reservensituation dieses Landes eine Kreditgewährung nicht erlaubte[19]. Dies kann als Konzession an Frankreich gewertet werden, doch dürfte der Druck von seiten der übrigen Länder einen Mißbrauch dieser Möglichkeit wohl ausgeschlossen haben.

Es konnte nicht ausbleiben, daß die an den GAB nicht beteiligten Länder des IMF dieses Abkommen, das zu einer Schwächung des IMF und zur Bildung einer privilegierten Gruppe innerhalb des IMF führte, heftig kritisierten. Diese Kontroverse wurde in der Hauptsache innerhalb der

---

[19] Vgl. Baumgartners Brief, ebenda, S. 253.

Tabelle 19

Quoten und Stimmrechte in GAB und IMF 1962

Teilnehmer an GAB	Kreditbeiträge (Gegenwert in Mill. US $)	%	Quoten im IMF (in Hunderttausend US $)	%	Stimmrechte im IMF (Anzahl)	%
USA	2 000	33	4 125	27	41 500	24
BRD	1 000	17	788	5	8 125	5
Großbritannien	1 000	17	1 950	13	19 750	12
Frankreich	550	9	788	5	8 125	5
Italien	550	9	270	2	2 950	2
Japan	250	4	500	3	5 250	3
Kanada	200	3	550	7	5 750	3
Niederlande	200	3	413	3	4 375	3
Belgien	150	3	338	2	3 625	2
Schweden	100	2	150	1	1 750	1
Summe	6 000	100	15 057	100	169 564	100
Zum Vergleich: IMF gesamt			9 872	63	101 200	60

Quellen: J. Keith Horsefield, The International Monetary Fund 1945 - 1965, Vol. I: Chronicle, Washington 1969, S. 512 (für GAB), International Monetary Fund, Annual Report 1962, S. 179 - 182 (für Quoten und Stimmrechte im IMF).

Gruppe der Exekutivdirektoren geführt. Die Exekutivdirektoren, die von den Ländern der Zehnergruppe gestellt wurden, verteidigten das Abkommen, während insbesondere die Exekutivdirektoren, die von Australien, Indien, Brasilien und Indonesien gestellt wurden, das Abkommen kritisierten[20]. Doch konnten die Exekutivdirektoren der Länder der Zehnergruppe darauf verweisen, daß die Forderungen des Geschäftsführenden Direktors — jedenfalls in einem formalen Sinne — erfüllt worden waren, daß also der IMF an der Entscheidung über die Vergabe von Krediten beteiligt war. Doch da die Länder der Zehnergruppe über eine Mehrheit der Stimmrechte im IMF verfügten, blieb die Kritik der nichtbeteiligten Länder folgenlos.

Eine Übersicht über die im Rahmen der GAB getätigten Kreditvergaben zeigt, daß während des Zeitraums 1964 - 1970[21] keine Kredite von Großbritannien oder den Vereinigten Staaten gegeben wurden, während alle übrigen Mitgliedsländer[22] Kredite gaben (vgl. Tab. 20). Zwar haben die Vereinigten Staaten nie im Rahmen des GAB Kredite gezogen; wahrscheinlich wohl deshalb, weil sie Auflagen von seiten der Gläubigerländer fürchteten. Doch hat Roosa später eindeutig klargemacht, daß die Schaffung der GAB den Zweck der Verteidigung des Standards der dominanten Währung hatte: „The GAB had been originally conceived, to be sure, as a method of assuring the United States that it could have access to an adequate supply of other currencies if it should (in the event of widespread disturbances affecting the functioning of the entire system) need to draw large amounts from the International Monetary Fund. That is, the Arrangements had as one of their major purposes that of adding to the supply of conditional liquidity available as backing for the dollar in its role as a reserve currency. Although ironically the only uses up through 1966 had been to meet British drawings, the GAB did greatly reduce the use that the Fund would have to make of dollars meetings those needs, thereby indirectly fulfilling the more prominent original objective[23].“ Die ursprüngliche Befürchtung der europäischen

[20] Vgl. *Horsefield*, S. 514. Daß gerade jene Exekutivdirektoren der vier erwähnten Länder das Abkommen kritisierten, dürfte nicht ganz zufällig gewesen sein. Das relative Gewicht dieser Länder in internationalen Währungsfragen war — nach den Ländern der Zehnergruppe — relativ groß, doch andererseits nicht so groß, daß ihre Bedeutung eine Einbeziehung in die GAB gerechtferigt hätte.

[21] Die erste Kreditaufnahme erfolgte im Dezember 1964 durch Großbritannien; aus den vom IMF veröffentlichten Zahlen geht hervor, daß die Kreditfazilitäten der GAB im Februar 1970 zum letzten Male aktiviert wurden.

[22] „Alle übrigen Länder“ schließt hier auch die Schweiz ein, die sich 1964 den GAB mit einer Quote in Höhe von 200 Mill. Dollar assoziierte. Dieser Sonderstatus des elften Mitgliedslands der Zehnergruppe resultiert aus der Tatsache, daß die Schweiz nicht Mitglied des IMF ist.

[23] *Roosa*, S. 228 - 229.

Länder, daß diese Kredite der Perpeturierung des Standards der dominanten Währung dienen sollten, hat sich also im nachhinein vollauf bestätigt.

Tabelle 20

Im Rahmen der GAB getätigte Kreditvergaben (in Mill. US $)

Teilnehmer	Betrag
Belgien	137,5
Frankreich	240,0
Bundesrepublik Deutschland	897,5
Italien	335,0
Japan	150,0
Kanada	140,0
Niederlande	177,5
Schweden	77,5
Großbritannien	—
Vereinigte Staaten	—
Gesamt	2 155,0

Quelle: IMF, Annual Report 1971, S. 167.

Wenn hier bisher die Zehnergruppe vor allem unter dem Aspekt der relativen Machtverschiebung zwischen den Vereinigten Staaten und den europäischen Ländern analysiert wurde, so muß doch andererseits festgehalten werden, daß die Länder der Zehnergruppe insgesamt einen dominanten Einfluß auf das internationale Währungssystem ausüben. Entscheidungen, die von den Ländern der Zehnergruppe kollektiv getroffen und getragen werden, setzen Daten für alle Mitglieder des internationalen Währungssystems. Umgekehrt sind die übrigen Länder aufgrund dieser politischen Situation nicht in der Lage, Entscheidungen gegen die Länder der *Zehnergruppe als Kollektiv* durchzusetzen. An dieser Situation ändert das im IMF verankerte Prinzip der Universalität nur wenig[24].

Ursprünglich waren die General Arrangements to Borrow als reiner Kreditmechanismus konzipiert worden. Doch schon sehr bald erwuchs aus diesem Kreditmechanismus ein allgmeines währungspolitisches Diskussionsforum der Teilnehmerländer. Zwar wurde die Zehnergruppe nie mit einem organisatorischen Unterbau versehen, was wohl schon deshalb nicht möglich war, weil die GAB formal in den IMF inkorporiert worden waren. Doch war ein solcher organisatorischer Unterbau auch nicht unbedingt notwendig. Auch ohne organisatorischen Unterbau war

[24] Die faktische Asymmetrie der Welt hat sich bisher noch als stärker erwiesen als solche allgemeinen Prinzipien; von daher gewinnt auch die vorliegende Arbeit ihre Legitimation, die Entscheidungen und Aktionen der Länder des internationalen Währungssystems, die nicht der Zehnergruppe angehören, weitgehend auszublenden.

das Gewicht der Zehnergruppe in internationalen Währungsfragen entscheidend. Dies zeigte sich insbesondere bei den Verhandlungen, die zur Schaffung der Sonderziehungsrechte führten. Aufgrund dieses Gewichts der Zehnergruppe hätte es auch nahegelegen, die Reform des internationalen Währungssystems, die durch die amerikanischen Entscheidungen vom August 1971 unabweisbar geworden war, in dieser Gruppierung vorzustrukturieren[25]. Schon das Smithsonian Agreement, das erste Ansätze für eine Veränderung des internationalen Währungssystems beinhaltete — vergrößerte Bandbreiten, aus denen eine vergrößerte Flexibilität resultierte —, war ja das Ergebnis von Verhandlungen der Länder der Zehnergruppe. Von daher ging wohl auch die Mehrheit der Länder der Zehnergruppe davon aus, daß die wesentlichen Diskussionen für eine neue internationale Währungsordnung im Rahmen der Zehnergruppe stattfinden würden. Ein solches Vorgehen hätte ohne Zweifel die Kritik und den Widerstand der der Zehnergruppe nicht zugehörigen IMF-Mitgliedsländer herausgefordert. Dazu kam es jedoch nicht, da auch die Vereinigten Staaten gegen ein solches Vorgehen waren. Im Rahmen der Zehnergruppe war der Dominanzeffekt eliminiert worden, dort sahen sich die Vereinigten Staaten einer Gruppe von Kontrahenten gegenüber, die trotz aller Gegensätze untereinander auch gemeinsame Interessen vertraten, die aus der asymmetrischen Struktur des internationalen Währungssystems und den daraus für diese Länder resultierenden Konsequenzen herrührten. Die Interessen der Vereinigten Staaten zielten also auf ein Gremium für die Reform des internationalen Währungssystems, innerhalb dessen der Einfluß der übrigen Industrieländer — gemessen am Einfluß dieser Länder in der Zehnergruppe — relativiert wurde.

Diese Haltung — ebenso wie die Haltung der übrigen Industrieländer — entsprach einer vollkommen rationalen Einschätzung der Lage. Jede Entscheidung für ein Gremium, innerhalb dessen Reformgespräche geführt und Reformen beschlossen werden sollten, implizierte gleichzeitig auch eine Vorentscheidung über die Ergebnisse der angestrebten Reform. Keine der an den Reformverhandlungen beteiligten Parteien war an der Konstruktion einer „kosmopolitischen" Währungsordnung interessiert — oder jedenfalls doch nur soweit, als solche „kosmopolitischen" Kriterien mit den nationalen Interessen harmonierten.

Im März 1972 gaben die Vereinigten Staaten erstmals zu erkennen, daß Reformgespräche im Rahmen der Zehnergruppe nicht ihre Unterstützung finden würden. In einer Rede vor dem Council on Foreign Relations deutete der amerikanische Finanzminister mögliche alternative

[25] Mehr als eine Vorstrukturierung hätte dies ohnehin nicht sein können; eine solch grundlegende Reform konnte nur durch eine sehr breite Partizipation, als deren Forum der IMF zur Verfügung stand, eine ausreichende Legitimationsgrundlage gewinnen.

Gremien an und verwies insbesondere auf die repräsentative Struktur des Executive Board des IMF[26]. Da wohl auch die Entwicklungsländer davon ausgingen, daß ihre Interessen bei einer Reform des internationalen Währungssystems nur dann angemessen Berücksichtigung finden würden, wenn die Reformverhandlungen im Rahmen des IMF stattfänden, und da der IMF selbst ein vitales Interesse in dieser Frage vertrat, war damit die Entscheidung für den IMF als Gremium für die Reformverhandlungen fast unausweichlich. Den Vereinigten Staaten war natürlich nicht verborgen geblieben, daß für die Entwicklungsländer die asymmetrische Struktur des internationalen Währungssystems nur ein untergeordnetes Problem war. Von gravierender Bedeutung für die Entwicklungsländer war jedoch die Liquiditätsfrage und zwar weitgehend unter quantitativen Aspekten. Solange das unersättliche Kreditbedürfnis dieser Länder einigermaßen gestillt wurde, war die Form, wie diese Kredite zur Verfügung gestellt wurden, zweitrangig. Insofern deuteten sich mit der Entscheidung für den IMF als Gremium für Reformverhandlungen auch potentielle Koalitionen für die zu erwartenden Entscheidungen über einige Reformfragen an.

Nach dieser grundsätzlichen Entscheidung für Reformverhandlungen im IMF lag es nahe, die im IMF institutionalisierte Repräsentationsstruktur auch für die Reformverhandlungen zu übernehmen. Im September 1972 konstituierte sich dann das „Komitee über die Reform des internationalen Währungssystems und damit zusammenhängender Fragen“, das als „Zwanzigerkomitee“ bekannt wurde[27]. Das Zwanzigerkomitee bestand aus je einem Mitglied, das ernannt wurde von den Ländern bzw. Ländergruppen, die einen Exekutivdirektor ernennen oder wählen. Mitglieder waren die Finanzminister oder Notenbankleiter der jeweiligen Länder. Überdies gehörte dem Zwanzigerkomitee der Geschäftsführende Direktor des IMF an. Zum Vorsitzenden des Komitees wurde der indonesische Finanzminister Ali Wardhana gewählt, was wohl als demonstrative Geste gegenüber den Entwicklungsländern verstanden werden kann.

Das Zwanzigerkomitee bestand jedoch aus mehr als 120 Mitgliedern. Jedes Mitglied konnte zwei Beigeordnete und zwei Stellvertreter ernennen. Es ist zu vermuten, daß hier die kleineren Entwicklungsländer, die bei einer Begrenzung des Komitees auf 20 Mitglieder nur indirekt repräsentiert worden wären, ihre Interessen durchgesetzt haben. Überdies gehören diesem erweiterten Komitee neben dem Geschäftsführenden

---

[26] Vgl. Remarks by Secretary Connally, March 15, 1972, before the Council on Foreign Relations, New York City, in: Annual Report of the Secretary of the Treasury 1972, S. 411 - 416, hier S. 415.

[27] Vgl. das Pressekommuniqué vom 28. September 1972, das die Konstituierung des Zwanzigerkomitees bekanntgab in: Summary Proceedings 1972, S. 323 - 324.

Direktor zwei weitere Mitglieder des IMF an sowie Repräsentanten anderer wichtiger Wirtschaftsorganisationen wie EG, OECD, GATT, UNCTAD und IBRD. Das Zwanzigerkomitee war also tatsächlich ein Komitee der Hundertunddreißig. Die unvermeidliche Folge eines solch umfangreichen Gremiums war, daß das Komitee nur beschränkt arbeitsfähig war.

Es scheint, daß die wichtigsten Industrieländer, denen am meisten an einer Reform des internationalen Währungssystems gelegen war, mit dieser Organisationsform keineswegs zufrieden waren. Dies gilt auch für die Vereinigten Staaten, die diese Konsequenzen ihres Vorschlags für ein Reformgremium nicht antizipiert hatten. Die Kritik betraf dabei sowohl das schwerfällige Arbeitstempo als auch die Diskussionsthemen des Zwanzigerkomitees. Aus dieser für die wichtigsten Industrieländer unbefriedigenden Situation resultierte im September 1973 ein Treffen der Finanzminister der Vereinigten Staaten, der Bundesrepublik, Frankreichs, Japans und Großbritanniens in Nairobi, um wichtige Reformfragen „vorzuklären". Damit hatten sich diese wichtigsten Länder des internationalen Währungssystems ein zusätzliches informelles Informationsforum geschaffen, in dem Konfliktfragen diskutiert und Interessendivergenzen potentiell harmonisiert werden konnten. Auch diese währungspolitische Pentarchie spiegelt also das Gewicht dieser Länder — und daraus resultierend ihr gesteigertes Interesse — in internationalen Währungsfragen wider; darüber hinaus bedeutet sie das Eingeständnis der Vereinigten Staaten, daß eine Reform des internationalen Währungssystems gegen die Interessen der vier anderen Länder nicht möglich ist. Insoweit ist auch diese Fünfergruppe Ausdruck einer relativen Verminderung des Dominanzeffekts.

Wie nicht anders zu erwarten, wurde an dieser neuen währungspolitischen Pentarchie heftig Kritik geübt. In verhaltener Form wurde diese Kritik von einigen Ländern der Zehnergruppe vorgetragen, so z. B. von Italien. Die Hauptkritik kam jedoch von den Entwicklungsländern, die die Möglichkeit einer neuen währungspolitischen Dominanz durch die Länder der Fünfergruppe heraufziehen sahen. So äußerte sich auf der IMF-Jahresversammlung 1973 der mexikanische Finanzminister, der ausdrücklich betonte, im Namen aller lateinamerikanischen Länder zu sprechen, mit schneidender Schärfe: "Latin America wishes to state most emphatically that this Committee (gemeint ist das Zwanzigerkomitee — Verf.) must carry out the reform with the fullest participation of the representatives appointed by all its member countries. We reject the idea that a minority group, even within the Committee, should discuss and decide upon the substantive elements of the reform. This would be a deplorable and gratuitous rebuff to all those who expressed the desire that the monetary issues should be examined by a group representing all countries, in the appropriate international agency. In this day and age, among the agencies that hold the reins of world economic order, there is one long-standing matter that should be settled by now: the powerful nations belong to mankind and not mankind to the powerful nations[28]." Der mexikanische Finanzminister machte klar, daß seine Kritik wesentlich durch das für die Entwicklungsländer materiell unbefredigende Ergebnis der Reformverhandlungen inspiriert war; die Interessen von mehr als zwei Milliarden Bewohnern der Welt seien in den bis dahin vorliegenden Ergebnissen der Reformverhandlungen nicht berücksichtigt[29]. Das konnte natürlich nichts anderes heißen, als daß die Industrieländer, und besonders die Länder der Fünfergruppe, hier ihre Interessen den Entwicklungsländern aufgezwungen hatten. (Damit war wohl primär die ablehnende Haltung einiger Länder der Fünfergruppe gegenüber allen Vorschlägen, eine Neuordnung des internationalen Währungssystems mit Fragen der Entwicklungshilfe zu verbinden, gemeint.) Im November 1973 trafen sich die Finanzminister der Fünfergruppe erneut in Frankreich zu währungspolitischen Beratungen.

Betrachtet man die währungspolitische Situation der sechziger und siebziger Jahre, wie sie sich in den Institutionen des internationalen Währungssystems widerspiegelte, so kann zumindest für den IMF ein dominanter Einfluß der Vereinigten Staaten konstatiert werden. Doch gelang es den Industrieländern durch Schaffung der Zehnergruppe sowie den fünf wichtigsten Ländern durch Schaffung der Fünfergruppe den Dominanzeffekt — soweit die *Institutionen* des internationalen Währungssystems betroffen sind — zu reduzieren. Wenn man jedoch bedenkt, daß internationale Institutionen immer auch die tatsächlichen Machtverteilungen der beteiligten Länder untereinander widerspiegeln, so wird von daher aber auch klar, daß den Industrieländern trotz der in der Zehner- und Fünfergruppe erzielten relativen Machtverschiebung die Eliminierung des Dominanzeffekts nicht vollständig gelingen konnte. Doch reflektieren diese drei wichtigsten währungspolitischen Institutionen die abgestuften Parizipationsmöglichkeiten der Mitglieder des internationalen Währungssystems. Geht man davon aus, daß eine „kosmopolitische" Währungsordnung aufgrund des damit verbundenen Souveränitätstransfers von nationalen Regierungen zu einer internationalen Organisation in absehbarer Zeit keine Realisierungschance hat, so entspricht das bisher verwirklichte dreistufige Partizipationsschema weitgehend der Realität, d. h. einer asymmetrisch strukturierten Welt. Dabei besteht natürlich die Möglichkeit, daß der Dominanzeffekt, der bisher von den Vereinigten Staaten ausgeübt wurde, nunmehr kollektiv von

[28] Statement by the Governor of Mexico, Summary Proceedings 1973, S. 174 - 181, hier S. 176.

[29] Ebenda, S. 180.

den Ländern der Zehner- bzw. Fünfergruppe ausgeübt wird. Doch müßte eine solche Überlegung auch berücksichtigen, daß der Dominanzeffekt an die Existenz des Staates geknüpft ist, so daß ein solcher Dominanzeffekt aufgrund der Teilnehmer und der informellen Struktur der beiden Gruppierungen qualitativ anderer Natur wäre; von daher wird eine Kritik unter diesen Gesichtspunkten weitgehend hinfällig. Insoweit kann die Existenz der Zehner- und der Fünfergruppe gerade aufgrund der losen Formierung dieser beiden Gruppierungen eine positive Einschätzung erfahren, da der mit diesen beiden Gruppierungen verbundene Vorteil der währungspolitischen Komplexitätsreduzierung nicht notwendig kompensiert wird durch einen — ohnehin qualitativ veränderten — Dominanzeffekt.

13. Amerikanische Bestrebungen zur Reform des internationalen Währungssystems

Wenn einleitend in Anlehnung an Triffin der Standard der dominanten Währung als das Fundamentalproblem des internationalen Währungssystems charakterisiert wurde, und wenn hier der wesentliche Grund für das amerikanische Defizit als auf diesem systemischen Defekt beruhend diagnostiziert wurde, so folgt daraus, daß nur eine Fundamentalreform des internationalen Währungssystems, die diesen systemischen Defekt beseitigt, die Voraussetzung für eine langfristige und dauerhafte Eliminierung des amerikanischen Zahlungsbilanzdefizits bildet. Die amerikanischen Bestrebungen zur Reform des internationalen Währungssystems sollen deshalb im folgenden in der Hauptsache unter diesem Aspekt der intendierten oder nichtintendierten Fundamentalreform analysiert werden. Dabei kann es nicht nur um jene Reformansätze gehen, die von den Vereinigten Staaten in Erwägung gezogen oder initiiert wurden; vielmehr müssen auch jene Reformansätze Berücksichtigung finden, die von anderen Ländern ausgingen, soweit diese Reformansätze von den Vereinigten Staaten aufgenommen wurden oder die Vereinigten Staaten sich einer Reaktion auf solche Reformansätze nicht entziehen konnten.

Es kann unterstellt werden, daß die amerikanische Regierung bis etwa 1960 Fragen der Reform des internationalen Währungssystems vernachlässigte. Das konnte in Anbetracht der amerikanischen Zahlungsbilanzsituation ebenso wie in Anbetracht des mangelnden Problembewußtseins auf akademischer Seite auch gar nicht anders sein. Ab 1960 trat jedoch eine Wende ein. Der damalige Senator Kennedy hatte Triffins Analyse der Logik des Gold-Dollar-Standards gelesen; von da an nahmen in Kennedys politischem Kalkül internationale Währungsfragen eine alle anderen Fragen überschattende Stellung ein. Kennedy hatte die Voraussage Triffins, daß der Gold-Dollar-Standard am Ende zusammenbrechen müsse (d. h. daß die Goldkonvertibilität des Dollars und die Parität des Dollars nicht gleichzeitig würden aufrechterhalten werden können) akzeptiert, ebenso wie er die Gefahren sah, die bei einem Fortbestehen des Gold-Dollar-Standards für die Realisierung der globalen außenpolitischen Ziele der Vereinigten Staaten bestanden, da andere Länder mit Hilfe des Instruments der Dollarkonversion den Zeitpunkt des Zusammenbruchs des Gold-Dollar-Standards beeinflussen und der amerikanischen Wirtschafts- und Außenpolitik durch solche Dollarkonversionen Beschränkungen auferlegen konnten. Die von Präsident Kennedy gezogenen Konsequenzen aus dieser Einsicht betrafen sowohl die langfristigen Aspekte (Zusammenbruch des Gold-Dollar-Standards) als auch die kurzfristigen Aspekte (ausländische Einflußnahme auf die amerikanische Politik mittels Dollarkonversionen) dieses Dilemmas. Doch resultierte gerade aus der unterschiedlichen zeitlichen Perspektive dieser beiden Aspekte die Zweideutigkeit, die die Zahlungsbilanzpolitik der Kennedy-Regierung charakterisierte. Unter langfristigen Aspekten wurde eine Fundamentalreform des internationalen Währungssystems als unausweichlich angesehen, unter kurzfristigen Aspekten dominierte die Frage, wie der Einfluß der anderen Länder auf die amerikanische Politik minimiert werden konnte. Ursprünglich wurden wohl beide Probleme als gleich wichtig eingeschätzt, doch in der Folge gewannen die kurzfristigen Aspekte mehr und mehr Gewicht, während die Frage der Fundamentalreform immer weiter zurücktrat. Die Erklärung dafür kann in zwei Gründen gesucht werden. Zum einen geht praktische Politik immer von der Vordringlichkeit aktueller Probleme aus; zum anderen liegen die Gründe auch im persönlichen Einfluß einiger Berater. Nur wenige Berater um Kennedy teilten dessen Sorge um die langfristige Funktionsfähigkeit des Gold-Dollar-Standards. Insbesondere Roosa, Kennedys einflußreicher und innovativer Unterstaatssekretär für Geldfragen, richtete seine gesamte Energie auf die kurzfristigen Aspekte. Die Folge dieser Fixierung auf die kurzfristigen Aspekte des amerikanischen Defizits war eine Politik, der eine doppelte Strategie zugrunde lag. Einerseits sollte eine Fundamentalreform so weit wie möglich hinausgeschoben werden[1], zum anderen mußten die kurzfristigen Konsequenzen, die potentiell aus dem amerikanischen Defizit resultierten, in ihrer Bedeutung vermindert werden. Dies versuchte Roosa durch eine Vergrößerung „währungspolitischer Kooperation" zu erreichen[2]. Diese „Kooperation" bestand in der Hauptsache darin, die Belastungen, die mit der dominanten Rolle des Dollars im internationalen Währungssystem verbunden waren, auf die übrigen Länder abzuwälzen — soweit dies möglich war. Dieser Überwälzung

[1] „This did not mean, however, despite some persuasive contrary arguments by a few members of the Administration during the early days (der Kennedy-Regierung — Verf.) that the Government should divert the scarce and precious planning time of this formative period to the preparation of an internally agreed program for comprehensive monetary reform ... Treasury Secretary Douglas Dillon ... felt certain, that no basis existed for ready agreement on the tender issues of national interest that would necessarily be raised by any complex plan for a sweeping monetary change affecting all countries. As his Under Secretary for Monetary Affairs, I could certainly confirm this judgement ...", *Roosa*, S. 8 und „It would be time enough, we thought, to reach into wider implications for the future of the monetary system a little later on." *Roosa*, S. 33.

[2] „... a framework that would place great stress on still further cooperation among monetary authorities of the type that has been so successfully developed over the past year or so." *Roosa*, S. 88.

der Belastungen dienten die Swaps, Roosa-Bonds und der Goldpool sowie die im IMF verankerten neugeschaffenen Kreditfazilitäten (Standby Arrangements und GAB). Daß diese Überwälzung der Belastungen das Ziel solcher „währungspolitischer Kooperation" war, hat Roosa auch offen zugegeben[3].

Swaps, Roosa-Bonds und Goldpool waren allesamt Maßnahmen, die eine Eliminierung des amerikanischen Defizits überhaupt nicht intendierten; darüber hinaus lehnte die amerikanische Regierung jede Fundamentalreform so lange ab, wie das amerikanische Defizit fortbestand[4]. Da aber ein „starker Dollar" nicht durch das Ergreifen wirksamer Zahlungsbilanzmaßnahmen geschaffen werden sollte, wich die amerikanische Regierung statt dessen auf Maßnahmen aus, die die heimische Wirtschaft stärken und von daher eine Verbesserung der amerikanischen Wettbewerbsposition erreichen sollten[5]. Dabei mag auch die taktische Überlegung mitgespielt haben, daß die prekäre amerikanische Zahlungsbilanzsituation den Einfluß der Vereinigten Staaten in Reformverhandlungen schwächen würde, so daß auch von daher Reformverhandlungen als „unzeitgemäß" angesehen wurden. Die Verbesserung der amerikanischen Zahlungsbilanz wurde dann unabdingbare Voraussetzung jeder grundlegenden Reform: "By that time, too, *if the dollar deficit had been eliminated,* the evironment would have been created for a calm review, with other countries, of the future of the international monetary system ...[6]."

Dieser Haltung der amerikanischen Regierung, die auf eine Aktivierung der Zahlungsbilanz hoffte, mag teilweise eine Selbsttäuschung zugrunde liegen; da jedoch — wie oben gezeigt — der amerikanischen Regierung, und insbesondere auch Roosa, bekannt war, daß das amerikanische Defizit an die Voraussetzung des Standards der dominanten Währung geknüpft war, muß diese Haltung weit mehr als grundsätzliche Ablehnung jeder Fundamentalreform gedeutet werden. Dies wird bestätigt durch Roosas Versuch, den Gold-Dollar-Standard auszuweiten,

---

[3] „Where there are a number of strong currencies — as there are today — a plausible case would seem to exist for some sharing of the burden placed on the key currency." „Multilateralizing International Monetary Responsibility, Address before the 9th Annual International Monetary Conference of the American Bankers Association, Rome, May 17, 1962, in: *Roosa,* S. 81 - 89, hier S. 88/89. Ebenso S. 9: „The United States position would be aided, in any event, by the additional defenses that could be built up for the dollar in the short run."

[4] „... it was clearly necessary, first, to reestablish the strength of the dollar", *Roosa,* S. 6.

[5] „The defenses would also help provide the time needed to bring about some of the slower and more roundabout processes of underlying improvement that would have to be put in place to restore the external strength of the economy." *Roosa,* S. 9.

[6] *Roosa,* S. 18; Hervorhebung vom Verfasser.

indem auch andere Währungen Reservewährungsfunktionen übernehmen sollten[7], doch war dieser Versuch nicht erfolgreich, da die wenigen anderen Länder, deren Währungen dafür hätten in Betracht kommen können, sehr wohl wußten, daß die dafür notwendigen Voraussetzungen bei ihnen nicht gegeben waren. Da jedoch der amerikanischen Regierung klar war, daß aus der zusätzlichen Übernahme internationaler Funktionen durch andere Währungen dem Dollar keine Konkurrenz, sondern vielmehr nur eine Entlastung erwachsen würde, hätte auch dies lediglich zu einer Perpetuierung des Standards der dominanten Währung geführt. Ebenso wie die anderen Maßnahmen reflektiert also auch dieser Ansatz den Versuch der amerikanischen Regierung, die dominante Rolle des Dollars im internationalen Währungssystem nicht einzuschränken.

Auf der IMF-Jahrestagung 1962 schlug der englische Finanzminister Maudling die Errichtung eines „mutual currency account" innerhalb des IMF vor. Zwar legte Maudling — wie er selbst betonte — keinen voll ausgereiften Plan vor, doch ähnelte dieser Vorschlag eines Währungskontos in einigen wesentlichen Zügen dem Triffin-Plan, wenn es auch scheint, daß Maudlings Währungskonto nicht *anstelle* von Devisenreserven, sondern wohl eher als Ergänzung zu Devisenreserven intendiert war[8]. Die amerikanische Reaktion auf diesen englischen Vorstoß war denn auch eindeutig negativ[9]. Doch hatte der IMF diese Anregung schon aufgegriffen[10], so daß auch die Vereinigten Staaten dieser Diskussion nicht mehr ausweichen konnten.

Auch hier war die Frage, innerhalb welchen Gremiums die Reformverhandlungen durchgeführt werden sollten, von gravierender Bedeutung, da die Entscheidung für ein Gremium auch eine Vorentscheidung für den Ausgang der Reformverhandlungen implizierte. Frankreich, aber auch die übrigen EWG-Länder, waren bestrebt, die Verhandlungen im Rahmen der Zehnergruppe durchzuführen, da dort das relative Gewicht dieser Länder am größten war. Die Zehnergruppe ergriff auch sofort die Initiative und gab im Oktober 1963 der Stellvertretergruppe, einer Unter-

---

[7] „The net effect, if this line of development should be followed, would be to multilateralize a part of the role performed now by the two key currencies ...", *Roosa*, S. 88 sowie „Hopefully the time would come when major new proposals could be advanced for broadening, or ‚multilateralizing' many of the special responsibilities within the international monetary system that had been carried by the British pound sterling for over a century and by the United States for several decades." *Roosa*, S. 7.

[8] Vgl. Statement by the Governor for the United Kingdom, Summary Proceedings 1962, S. 61 - 68, hier S. 67 - 68.

[9] „We hoped that our indication of concern over the nature and timing of the British initiative ... might lead to some second thoughts on the British side." *Roosa*, S. 34.

[10] Vgl. Das Kapitel „International Reserves and Liquidity" in: IMF, Annual Report 1963, S. 39 - 52, hier bes. S. 51 - 52.

gliederung der Zehnergruppe, den Auftrag, eine Untersuchung des internationalen Währungssystems durchzuführen. Die Kritik an diesem Vorgehen von seiten jener Länder, die nicht der Zehnergruppe angehörten, ließ denn auch nicht auf sich warten. Diese Kritik wurde besonders geäußert von jenen Industrieländern, die nicht Mitglied der Zehnergruppe waren, z. B. Australien und Österreich, doch ebenso auch von den Entwicklungsländern. Diesen in der Zehnergruppe nicht vertretenen Ländern mußte also daran gelegen sein, die Reformverhandlungen in den IMF zu verlegen, ebenso wie natürlich der IMF selbst an einer solchen Lösung eminent interessiert war. Die Vereinigten Staaten vertraten in dieser Frage keine feste Position, was zum Teil dadurch zu erklären ist, daß sie nicht bereit waren, die Notwendigkeit einer Fundamentalreform überhaupt zu akzeptieren; tendenziell strebten sie jedoch eine Lokalisierung der Reformverhandlungen im IMF an. Wichtiger jedoch als die Frage des Gremiums erschien den Vereinigten Staaten die Richtung, in die sich die Reformverhandlungen entwickelten, wobei insbesondere Roosa bewußt war, daß die Richtung durch Initiativen von seiten der Vereinigten Staaten stark beeinflußt werden konnte. Das Ergebnis dieser Auseinandersetzungen um das Verhandlungsgremium war ein Kompromiß in der Form von Zwei-Phasen-Verhandlungen. In der ersten Phase wurden parallele Verhandlungen in der Zehnergruppe und im IMF geführt, in der zweiten Phase 1966 - 1967 wurden die Verhandlungen in den IMF verlagert und gemeinsam von der Stellvertretergruppe und den Exekutivdirektoren geführt.

Inhaltlich standen sich im wesentlichen zwei Reformvorschläge gegenüber, ein französischer und ein amerikanischer. Der fundamentale Unterschied zwischen beiden lag in der Frage, ob eine neue Reserveeinheit geschaffen werden sollte oder ob lediglich eine Proliferation von Kreditfazilitäten das Verhandlungsziel war. Der französische Vorschlag eines Composite (oder Collective) Reserve Unit (CRU) ging auf Reformpläne des ehemaligen Direktors der Forschungsabteilung des IMF, Edward M. Bernstein, zurück[11]. Diese neue Reserveeinheit, die von den Ländern der Zehnergruppe — also außerhalb des IMF — geschaffen werden sollte, hätte durch gegenseitige Gutschriften nationaler Währungen bei den Teilnehmerländern entstehen sollen. Das Volumen der zu schaffenden Reserveeinheit sollte durch das globale Liquiditätsbedürfnis bestimmt werden, die Schaffung der Reserveeinheit sollte an Gold gekoppelt sein und die Verteilung an die Teilnehmerländer entsprechend deren Goldbeständen erfolgen. Bei Zahlungsbilanzungleichgewichten sollte

[11] Obwohl das CRU den Intentionen Frankreichs entsprach, hat sich die französische Regierung mit diesem Vorschlag nie eindeutig identifiziert und deshalb diesen Vorschlag auch nicht offiziell vertreten. Eine Darstellung dieses Reformvorschlags findet sich in: Group of Ten, Report of the Study Group on the Creation of Reserve Assets, Rom 1965.

dieses CRU in Verbindung mit einem konstanten Goldanteil zum Ausgleich von Forderungen und Verbindlichkeiten Verwendung finden. Dabei ging der französische Vorschlag von einem Verhältnis von 9 Teilen Gold zu einem Teil CRU aus. Die Folgen einer Realisierung dieses Vorschlags wären einmal die Eliminierung der fundamentalen Asymmetrie des internationalen Währungssystems gewesen, da die Vereinigten Staaten, wie jedes andere Land, Defizite durch Reservenübertragungen hätten finanzieren müssen, zum anderen erhebliche Goldverluste der Vereinigten Staaten bei dennoch fortdauernden amerikanischen Defiziten.

Die amerikanische Regierung wies demgegenüber jeden Gedanken an eine neue Reserveeinheit weit von sich und schlug statt dessen zusätzliche Kreditfazilitäten vor. Dabei war die Form dieser Kreditfazilitäten von untergeordneter Bedeutung, von Interesse war lediglich der Entscheidungsmodus[12].

Nach 1964 kam es dann zu einer völligen Verkehrung der Fronten. In seiner Pressekonferenz vom 4. Februar 1965 ging Präsident de Gaulle ausführlich auf Fragen des internationalen Währungssystems ein. Er kritisierte die asymmetrische Struktur des internationalen Währungssystems und forderte ein symmetrisch strukturiertes Währungssystem, in dem alle Mitglieder mit gleichen Rechten und Pflichten ausgestattet seien. Er verwies auf den Goldstandard des 19. Jahrhunderts als einem symmetrischen Währungssystem. Es kann hier beiseite gelassen werden, ob de Gaulle dabei tatsächlich eine Rückkehr zum Goldstandard anstrebte, oder ob er den Goldstandard lediglich als *eine* mögliche Form eines symmetrischen Währungssystems ansah. In jedem Falle aber konnte die Forderung nach einer Rückkehr zum Goldstandard als Instrument der französischen Währungspolitik dienen. Das Votum de Gaulles wurde von manchen Beobachtern als Abkehr von der Idee eines CRU interpretiert. Doch propagierte der französische Finanzminister Giscard d'Estaing weiter die Idee des CRU. Erst als 1966 Giscard d'Estaing durch Debré als Finanzminister abgelöst wurde, trat damit auch die definitive Abkehr der französischen Regierung vom CRU-Vorschlag ein. Zwar war die enge Goldbindung des CRU gerade auf die Wünsche Frankreichs zurückgegangen, doch zeichneten sich schon damals Tendenzen zu einer weitgehenden Abschwächung der Goldbindung des CRU ab, denn auch die anderen EWG-Länder waren gegen eine starke Goldbindung des CRU. In diesen sich andeutenden Tendenzen für eine Reduzierung der Goldbindung dürfte denn auch der wesentliche Grund dieses französischen Positionswechsels zu suchen sein.

[12] Vgl. Statement by the Governor for the United States, Summary Proceedings 1964, S. 38 - 46, hier bes. S. 42 - 45 sowie besonders auch zum letzten Punkt *Roosa*, „Increasing Liquidity Through Enlarging Credit Facilities", Address before The Annual International Conference of the American Bankers Association, Vienna, May 21, 1964, in: *Roosa*, S. 147 - 159.

Doch auch die amerikanische Regierung rückte im Jahre 1965 von ihrer Position ab, Reformverhandlungen könnten nur das Ziel der Proliferation von Kreditfazilitäten haben. Im Juli 1965 deutete der amerikanische Finanzminister in einer Rede die Bereitschaft an, „to move into a completely new direction“[13]. Auf der IMF-Jahrestagung im September desselben Jahres sprach der amerikanische Finanzminister dann offen von der Notwendigkeit der Schaffung neuer „reserve assets“[14]. Der Grund für diesen amerikanischen Positionswechsel lag in der damaligen Entwicklung der amerikanischen Zahlungsbilanz: schon gegen Mitte 1965 zeichnete sich eine Aktivierung der amerikanischen Zahlungsbilanz ab, diese Aktivierung trat dann 1966 auch tatsächlich ein. In einer solchen Situation konnte der globale Liquiditätsbedarf nicht mehr befriedigt werden; die wahrscheinliche Folge wäre eine Intensivierung des Konflikts über die Verteilung internationaler Reserven gewesen. Zusätzliche Kreditfazilitäten hätten diesen Konflikt kaum verhindern können.

Ein solch fundamentaler Konflikt über die Schaffung eines neuen Reservemediums bzw. erweiterter Kreditmöglichkeiten konnte — bei der bestehenden Ausgangslage — nur über einen Kompromiß aufgelöst werden. Dieser Kompromiß, der in der Form einer Ergänzung der Articles of Agreement (Articles XXI bis XXXII) zustande kam, soll im folgenden anhand funktionaler Kriterien unter Berücksichtigung der jeweiligen Ausgangslage kurz skizziert werden. Das Ergebnis war die Schaffung sog. Sonderziehungsrechte (SZR) auf einem Sonderkonto des IMF. Diese Sonderziehungsrechte sind ein in Gold definiertes, künstlich geschaffenes Reservemedium. Die SZR werden in Höhe von 1,5 % verzinst (ein Zinssatz, der zwischen dem Zinssatz für Dollarreserven und dem der zinslosen Goldreserven liegt), die Kosten dafür werden von den Teilnehmern anteilig im Verhältnis zu ihren SZR-Zuteilungen aufgebracht.

(1) Gold versus Kredit. Diese Fundamentalfrage wurde in einer Weise gelöst, die es beiden Seiten erlaubte, das Ergebnis in ihrem Sinne zu interpretieren; die Articles selbst enthalten keine Stellungnahme zu dieser Frage. Die SZR können sowohl als Kredit angesehen werden — die Akzeptierung von SZR setzt das Vertrauen voraus, daß sie auch von anderen Teilnehmern akzeptiert werden und daß sie einen festen Tauschwert besitzen —, doch können sie ebenso als Reserveeinheit angesehen werden: SZR werden von Währungsbehörden gehalten und können zum Kauf von anderen Währungen Verwendung finden. Die wichtigere Frage liegt jedoch in der Differenzierung zwischen Rückzahlung und Rekonstitu-

---

[13] Excerpts from Remarks by Secretary of the Treasury Fowler, July 10, 1965, before the Virginia State Bar Association, in: Annual Report of the Secretary of the Treasury 1966, S. 385 - 390, hier S. 390.

[14] Statement by the Governor for the United States, Summary Proceedings 1965, S. 100 - 109, hier S. 105.

ierung. Die Verwendung von SZR vermindert den Gesamtbestand der SZR nicht, eine Rekonstituierung verändert ebenfalls den Gesamtbestand nicht, wohingegen eine Rückzahlung von Krediten zu einer Liquiditätsvernichtung führt. Doch letztlich kommt es nur auf die Funktionsfähigkeit des neuen Liquiditätsmediums an, nicht auf die unterschiedlichen Interpretationen: "... it does not matter whether the Ministers and Governors think of the allocation of SDR's as extension of credit, as creation and distribution of money, or as any other financial hocus-pocus. The system can work to the satisfaction of anyone concerned even if the disagreement on the economic character and economic function of the SDR's continues[15]."

(2) Nutzungslimit. Frankreich trat für eine Rückzahlung ein, wenn die Nutzung der SZR 50 % innerhalb von vier Jahren übersteigen sollte oder — alternativ — wenn die Nutzung 33 % innerhalb von sechs Jahren übersteigen sollte[16]. Demgegenüber waren die Vereinigten Staaten gegen jede Rückzahlungspflicht. Der Kompromiß erlaubte eine durchschnittliche Nutzung von 70 % innerhalb eines Zeitraums von 5 Jahren, 30 % müssen rekonstituiert werden.

(3) Goldbindung. Die SZR sind in Gold definiert, und ihr Goldwert ist unveränderlich[17]. Damit hatten sich die Vereinigten Staaten, die gegen eine enge Goldbindung waren, in dieser Frage durchgesetzt.

(4) Teilnehmerkreis. Die Studien der Zehnergruppe gingen allesamt von einem „begrenzten" Teilnehmerkreis aus, was sich wohl auf die Länder der Zehnergruppe bezog, evtl. unter Einschluß einiger weniger anderer Industrieländer. Demgegenüber plädierten die Vereinigten Staaten für eine Zuteilung der SZR an alle IMF-Mitglieder, ebenso wie auch der IMF eine universale Partizipation forderte. Die Entscheidung fiel dann auch zugunsten der universalen Lösung.

(5) Verteilungskriterien. Frankreich forderte eine Verteilung in Anlehnung an die nationalen Goldreserven, die Zehnergruppe erwog eine Verteilung, die an den Gesamtreserven eines Landes orientiert sein sollte. Der IMF — und möglicherweise die Vereinigten Staaten — forderte eine Verteilung anhand der Quoten der Mitgliedsländer im IMF, dies wurde dann auch realisiert.

(6) Entscheidungsmodus. Frankreich forderte Einstimmigkeit für die Entscheidung über die Schaffung der SZR; dies lehnten die Vereinigten Staaten ab, da sie die Möglichkeit einer Blockierung der Liquiditätsaus-

---

[15] *Machlup,* Remaking, S. 94 - 95.

[16] *Stephen D. Cohen,* International Monetary Reform 1964 - 1969: The Political Dimension, New York 1970, S. 133, 140.

[17] Diese Bestimmung wurde im Juni 1974 modifiziert, die SZR sind nunmehr durch einen „Währungskorb" definiert.

weitung befürchteten. Die Zehnergruppe optierte für ein zweistufiges Entscheidungsverfahren — erst in der Zehnergruppe, dann im IMF —; dies hätte den starken Einfluß der Länder der Zehnergruppe gesichert. Der Kompromiß band dann den Entscheidungsmodus an die Quoten, woraus ein unterschiedlich gewichteter Einfluß der IMF-Mitgliedsländer resultierte. Damit war immer noch ein relativ starker Einfluß der Länder der Zehnergruppe gesichert, überdies war eine Mehrheit von 85 % zur Schaffung der SZR notwendig. Diese Konzession an die EWG-Länder war der Preis für die Institutionalisierung der SZR im IMF gegen die Wünsche der Länder der Zehnergruppe. Da die EWG-Länder zusammen über etwas mehr als 15 % der Quotenanteile verfügten, wurde ihnen damit — neben den Vereinigten Staaten — ein kollektives Vetorecht eingeräumt.

(7) Annahmeverpflichtung. In der Frage der Annahmeverpflichtung kamen die Interessen der prospektiven Gläubigerländer und der prospektiven Kreditnehmer zum Tragen. Die Vereinigten Staaten wünschten eine unlimitierte Annahmeverpflichtung oder zumindest eine sehr hohe Annahmeverpflichtung, die EWG-Länder wollten die Annahmeverpflichtung auf den doppelten Betrag der jedem Land zugeteilten SZR begrenzt sehen. Diese letzte Alternative wurde dann auch realisiert, doch kann ein Land freiwillig zusätzliche SZR akzeptieren. Darüber hinaus kann ein Land, sofern es gegen eine bestimmte SZR-Zuteilung gestimmt hat, die Annahme dieser SZR ablehnen.

Wie diese kurze Skizzierung der unterschiedlichen Positionen sowie der resultierenden Partialkompromisse zeigt, war das Ergebnis der Verhandlungen ein echter Kompromiß in dem Sinne, daß keine Seite ihre Vorstellungen vollständig oder auch überwiegend durchsetzen konnte. Die Vereinigten Staaten konnten ihre Interessen hauptsächlich in jenen Punkten durchsetzen, in denen der IMF und/oder die Entwicklungsländer ein gleiches Interesse vertraten, während die übrigen neun Länder der Zehnergruppe (und damit im besonderen Frankreich) immer dann ihre Interessen durchsetzen konnten, wenn diese Länder in den betreffenden Fragen untereinander übereinstimmten und so ihr Bargaining-Potential aggregieren konnten. Dennoch war Frankreich mit dem Ausgang der Verhandlungen keineswegs zufrieden. Nach Abschluß der Verhandlungen distanzierte sich die französische Delegation von einigen Punkten des Verhandlungsergebnisses „in view of the differences which it has found between the outline adopted at the meetings in London and Rio de Janeiro and the draft text now submitted by the Fund and *because the problems which it considers fundamental have not been examined*“[18].

[18] Communiqué of the Ministerial Meeting of the Group of Ten on March 29 - 30th 1968, in Stockholm, in: Deutsche Bundesbank, Auszüge aus Presseartikeln, Nr. 26 vom 5. April 1968, S. 1.; Hervorhebung vom Verfasser.

Mit diesem Votum war noch keineswegs über die Teilnahme oder Nichtteilnahme Frankreichs an den SZR entschieden. Doch auch wenn die französische Regierung die Möglichkeit der Nichtteilnahme in Erwägung gezogen haben sollte, so entschied sie sich doch am Ende für eine Teilnahme an den SZR. Diese Entscheidung Frankreichs für die Teilnahme dürfte dabei hauptsächlich durch drei Überlegungen bestimmt gewesen sein. (1) Die innenpolitische Krise vom Mai 1968 und deren wirtschaftspolitische Folgen hatten auch gravierende Auswirkungen auf die französische Zahlungsbilanz: der französische Franc wurde von einer „harten“ zu einer „weichen“ Währung, wodurch Frankreich auf währungspolitischen Beistand angewiesen war. (2) Nachdem die Existenz der SZR einmal beschlossen war, hätte ein Fernbleiben Frankreichs das Bargaining-Potential der EWG-Länder erheblich reduziert; das den EWG-Ländern kollektiv zugestandene Vetorecht wäre nutzlos gewesen. Überdies dürfte auch die französische Regierung eingesehen haben, daß die Entwicklung der SZR in eine unerwünschte Richtung nicht durch Nichtteilnahme, sondern gerade nur durch weitere Einflußnahme gesichert werden konnte. (3) Durch die de-facto-Goldinkonvertibilität des Dollars ab März 1968 waren die Möglichkeiten der Einflußnahme anderer Länder auf die amerikanische Zahlungsbilanzpolitik extrem reduziert, eine weitere Einflußnahme konnte dann im wesentlichen nur noch über die Institutionen des internationalen Währungssystems erfolgen.

Ein letzter Konflikt entstand dann über das Volumen der zu aktivierenden SZR: Die Vereinigten Staaten wünschten ein Volumen von 4 bis 5 Mrd. Dollar pro Jahr, die EWG-Länder ein Volumen von 2 Mrd. Dollar pro Jahr. Der Kompromiß sah dann so aus, daß während des ersten Jahres (1970) SZR in Höhe von 3,5 Mrd. Dollar und in den beiden folgenden Jahren in Höhe von je 3 Mrd. Dollar geschaffen wurden.

Die Schaffung der Sonderziehungsrechte muß als erster Schritt für eine Fundamentalreform des internationalen Währungssystems angesehen werden. Doch bestehen die SZR *neben* den übrigen Reservemedien (Gold und Devisenpositionen). Diese Lösung ging eindeutig auf die Vereinigten Staaten zurück, die zwar ein weiteres Reservemedium neben dem Dollar wünschten, da dies die prekäre Situation des Dollars als Reservemedium entlastete, doch waren die Vereinigten Staaten nicht an einer *Substituierung* der Reservefunktion des Dollars durch die SZR interessiert. Trotzdem ist damit ein Ansatz für die Lösung des Liquiditätsproblems gegeben, denn jede Fundamentalreform des internationalen Währungssystems muß gleichzeitig eine Lösung des Liquiditätsproblems zur Voraussetzung haben. Mit den SZR entstand erstmals ein Weltgeld, das international geschaffen und partiell international kontrolliert wird. Damit übernahm der IMF teilweise Funktionen einer Weltzentralbank, wenn auch die Entscheidung über die Verwendung der SZR — unter der

Kontrolle des IMF — nationalen Regierungen überlassen bleibt. Erstmals ist mit diesem künstlich geschaffenen Reservemedium nicht mehr die Notwendigkeit verbunden, daß nationale Währungsreserven durch Ressourcenverzicht „verdient" werden müssen. Insoweit ist die Schaffung der SZR tatsächlich ein revolutionärer Schritt in der Entwicklung des internationalen Währungssystems, da dieses neue Weltgeld durch nichts gedeckt ist als durch das Vertrauen der Teilnehmer, daß dieses Weltgeld Akzeptierung findet. Damit wurde die Skepsis der Ökonomen, der Praktiker und einiger Politiker, daß die Regierungen ein solches deckungsloses Weltgeld nicht institutionalisieren würden, von der Realität überholt[19]. Andererseits wurde jedoch der zweite notwendige Schritt, das Verhältnis der SZR zu den übrigen Reservemedien zu klären, nicht unternommen. Potentiell kann dies eine Verschärfung der internationalen Konflikte über die Reservemedien zur Folge haben, wenn das Greshamsche Gesetz wirksam werden sollte[20]. Solange diese Frage jedoch nicht geklärt ist, ist auch die Bereitwilligkeit der Vereinigten Staaten zur Schaffung der SZR nur von geringer Bedeutung, da gegen den Willen der Vereinigten Staaten eine Weiterentwicklung der SZR zum alleinigen Reservemedium — oder zumindest zum Hauptreservemedium neben den nationalen Goldbeständen — nicht stattfinden wird.

Der nächste Schritt zur Reform des internationalen Währungssystems kam durch das Smithsonian Agreement vom Dezember 1971 zustande. Die Interventionsmarge wurde von vorher 1 % (faktisch jedoch 0,75 %) auf jeder Seite des Parwerts auf nunmehr 2,25 % auf jeder Seite der neu institutionalisierten Leitkurse festgesetzt; dadurch wurde eine größere Flexibilität beim Ausgleich kurzfristiger Devisenkursschwankungen erreicht. Auch diese längst überfällig gewesene Reform, die von den Ländern der Zehnergruppe beschlossen und im nachhinein vom IMF übernommen und ratifiziert wurde, war bei all ihrer substantiellen Bedeutung nur eine Minimalreform. Diese neue Flexibilität der Wechselkurse wurde dann nach der zweiten Dollarabwertung im März 1963 weiter ausgebaut, als einige Mitgliedsländer des IMF nicht mehr in jedem Fall den Leitwert ihrer Währung innerhalb der 4,5 %-Marge stabilisierten. Andererseits

---

[19] Vgl. z. B. Roosa als sich die Möglichkeit der Schaffung der SZR andeutete: „The money created by a superbank would be the most high-powered ever generated by a man-made institution, yet it would have no supporting supergovernment to make good on its debts or claims." Daraus folgte für Roosa die „inescapable conclusion dictated by the actual ways of the world", daß ein solches Weltgeld keine Chance der Realisierung habe. *Roosa*, S. 102. Ebenso Präsident de Gaulle, der in seiner Pressekonferenz am 4. Februar 1965 forderte, das internationale Währungssystem auf eine unanfechtbare internationale Grundlage zu stellen, die nicht den Stempel einer Nation, nämlich der USA, trage: „Quelle base? En vérité, on ne voit pas qu' à cet égard il puisse y avoir de critère, d'étalon, autres que l'or." Discours, S. 333.

[20] Vgl. *Aliber*, „Gresham's Law ..."

wurde im Smithsonian Agreement der von den Vereinigten Staaten im August 1971 errichtete reine Dollarstandard formell ratifiziert — jedenfalls implizit, da es den übrigen Ländern der Zehnergruppe nicht gelang, explizit eine Interventionspflicht der Vereinigten Staaten zur Stabilisierung des Dollarwechselkurses festzulegen[21].

Nachdem die Vereinigten Staaten durch ihre Entscheidung vom 15. August 1971 den übrigen Ländern einen reinen Dollarstandard aufgezwungen hatten, der sämtliche Entscheidungen über die Wechselkursstruktur den Regierungen der anderen Länder überließ, konnten die Vereinigten Staaten das Verlangen der übrigen Länder nach einer Fundamentalreform nicht mehr ignorieren oder zurückdrängen, sondern bestenfalls durch Einflußnahme auf diesen Reformprozeß versuchen, ihn zu kanalisieren. So gab denn auch das Smithonian Agreement der Forderung nach einer Fundamentalreform Ausdruck, und auch der IMF wurde im Herbst 1971 in dieser Frage aktiv.

Schon auf der IMF-Jahrestagung 1972 skizzierte der amerikanische Finanzminister Shultz die Konturen eines relativ geschlossenen Reformprogramms, während die anderen Gouverneure „adhockery“[22] vortrugen. Der wichtigste Begriff dieses amerikanischen Reformprogramms ist „Symmetrie“[23]. Der Begriff der Symmetrie wird jedoch nicht für Reserventransaktionen von Währungsbehörden benutzt, sondern lediglich unter Bezug auf den Anpassungsprozeß: "Any effort to develop a balanced and equitable monetary system must recognize that simple fact; effective and symmetrical incentives for adjustment are essential to a lasting system[24]." Erneut wies der amerikanische Finanzminister hin auf den nach seiner Auffassung gravierendsten Defekt des Bretton-Woods-Systems, nämlich den ungleichmäßigen Anpassungsdruck, dem sich Überschuß- und Defizitländer gegenüber gesehen hatten. Zur Interventionsfrage forderte er ganz allgemein die Konvertierbarkeit nationaler Währungen in Reservemedien; jene Länder, die intervenierten, müßten die Konvertibilität ihrer Währungen in andere Reservemedien garantieren. Zu jenem Zeitpunkt hatten die Vereinigten Staaten keine Interventionsverpflichtung übernommen, so daß es offen blieb, ob diese Forderung auch für die USA gelten sollte. Zur Frage der Reservemedien äußerte sich Shultz dahingehend, daß Währungsbehörden frei sein sollten, die

---

[21] Überdies ignorierten die Vereinigten Staaten mit der Ablehnung einer Interventionsverpflichtung auch die Articles of Agreement, die in Article IV Section 4 (b) eine Interventionspflicht aller Mitglieder bestimmen, soweit diese ihrer Interventionspflicht nicht durch An- und Verkauf von Gold nachkommen.

[22] Dieser Begriff ist von Harrod entlehnt. Vgl. *Roy Harrod,* Reforming the World's Money, New York 1965, S. 88.

[23] Zum folgenden vgl. Statement by the Governor for the United States, Summary Proceedings 1972, S. 34 - 44.

[24] Ebenda, S. 36.

Zusammensetzung ihrer Währungsreserven zu bestimmen; die Haltung von Devisen als Währungsreserven sollte weder ermutigt noch verboten werden. Nach einer Übergangsperiode seien auch die Vereinigten Staaten bereit, Devisenreserven ausländischer Währungsbehörden in andere Reservemedien umzutauschen, *wenn ein System institutionalisiert sei, das einen wirksamen und gerechten Anpassungsprozeß garantiere*[25].

Die Richtung, in die das amerikanische Reformprogramm zielte, wurde noch deutlicher in der Ansprache des amerikanischen Präsidenten Nixon zur Eröffnung der IMF-Jahrestagung[26]. Nach einer Instruktion über die Pflichten eines jeden Landes[27] ging der amerikanische Präsident nur noch auf Handelsfragen und den Anpassungsprozeß ein. Auch hier fehlte natürlich nicht die Forderung nach der Notwendigkeit „to develop procedures for prompt and orderly adjustment"[28], und die Prinzipien, anhand deren die Vereinigten Staaten ihr internationales wirtschaftliches Verhalten orientierten, seien:

"We shall press for a more equitable and open world of *trade*.

We shall meet *competition* rather than run away from it.

We shall be a stimulating *trading* partner and a straight-forward bargainer.

We shall not turn inward and isolationist[29]."

Schon hier deutete sich also an, daß die amerikanische Regierung keine Revision ihrer zahlungsbilanzpolitischen Ziele vorgenommen hatte. Vielmehr sollte der traditionelle Überschuß der amerikanischen Handelsbilanz wieder hergestellt werden, alle übrigen Fragen waren dagegen nur von geringem Interesse. Nur wenn die wichtigsten Handelspartner der USA — also die europäischen Länder und Japan — in diese Forderung einwilligten, waren die Vereinigten Staaten zu einigen Konzessionen bereit. In der Frage der Reservemedien war die Position der amerikanischen Regierung ebenfalls unverändert: jede Regierung sollte weiterhin Dollarreserven akkumulieren (können). Eine Konvertibilität des Dollars in Primärreserven wurde nach Institutionalisierung eines „symmetrischen" Anpassungsprozesses in Aussicht gestellt; das konnte sehr wohl heißen: nachdem der amerikanische Handelsbilanzüberschuß groß genug sein würde, um alle übrigen Defizitposten der amerikanischen

---

[25] Ebenda, S. 43.

[26] Vgl. Address by the President of the United States of America, Summary Proceedings 1972, S. 1 - 7.

[27] „Each nation must exercise the power of its example in the realistic and orderly conduct of international economic affairs, *so that each nation exports its products and not its problems.*" Ebenda, S. 3; Hervorhebung vom Verfasser.

[28] Ebenda, S. 4.

[29] Ebenda, S. 6; Hervorhebungen vom Verfasser.

Zahlungsbilanz abzudecken, so daß sich auf der Basis der offiziellen Reservetransaktionen ein Überschuß ergäbe.

Diese einseitige Ausrichtung auf die Handelsbilanz und den Anpassungsprozeß dominierte von nun an die Diskussion auf amerikanischer Seite. Im März 1973 konstatierte der „Internationale Wirtschaftsbericht" des amerikanischen Präsidenten: "In our view, the Bretton Woods system's greatest weakness lies in the adjustment process[30]", und "While there is general agreement that the Bretton Woods system broke down because of the failure of the adjustment process . . ."[31] — geradeso, als ob Triffins Analyse des Gold-Dollar-Standards sowie seine Voraussagen des notwendigen Zusammenbruchs des Bretton-Woods-Systems nie geschrieben worden wären.

Im September 1972 hatte der IMF den Beschluß über die Errichtung des Zwanzigerkomitees, das die Reform des internationalen Währungssystems in Angriff nehmen sollte, gefaßt. Schon im November 1972 übermittelte die amerikanische Regierung dem Zwanzigerkomitee ein Memorandum, in dem sie ihre Vorstellungen über den zu reformierenden Anpassungsprozeß präzisierte[32]. Vorgeschlagen wurde ein objektiver Indikator, der Ungleichgewichte anzeigen sollte. Im Falle eines angezeigten Ungleichgewichts sollte eine starke Vermutung für die Notwendigkeit von Anpassungsmaßnahmen bestehen. Ein solcher objektiver Indikator sollte an den Reservenveränderungen eines Landes festgemacht werden. Jedes Land sollte in Verhandlungen eine kollektive Entscheidung über ein „normales" Reservevolumen erreichen. Auf beiden Seiten dieses normalen Reservenniveaus sollten je ein oberer und unterer Warnpunkt und je ein oberer und unterer äußerer Punkt, der jeweils Anpassungsmaßnahmen erforderlich mache, fixiert werden[33]. In konsequenter Fortführung der amerikanischen Reformpolitik beschränkte sich das Memorandum auf den Anpassungsprozeß, das Problem der Reservemedien fand keine Erwähnung. Auch hier blieb die amerikanische Regierung bei ihrer Linie, die Verwendung nationaler Währungen als internationale Währungsreserven nicht einzuschränken. So gab z. B. der Unterstaatssekretär Volcker vor dem Kongreß zu Protokoll, es gäbe einige Länder, die in der neu zu schaffenden Währungsordnung die Verwendung nationaler Währungen für offizielle Zwecke strikter Kontrolle unterwerfen wollten; die Akkumulation zusätzlicher Devisenreserven solle nach Auf-

[30] International Economic Report of the President, S. 9.

[31] Ebenda, S. 23.

[32] Vgl. „The U. S. Proposals for Using Reserves as an Indicator of the Need for Balance-of-Payments Adjustment", Economic Report of the President, Januar 1973, S. 160 - 174.

[33] Dieser amerikanische Vorschlag geht auf Triffins „Gabelvorschlag" zurück, für eine Darstellung vgl. z. B. *Triffin*, „International Monetary Collapse . . .", hier bes. S. 391 - 393.

fassung dieser Länder unterbunden und alle Ungleichgewichte sollten durch Reservenübertragungen — mit Ausnahme international vereinbarter Kredite — ausgeglichen werden. Demgegenüber sei die amerikanische Regierung der Auffassung, „that such a system would be overly rigid“[34]. Im August 1973, kurz bevor das Zwanzigerkomitee seinen Zwischenbericht veröffentlichte, gab die amerikanische Regierung nochmals ihre Auffassungen zu den Reformfragen bekannt[35]. Abgesehen von den schon bekannten Details enthielt das Papier noch einen weiteren Hinweis: die Vereinigten Staaten hätten ihren Einfluß geltend gemacht und würden ihn weiterhin geltend machen „for a comprehensive approach to economic reform“, dieser umfassende Ansatz müsse „trade and investment opportunities“ ebenso wie Währungsfragen einschließen.

Im Juni 1974 veröffentlichte das Zwanzigerkomitee das bis dahin erreichte Ergebnis der Reformverhandlungen[36]. Schon in der äußeren Gliederung ähnelte das outline in starkem Maße dem Papier der amerikanischen Regierung über „U.S. Views on Major Issues of Monetary Reform“. Doch auch inhaltlich sind die Übereinstimmungen zwischen den amerikanischen Vorstellungen und dem outline relativ groß. Einige wichtige Punkte des Reformprogramms sollen im folgenden anhand funktionaler Kriterien kurz skizziert werden.

(1) Anpassungsprozeß. Länder werden ihre Reserven innerhalb gewisser Grenzen halten, diese Grenzen werden vom IMF jeweils kollektiv beschlossen. Reserveindikatoren werden geschaffen; zeigt ein Indikator eine disproportionale Veränderung der Währungsreserven eines Landes an, übernimmt der IMF eine Prüfung. Folgt aus dieser Überprüfung eine Notwendigkeit zur Anpassung, so ist das betreffende Land zu Anpassungsmaßnahmen verpflichtet. Bei Nichtergreifen von Anpassungsmaßnahmen stehen dem IMF Druckmittel zur Verfügung.

(2) Konvertibilität und Konsolidierung. Das grundsätzliche Ziel sei eine symmetrische Verpflichtung aller Länder. Der IMF werde ein Substitutionskonto errichten; Länder, die dies wünschten, könnten ihre Devisenreserven gegen SZR eintauschen, die Devisen würden auf dem Substitutionskonto verbucht. Sollte ein Land, dessen Währung als internationales Reservemedium Verwendung findet, von einem anderen Land die Begrenzung oder Konvertierung zusätzlich akkumulierter Devisenreserven fordern, so sei diesem Wunsch nachzukommen. Eine solche Formulierung schließt schon ein, daß auch in der neuen Währungsordnung De-

---

[34] Statement of Hon. Paul A. Volcker, in: International Monetary Reform, Hearings before the Subcommittee on International Finance and the Subcommittee on International Economics, 93 Cong. 1 sess. (1973), S. 3 - 12, hier S. 6.

[35] U. S. Views on Major Issues of Monetary Reform (mimeo).

[36] Vgl. „Outline of Reform“, in: IMF Survey, 17. Juni 1974, Supplement, S. 193 - 208.

visenreserven in Größenordnungen möglich sind, die über Arbeitsguthaben für Interventionszwecke hinausgehen.

(3) Primärreserven. Die SZR werden das hauptsächliche Reservemedium; die Rolle des Goldes und der Reservewährungen wird vermindert. Was die Rolle des Goldes betrifft, so werde es trotz verminderter Bedeutung eine wichtige Komponente globaler Liquidität sein.

Ein symmetrischer Anpassungsprozeß wäre in einem symetrischen Währungssystem unabdingbar. Doch implizieren die Reformvorschläge keineswegs ein symmetrisches Währungssystem. Regierungen sollen weiterhin frei über die Zusammensetzung ihrer Reserven entscheiden, was natürlich heißt, daß die Reservewährungsfunktion des Dollars möglicherweise eingeschränkt, jedoch keineswegs eliminiert wird. Darauf deutet ja auch die Bestimmung über die Möglichkeit einer Umtauschforderung durch das Reservewährungsland hin. In dieser fundamentalen Frage haben sich also die Vereinigten Staaten eindeutig durchgesetzt[37]. Doch haben sich die Vereinigten Staaten ebenso in der Frage des Anpassungsprozesses durchgesetzt, da der amerikanische Vorschlag von Reserveindikatoren, die die Notwendigkeit von Anpassungsmaßnahmen anzeigen, realisiert wurde — ein Vorschlag, den nur wenige andere Länder unterstützt hatten. Ob das outline je in die Praxis umgesetzt wird, steht dahin; die Folge wäre jedoch ein zusätzlicher Druck auf die Überschußländer, nunmehr nicht nur von seiten der Vereinigten Staaten, sondern ebenso von seiten des IMF, ohne daß die Vereinigten Staaten eine Verpflichtung übernommen hätten, die Voraussetzungen zur Eliminierung des amerikanischen Zahlungsbilanzdefizits zu schaffen. Die Umsetzung eines solchen symmetrischen Anpassungsprozesses in die Realität in einem weiterhin asymmetrischen Währungssystem würde dann jedoch die Vereinigten Staaten ihrem Ziel, einen großen Handelsbilanzüberschuß zu erreichen, erheblich näher bringen. Lediglich in der Goldfrage haben sich die europäischen Länder gegen die Vereinigten Staaten durchgesetzt, da Gold auch weiterhin für Reservezwecke Verwendung finden soll. Das fundamentale Problem der Eliminierung des amerikanische Zahlungsbilanzdefizits ist jedoch an die Frage der Konvertibilität gebunden. Voraussetzung für ein symmetrisches Währungssystem ist keineswegs die *Möglichkeit,* Devisenreserven, also Dollars, in andere Reservemedien um-

[37] Überdies ist die amerikanische Position in dieser Frage inkonsistent. Lange hat die amerikanische Regierung auf die Schwierigkeiten einer Dollarabwertung, die aus der Reservewährungsfunktion des Dollars resultieren, hingewiesen. Eines der proklamierten Ziele der amerikanischen Regierung nach dem August 1971 war ja das Bestreben, solche Schwierigkeiten zu eliminieren. Wird der Dollar weiterhin als Reservewährung Verwendung finden, so werden auch diese — vermeintlichen oder tatsächlichen — Schwierigkeiten einer Parwertänderung des Dollars nicht beseitigt. Diese Inkonsistenz wirft erneut die Frage nach der Einschätzung der *Funktion* einer Dollarabwertung durch die amerikanische Regierung auf.

tauschen zu können, sondern vielmehr die *Notwendigkeit,* anfallende Dollarbestände in Primärreserven zu konvertieren[38].

Wie das outline zeigt, ist das fundamentale Problem des internationalen Währungssystems — seine asymmetrische Struktur, die es Reservewährungsländern ermöglicht, Defizite durch Akkumulation von Verbindlichkeiten statt durch Reservenübertragung zu begleichen — nicht gelöst. Beobachter haben deshalb in dem outline ein „Begräbnis erster Klasse" für die Reform des internationalen Währungssystems gesehen[39]. Schon vorher hat Triffin solche Reformansätze, wie sie das outline enthält, durch einen literarischen Vergleich treffend charakterisiert. Solche Reformansätze seien gleichbedeutend mit „writing ‚Hamlet' and leaving out the Prince of Denmark"[40].

---

[38] Darauf hat schon *Triffin* deutlich genug hingewiesen, vgl. Gold and the Dollar Crisis, S. 111.

[39] Andere Beobachter kamen zu anderen Auffassungen. So z. B. Wallich, der, obwohl er die für die übrigen Länder mit der Existenz des Standards der dominanten Währung verbundenen Kosten sieht, eine volle Konvertibilität des Dollars in Primärreserven — die ja für eine Fundamentalreform nur eine notwendige, keineswegs aber eine hinreichende Voraussetzung wäre — ablehnt (vgl. *Henry C. Wallich,* in: *Henry C. Wallich / C. J. Morse / I. G. Patel,* The Monetary Crisis of 1971: The Lessons to be Learned, Washington 1972, S. 3 - 40) und eine Kritik des outline, soweit sie in eine ähnliche Richtung wie die hier vorgetragene Kritik zielt, explizit zurückweist. Für Wallich trägt nur die Inkorporierung des Reserveindikators den „eindeutigen Stempel" des amerikanischen Reformplans, keineswegs das gesamte outline. Vgl. *Henry C. Wallich,* „Longer-run Aspects of International Monetary Reform", Außenwirtschaft 29 (1974), S. 337 - 346, hier bes. S. 345.

[40] *Robert Triffin,* „Monetary Crises", Address before the Conference on the Atlantic Community, Washington, 3. Februar 1973, unveröffentlicht.

14. Internationaler währungspolitischer Konflikt: die europäischen Länder, Japan und die Vereinigten Staaten

In den vorstehenden Überlegungen ging es bisher fast ausschließlich um Fragen der amerikanischen Auffassung in Hinblick auf den Standard der dominanten Währung und die diesbezüglichen amerikanischen Entscheidungen; die Auffassungen, Haltungen und Entscheidungen derjenigen Länder, die am meisten von den Folgen des Standards der dominanten Währung betroffen waren — die westeuropäischen Industrieländer und seit der zweiten Hälfte der sechziger Jahre Japan — wurden nur gelegentlich in die Untersuchung einbezogen. Wenn aber — wie wohl unbestritten vorausgesetzt werden kann — die sechziger und siebziger Jahre durch eine Tendenz zu verstärkter Interaktion im Bereich internationaler Beziehungen gekennzeichnet sind, so kann eine Untersuchung der amerikanischen Zahlungsbilanzpolitik während dieses Zeitraums nicht von dieser Interaktion abstrahieren; auch die Auffassungen, Haltungen und politischen Entscheidungen jener Länder, die nächst den Vereinigten Staaten am stärksten am internationalen währungspolitischen Konflikt beteiligt waren, müssen in die Analyse einbezogen werden.

Am gravierendsten — und in der währungspolitischen Diskussion weitgehend übersehen — ist das fundamentale *politische* Problem des Standards der dominanten Währung: die Supersouveränität der Vereinigten Staaten und damit korrespondierend die eingeschränkte Souveränität aller übrigen Länder. Es lassen sich drei wichtige Dimensionen des Souveränitätsproblems unterscheiden: (1) die Verfügung über reale Ressourcen, (2) Probleme der Wirksamkeit geldpolitischer Instrumente, (3) der Anspruch transnationaler Wirksamkeit nationaler Jurisdiktion.

Das Problem der Verfügung über reale Ressourcen wurde oben (vgl. Kap. 6) abgehandelt; hier genügt der Hinweis, daß die Verfügung über eine internationale Währung die Verfügung über die Nutzung realer Ressourcen impliziert. Das Land, das eine internationale Währung herausgibt, kann über die Ressourcen anderer Länder verfügen, soweit seine Währung — sei es freiwillig, sei es durch Zwang — international Verwendung findet. Daß die Vereinigten Staaten dabei einen großen Teil der von anderen Ländern appropriierten Ressourcen wiederum einigen anderen Ländern zur Verfügung stellten, ist ohne Belang, da über die Verwendung der appropriierten Ressourcen allein die Vereinigten

Staaten entschieden; theoretisch hätten diese Ressourcen auch für andere Zwecke — z. B. für die eigene Konsumtion — Verwendung finden können.

Daß die Wirksamkeit geldpolitischer Instrumente in den europäischen Ländern in starkem Maße von geldpolitischen Entscheidungen der Vereinigten Staaten abhängt, ist allgemein bekannt und bedarf hier keines besonderen Nachweises[1]. Diese Abhängigkeit der übrigen Länder von den geldpolitischen Entscheidungen der Vereinigten Staaten wird reflektiert in der — vielleicht überspitzten — Formulierung, nach der die europäischen Länder als 14. Federal Reserve District fungieren (neben den 12 amerikanischen Districts sowie Kanada als 13. District, wo die Konsequenzen der amerikanischen Geldpolitik noch weit stärker fühlbar sind als in den europäischen Ländern). "The implications (der transnationalen Konsequenzen der amerikanischen Geldpolitik — Verf.) for the rest of the world have been strongly resented, and will be even more strongly resented if the rest of the world has eventually to recognise and live with the fact that it is on a dollar standard, and that the US Federal Reserve is in reality but not constitutionally the world's central bank[2]." Gibt es Möglichkeiten zur Eliminierung dieses Problems oder zumindest für seine Relativierung? Kindleberger schlug als Lösung die Ersetzung des Open Market Committee des Federal Reserve System durch ein atlantisches Offen-Markt-Komitee vor. Diesem Komitee sollten neben den Vereinigten Staaten die europäischen Länder und Japan angehören, die Offenmarktgeschäfte sollten vorwiegend auf dem Eurogeldmarkt getätigt werden[3]. Diese Idee hatte vor Kindleberger schon Halm erwogen, doch schnell verworfen als „a political fantasy hardly worth pursuing“[4]. Auch hier soll dieser politische Tagtraum nicht weiter verfolgt werden, wenn er natürlich auch Aufschluß darüber gibt, wie Ökonomen gelegentlich politische Probleme angehen[5].

---

[1] Für eine ökonometrische Analyse, die dies erneut bestätigt vgl. z. B. *William D. Nordhaus*, „The Worldwide Wage Explosion“, Brookings Papers on Economic Activity 2: 1972, S. 431 - 461.

[2] *Harry G. Johnson*, An Overall View of International Economic Questions Facing Britain, the United States, and Canada During the 1970's, o. O.: British-North American Committee, Juni 1970, S. 6.

[3] Vgl. *Charles P. Kindleberger*, „The Dollar System“, Federal Reserve Bank of Boston, New England Economic Review, September/Oktober 1970, S. 3 - 9.

[4] *George N. Halm*, International Financial Intermediation: Deficits Benign and Malignant, Essays in International Finance Nr. 68, Princeton 1968, S. 16.

[5] Dennoch werden politische Tagträume weiterhin von Ökonomen offeriert. So z. B. jüngst McKinnon, der ein Triumvirat (sic!), bestehend aus den USA, Japan und der Bundesrepublik, vorschlug. Die Bundesrepublik und Japan sollten die Paritäten ihrer Währungen an den Dollar anbinden und nur in Dollars intervenieren sowie ihre Währungsreserven ausschließlich in Dollars halten; die Vereinigten Staaten brauchten nicht zu intervenieren und keine Devisenreserven zu halten. Ein solches Triumvirat hätte ein so starkes Gewicht in internationalen Währungsfragen, daß den anderen Ländern kaum

Die dritte Dimension des Souveränitätsproblems liegt im Problem des Anspruchs extraterritorialer Jurisdiktion über transnationale Direktinvestitionen. Multinationale Konzerne sind in der Regel nicht so multinational, wie es scheinen mag. Die meisten — und wichtiger: die größten — multinationalen Unternehmen sind amerikanische Unternehmen; die wichtigsten Entscheidungsträger — auch im Ausland — sind amerikanische Staatsbürger; die Mehrzahl der Forschungs- und Entwicklungsprojekte werden in den Vereinigten Staaten getätigt, die Ergebnisse technologischer Innovationen werden dann an die Tochtergesellschaften im Ausland transferiert. Solche Überlegungen legen die Vermutung nahe, daß bei unternehmenspolitischen Entscheidungen die amerikanische Perspektive dominieren wird. Im Jahre 1963 gab der damalige französische Finanzminister Giscard d'Estaing einer solchen Besorgnis Ausdruck: "It is not desirable that essential sectors of the economy of the Common Market should become dependent on decisions from abroad[6]." Daß gerade von französischer Seite solche Äußerungen kamen, ist nicht ganz zufällig, ebensowenig ist aber auch die Reaktion der Ökonomen zufällig, die darin nur den Ausdruck eines beschränkten Nationalismus sahen[7].

Wenn bis 1968 die Einschränkung der Souveränität der übrigen Länder nur faktisch bestand, so machte 1968 die amerikanische Regierung klar, daß diese Einschränkung für sie nicht nur faktisch, sondern ebenso auch rechtlich besteht. Als am 1. Januar 1968 durch den amerikanischen Präsidenten das Mandatory Foreign Investment Program verkündet wurde, geschah dies "by virtue of the authority vested in the President by section 5 (b) of the act of October 6, 1917, as amended (12 U.S.C. 95 a), and in view of the continued existence of the national emergency declared by Proclamation No. 2914 of December 16, 1950 . . .[8]." Das Gesetz vom 6. Oktober 1917 ist das sog. Trading with the Enemy Act[9], das in

mehr übrigbleibe, als mitzuziehen. Die Motive seines Vorschlags verbirgt McKinnon nicht: die Vereinigten Staaten seien nicht mehr in der Lage, den Standard der dominanten Währung ausschließlich nach ihren Vorstellungen zu dirigieren, „zusätzliche Unterstützung" sollte von den wichtigsten Handelspartnern kommen. Die Idee sei nicht eine Ersetzung des Standards der dominanten Währung, sondern seine Perpetuierung. *Ronald I. McKinnon,* A New Tripartite Monetary Agreement or a Limping Dollar Standard?, Essays in International Finance Nr. 106, Princeton 1974.

[6] Zitiert nach Common Market, März 1963, S. 51.

[7] Um so mehr muß aber auf Vernon hingewiesen werden, der die Konsequenzen reduzierter Souveränität aufgrund des wirtschafts- und währungspolitischen amerikanischen Einflusses analysierte. Vgl. *Raymond Vernon,* Sovereignty at Bay: The Multinational Spread of U. S. Enterprises, New York und London 1971.

[8] „Governing Certain Capital Transfers Abroad", Executive Order 11387, January 1, 1968, in: Weekly Compilation of Presidential Documents 4 (1968), S. 26 - 27.

[9] U. S. Statues At Large, 65 Cong., Vol. 40, Part 1, Public Laws, S. 411 - 426.

Section 5 (b) die Möglichkeit der Regulierung jeglichen grenzüberschreitenden Zahlungsverkehrs durch die amerikanische Regierung vorsieht[10]; die Novellierung bestimmte noch genauer, daß „during the time of war or during any other period of national emergency declared by the President" der Präsident die Befugnis habe, „to investigate, regulate, direct and compel, nullify, void, prevent or prohibit, any acquisition holding, withholding, use, transfer, withdrawal, transportation, importation or exportation of, or dealing in, or exercising any right, power or privilege with respect to or transactions involving, any property in which any foreign country or a national thereof has any interest"[11]. Der fortbestehende nationale Notstand, auf den der Präsident verwies, war 1950 zu Beginn des Koreakriegs von Präsident Truman ausgerufen worden, späterhin war die Proklamation nie aufgehoben worden. Mit dieser Exekutivanordnung hatte die amerikanische Regierung unzweideutig klargestellt, daß amerikanische Tochtergesellschaften im Ausland amerikanischer Jurisdiktion unterstehen. Unternehmen, die den Bestimmungen des Mandatory Foreign Investment Program zuwiderhandelten — z. B. indem sie nicht die geforderte Repatriierung von Gewinnen vornahmen —, machten sich einer Rechtsverletzung schuldig. Obwohl ausländische Tochterfirmen der Rechtsprechung des jeweiligen Gastlandes unterstehen, obwohl ihre Angestellten großenteils Staatsbürger des Gastlands sind, obwohl die Unternehmen manchmal teilweise Staatsbürgern des Gastlands gehören, dekretierte die amerikanische Regierung, daß diese Tochtergesellschaften im Ausland amerikanischer Jurisdiktion unterstehen. Die Auffassung der amerikanischen Regierung macht klar, daß amerikanische Tochtergesellschaften im Ausland *amerikanische* Firmen sind, deren Interessen denen der amerikanischen Regierung unterzuordnen sind. Sollte sich für amerikanische Tochtergesellschaften im Ausland ein Konflikt zwischen ihren Verpflichtungen gegenüber der jeweiligen Volkswirtschaft bzw. gegenüber der jeweiligen Regierung und den Interessen der amerikanischen Regierung ergeben, so haben die Interessen der amerikanischen Regierung Priorität. Da die amerikanischen Direktinvestitionen im Ausland sehr viel größer sind als ausländische Direktinvestitionen in den Vereinigten Staaten, besitzt die amerikanische Regierung überdies ein Druckmittel, dessen sie sich jederzeit bedienen kann, ohne daß die Gefahr gleichermaßen gravierender Gegenmaßnahmen der betroffenen Länder besteht.

Daß der Einsatz von Druckmitteln durch die amerikanische Regierung nicht nur gegenüber „feindlichen" Ländern Anwendung findet, soll hier

---

[10] Es fragt sich, ob der amerikanischen Regierung die subtile Ironie dieser Maßnahme — wie sich später ja zeigte, der Versuch einer Einschränkung amerikanischer Direktinvestionen hauptsächlich *in Europa* auf der rechtlichen Grundlage des Trading with the Enemy Act — bewußt war.

[11] 12 U. S. C. 95 a, (1) B.

anhand dreier Beispiele illustriert werden. So kündigte im Jahre 1967 der amerikanische Finanzminister Fowler „einseitige Aktionen" der amerikanischen Regierung an, wenn die anderen Länder nicht zu größerer währungspolitischer „Kooperation" bereit seien[12]. Erinnert sei hier ebenfalls an die einseitigen Maßnahmen vom August 1971, bei denen die Vereinigten Staaten eine Lösung ihrer Probleme nicht durch Verhandlungen oder „Kooperation", sondern durch den Versuch der Überwälzung aller Anpassungslasten auf die europäischen Länder und Japan angingen[13]; die bisherige Schwäche und Unfähigkeit zu gemeinsamer Aktion durch die europäischen Länder mag eine solche Strategie erfolgversprechend erschienen lassen haben. Als die europäischen Länder und Japan dann bei den Verhandlungen, die in das Smithsonian Agreement mündeten, die Wiederaufnahme der Goldkonvertibilität des Dollars forderten, wurden sie von der amerikanischen Regierung recht eindeutig beschieden: "If they expected us to talk about the convertibility of the dollar, and some did, I simply said we would ask for three times the realinement we were asking for[14]." Und bei den Verhandlungen über die Reform des internationalen Währungssystems kündigte 1972

[12] „I continue to find it necessary and relevant to emphasize to my colleages from other countries that the way in which this nation handles its balance-of-payments problem depends in large measure on the cooperation it receives from other countries in the process, and upon the way in which financial nations act in dealing with their own domestic and international monetary problems. I find it also necessary to emphasize that this cooperation is not a matter of helping the United States deal with its problem, but a matter of enabling the United States to deal with its problem without: undermining the international monetary system, subjecting that system, by unilateral action to radical and undesirable change, or withdrawing from commitments involving the security and development of others." Remarks by Secretary Fowler, March 17, 1967, at the 14th Annual Monetary Conference of the American Bankers Association, on a World Monetary System for a Greater Society of Nation, in: Annual Report of the Secretary of the Treasury 1967, S. 327 - 337, hier S. 331.

[13] Diese Diskrepanz zwischen politischer Rhetorik und politischer Strategie hat Bergsten treffend charakterisiert: „It ist ludicrous for the United States to call for a new sharing of responsibility among allies, and then unilaterally unleash a bombshell which both upsets such coöperation directly and makes it more difficult, economically and thus politically, for others to contribute. Or to call for an era of greater equality among allies and then seek to dictate terms of settlement on the central internal political issues of others. Or to call for a liberal trading and payment system, and then break all the rules and seek to export unemployment." *C. Fred Bergsten*, „The New Economics and U. S. Foreign Policy", Foreign Affairs 50 (1971/72), S. 199 - 222, hier S. 209. Es scheint, daß Bergsten hier auf ein Kernproblem der amerikanischen Außenpolitik hingewiesen hat: die Diskrepanz zwischen politischer Rhetorik, die Kooperation und Interdependenz betont, und politischer Strategie, die Drohung und Konfrontation zu wesentlichen Instrumenten der Außenpolitik macht.

[14] Statement by John B. Connally, Secretary of the Treasury, in: The 1972 Economic Report of the President, Hearings before the Joint Economic Committee, Part 2, 92 Cong. 2 sess. (1972), S. 316 - 372, hier S. 330.

der amerikanische Finanzminister Shultz an, daß eine Wiederaufnahme der Goldkonvertibilität des Dollars möglich sei, doch sei eine solche Entscheidung von der Entwicklung der amerikanischen Zahlungsbilanz in der nächsten Zeit abhängig. Die europäischen Länder und Japan waren also aufgefordert, ihre interne Wirtschaftsstruktur sofort und radikal zugunsten einer starken Importorientierung umzugestalten, falls sie weiterhin an einer Goldkonvertibilität des Dollars interessiert sein sollten.

Die europäischen Länder fühlten sehr wohl die Einschränkungen ihrer Souveränität durch die faktische Supersouveränität der Vereinigten Staaten, ebenso wie sie sich des Druckpotentials der Vereinigten Staaten — teilweise beruhend auf der asymmetrischen Struktur des internationalen Währungssystems — bewußt waren. Die Eliminierung des Standards der dominanten Währung und die Errichtung einer symmetrischen Währungsordnung mußte deshalb ganz besonders im Interesse dieser Länder liegen. Wenn dabei die europäischen Länder sich unterschiedlicher Methoden bedienten, so reflektiert diese unterschiedliche Wahl der Mittel nur ihre unterschiedliche Abhängigkeit von den Vereinigten Staaten, in der Zielsetzung bestanden keine Divergenzen der europäischen Länder untereinander. Die Zielsetzung der Eliminierung des Standards der dominanten Währung hat wohl am klarsten Frankreich verfochten, auch hat Frankreich die ihm dafür zur Verfügung stehenden Mittel am zielstrebigsten eingesetzt. Insoweit vertrat also Frankreich bei seinen Auseinandersetzungen mit den Vereinigten Staaten um die Struktur des internationalen Währungssystems nicht nur seine eigenen Interessen, vielmehr muß Frankreich in dieser Frage als Sprecher Europas gesehen werden — und so hat es die französische Regireung wohl auch selbst verstanden. Dies ist auf amerikanischer Seite selten erkannt worden, in der Regel wurde der europäisch-amerikanische Interessenkonflikt, der sich wesentlich als französisch-amerikanischer Konflikt manifestierte, auf psychische Eigenheiten des französischen Präsidenten de Gaulle (z. B. Abneigung gegenüber den Angelsachsen, herrührend aus seinen Kriegserlebnissen, rückwärtsgewandter Nationalismus wie er sich in der französischen Militärpolitik und dem Wunsch nach Wiedererrichtung des Goldstandards manifestiere) zurückgeführt. Solche Deutungen, die auf amerikanischer Seite dominierten, verfehlen jedoch die Wirklichkeit; sei es, daß sie der „fallacy of composition“ erliegen, indem die amerikanischen Interessen mit universalen Interessen identifiziert werden, so daß Konflikte eigentlich nicht mehr möglich sein dürften und keine sinnvolle Berechtigung haben, sei es, daß die Handlungen der französischen Regierung in diesem Konflikt nur unter begrenzten ökonomischen Rationalitätsgesichtspunkten analysiert wurden, womit sich dann im Falle eines negativen Ergebnisses per Implikation auch schon die politische Irrationalität der französischen Position ergab.

Für die meisten Beobachter kamen die Ausführungen des französischen Präsidenten in seiner Pressekonferenz am 4. Februar 1965 zu Fragen des internationalen Währungssystems so überraschend, daß sie darin nur ein weiteres Instrument der französischen Opposition — und notabene: Opposition ohne ersichtlichen Grund — gegen die Vereinigten Staaten sahen. Die französische Regierung hatte aber schon lange vorher ihrer Kritik am Standard der dominanten Währung Ausdruck gegeben, insoweit wirkten für aufmerksamere Beobachter die Ausführungen des französischen Präsidenten keineswegs so spektakulär, wie es den Anschein haben mochte. Schon seit 1962 übte die französische Regierung Kritik am Standard der dominanten Währung und forderte ein symmetrisches Währungssystem. Zuerst war die Kritik noch relativ gemäßigt, was wohl auf die fortgesetzten Bekräftigungen der amerikanischen Regierung zurückging, das amerikanische Zahlungsbilanzdefizit baldmöglichst zu eliminieren. Je länger jedoch das amerikanische Defizit fortdauerte und immer größere Dimensionen annahm, ohne daß die Vereinigten Staaten ernsthafte Maßnahmen zur Eliminierung des Defizits ergriffen, um so intensiver wurde die französische Kritik und um so stärker der Einsatz währungspolitischer Instrumente durch die französische Regierung. Den ersten öffentlichen Vorstoß unternahm der französische Finanzminister Giscard d'Estaing auf der IMF-Jahrestagung 1963. Drei Punkte erschienen ihm dabei von besonderer Bedeutung: (1) das Fehlen eines wirksamen Anpassungsmechanismus: durch die Akkumulation nationaler Währungen als internationale Reserven werden dem Schuldnerland langfristige Kredite eingeräumt, ohne daß diese Kredite formell vereinbart seien; (2) der Mangel an Reziprozität: sollte ein Defizitland, dessen Währung als internationales Reservemedium Verwendung findet, einen Überschuß in der Zahlungsbilanz erreichen, so sei keineswegs garantiert, daß es dadurch seine Währungsreserven vergrößere, vielmehr sei lediglich mit einer Abnahme der akkumulierten Verbindlichkeiten zu rechnen; (3) Gläubigerländer trügen ungleiche Risiken, je nachdem, ob sie einen größeren oder geringeren Anteil ihrer Reserven in Gold oder nationalen Währungen hielten. Allgemein kritisierte der französische Finanzminister den verstärkten Rekurs auf kurzfristige Kredite, die keinerlei dauerhafte Positivierungseffekte auf eine Zahlungsbilanz ausüben. Hinsichtlich des Liquiditätsproblems ging er auf die Goldfrage überhaupt nicht ein, statt dessen forderte er die Schaffung neuer Liquiditätsmedien, falls eine kollektive Überprüfung die Notwendigkeit einer größeren internationalen Liquidität erweisen sollte. Über die Form und Verteilung solcher neuer Liquiditätsmedien sollte in internationalen Verhandlungen entschieden werden[15]. Ähnliche Gedanken trug der französische Finanzminister dann ein Jahr später er-

[15] Vgl. Statement by the Governor for France, Summary Proceedings 1963, S. 55 - 63.

neut auf der IMF-Jahrestagung vor. Wiederum forderte er die Schaffung zusätzlicher Reservemedien statt einer Perpetuierung des Standards der dominanten Währung. Dabei äußerte er sich auch kurz zur Goldfrage, wobei er unzweideutig klarstellte, daß die Goldfrage für Frankreich lediglich funktionale Bedeutung habe: "The importance of the role of gold does not arise from any charm inherent in the metal itself, but from the following fact: as long as the present situation prevails with separate national sovereignties throughout the world acting freely in the monetary field, without recourse to arbitration, and certainly not subject to coercion, reference will have to be made to gold, the only monetary element outside the scope of government action[16]."

Nachdem die französische Regierung mehr als drei Jahre lang auf eine Fundamentalreform des internationalen Währungssystems gedrängt hatte, ohne daß diesem Drängen Erfolg beschieden gewesen wäre, nahm der französische Präsident in seiner Pressekonferenz vom 4. Februar 1965 das Thema erneut auf. Er kritisierte die „kolossale Vorzugsstellung"[17] des Dollars als dominanter Währung und forderte erneut ein symmetrisches Währungssystem in Anlehnung an den Goldstandard des 19. Jahrhunderts. Beobachter wollten hier sofort den Einfluß Rueffs sehen, der als Verfechter des Goldstandards bekannt war[18]. Doch ist die Vermutung nicht abwegig, daß für den französischne Präsidenten eine Rückkehr zum Goldstandard des 19. Jahrhunderts bestenfalls *eine* Möglichkeit für eine Fundamentalreform des internationalen Währungssytems war. Von Interesse war auch für ihn nur das Prinzip der Symmetrie, das er im Goldstandard verwirklicht sah, überdies ließ sich die Forderung nach einer Rückkehr zum Goldstandard als Instrument im währungspolitischen Konflikt mit den USA verwenden. Auch dem französischen Präsidenten dürfte kaum verborgen geblieben sein, daß das rigide Regime des Goldstandards ebenso zu einer starken Reduzierung nationaler Souveränität geführt hatte; gerade dieser Konflikt zwischen redu-

---

[16] Statement of the Governor for France, Summary Proceedings 1964, S. 203 - 209, hier S. 206.

[17] „cet insigne avantage", Pressekonferenz, Discours, hier S. 331.

[18] Auch dies dürfte ein Mißverständnis sein. Rueff ging es primär um ein symmetrisches Währungssystem; die Form dieser Symmetrie war demgegenüber zweitrangig: „I consider the price of gold as only a side issue ... The aim is to restore a system which is not contrary to the most elementary common sense; in other words, to ensure that the debtor country loses what the creditor country gains." Argument with Jacques Rueff, A Special Interview by the Economist, The Economist, 13. Februar 1965, S. 662 - 665, hier S. 662. Allerdings hat Rueff seine Position nicht immer mit aller Klarheit deutlich gemacht, so daß Mißverständnisse seiner Auffassungen nicht nur seinen Kritikern angelastet werden können. Doch selbst wenn Rueffs Position in der Goldfrage möglicherweise nicht immer eindeutig war, so ist doch Triffins Bemerkung zuzustimmen: „President de Gaulle is not M. Rueff." *Triffin*, World Money Maze, S. 343.

zierter Souveränität und dem Streben der Staaten nach Unabhängigkeit war ja ein Grund für den Zusammenbruch des Goldstandards.

Nach der Pressekonferenz des französischen Präsidenten nahmen dann die Vorstöße der französischen Regierung zu, eine Reform des internationalen Währungssystems wurde immer dringlicher gefordert. Am 11. Februar 1965 hielt der französische Finanzminister in der neuen juristischen Fakultät in Paris einen Vortrag über die Reform des internationalen Währungssystems, und einen weiteren im Juni 1965 vor dem Institut für Banken- und Finanzstudien. Dabei spezifizierte er die französischen Auffassungen zur Goldfrage: weder sei eine Rückkehr zum Goldstandard anvisiert noch eine Erhöhung des Goldpreises. Auch auf der IMF-Jahrestagung 1965 nahm der französische Finanzminister das Thema erneut auf. Dabei stellte er klar, daß ein Übergang zu einem symmetrischen Währungssystem nicht abrupt vonstatten gehen könne; es sei unrealistisch zu erwarten, die Reservewährungsländer würden ihre Privilegien spontan aufgeben. Wichtiger jedoch war sein Hinweis, daß Frankreich bisher das einzige Land gewesen sei, das sich konkret zu den Fragen einer Fundamentalreform geäußert habe[19]. Im Jahre 1966 wurde der französische Finanzminister Giscard d'Estaing durch Debré abgelöst, damit wurde auch der französisch-amerikanische Konflikt verschärft. Der Standard der dominanten Währung, erklärte Debré, arbeite „to the benefit of a single currency. It must appear as inequitable since it has no reciprocity ... The gold exchange standard seems to be dangerous since there is no corrective mechanism to offset the deficits of the reserve currency countries, and these countries are therefore able to pursue a certain policy without having their attention called to the causes of the trouble of which the system itself is the origin". Dem Gold komme eine besondere Rolle im internationalen Währungssystem zu, denn „nothing but an instrument independent of national powers can regulate the balance of trade"[20]. Im Januar 1967 deutete Debré in einem Interview auch die Möglichkeit einer Goldpreiserhöhung an, doch selbst auf ausdrückliches Befragen war er nicht bereit, sich mit diesem Vorschlag zu identifizieren[21].

Ab 1968 wurden die französischen Äußerungen gedämpfter, was wohl teilweise daran lag, daß durch die ab 1968 eintretenden Passivierungstendenzen der französischen Zahlungsbilanz die französische Regierung kaum noch wirksame Möglichkeiten besaß, Druck auf die Vereinigten

[19] Vgl. Statement by the Governor for France, Summary Proceedings 1965, S. 121 - 129.

[20] Statement by the Governor for France, Summary Proceedings 1966, 37 - 48, hier S. 40 und S. 44.

[21] „M. Michel Debré confirme dans une declaration au ‚Monde' qu'il convient d'aborder la question de la réévaluation du prix de l'or", Le Monde 8./9. Januar 1967, S. 1 und 8.

Staaten auszuüben. Doch muß daran erinnert werden, daß die Dollarabwertung vom Dezember 1971 im wesentlichen durch das Beharren der französischen Regierung auf dieser Frage zustande kam; eine Konfliktlösung zeichnete sich erst ab, nachdem bei einem Treffen auf den Azoren zwischen Präsident Nixon und Präsident Pompidou der amerikanische Präsident einer Dollarabwertung zugestimmt hatte. Doch war damit die Frage einer Fundamentalreform des internationalen Währungssystems überhaupt noch nicht angegangen, so daß die französische Regierung weiter auf eine Eliminierung des Standards der dominanten Währung drängte. Nach der Aufhebung der Goldkonvertibilität des Dollars waren die Wiedereinführung der Konvertibilität des Dollars in Primärreserven und danach tatsächliche Dollarkonversionen die einzige Möglichkeit, zu einer Eliminierung des Standards der dominanten Währung zu gelangen. "Convertibility, as we understand it, is meaningless unless it provides for a mandatory, multilateral, and symmetrical mechanism[22]." Darüber hinaus sollen nach der Vorstellung der französischen Regierung nunmehr die Sonderziehungsrechte die Funktion einer Interventionswährung, einer Rechnungseinheitswährung und einer Reservewährung übernehmen, also alle drei Funktionen auf der Ebene der offiziellen Transaktionen.

Die deutsche Regierung hat sich während der sechziger Jahre nie dezidiert zur Frage einer Fundamentalreform des internationalen Währungssystems geäußert; wenn überhaupt, so kamen solche Äußerungen von der Bundesbank, wodurch der politische Gehalt solcher Äußerungen erheblich reduziert wurde. Die Zurückhaltung der deutschen Regierung ist verständlich, wenn man die stärkere Abhängigkeit der Bundesrepublik, insbesondere in militärpolitischen Fragen, von den Vereinigten Staaten berücksichtigt. Nach dem deutlichen Hinweis des französischen Finanzministers von 1965 in Hinsicht auf Vorschläge von seiten anderer Länder konnte auch die deutsche Seite dieser Frage nicht mehr ausweichen. Zwar hatte schon im März 1965 der Präsident der Bundesbank sich in einem Vortrag zur Frage einer Fundamentalreform geäußert: „Unser Standpunkt unterscheidet sich von dem französischen nicht im Ziel, sondern in der Methode[23]." Doch dann forderte der Präsident der Deutschen Bundesbank auf der IMF-Jahrestagung „a restoration of equilibrium in the balances of payments of the reserve countries. There is indeed no alternative to this"[24]. Im Laufe der folgenden Jahre

---

[22] Statement by the Governor for France, Summary Proceedings 1973, S. 71 - 77.

[23] Vortrag des Präsidenten der Deutschen Bundesbank Karl Blessing bei der Generalversammlung der Handelskammer Deutschland-Schweiz, in: Deutsche Bundesbank, Auszüge aus Presseartikeln, Nr. 19 vom 10. März 1965, S. 1 - 5, hier S. 5.

[24] Statement by the Governor for Germany, Summary Proceedings 1966, S. 53 - 57, hier S. 56.

kam es dann zu einer weitgehenden Annäherung der Standpunkte der europäischen Länder, 1973 bestanden kaum noch Unterschiede in den Positionen der Länder in der Frage einer Fundamentalreform. Auch Großbritannien hat sich diesen Bestrebungen für eine Fundamentalreform angeschlossen[25].

Interessant ist, daß Japan in der Frage einer Fundamentalreform in jüngster Zeit eine Position bezogen hat, die der der europäischen Länder relativ nahe steht. Darin drückt sich neben dem gemeinsamen Interesse der Überschußländer wohl auch eine veränderte militärpolitische Einschätzung der japanisch-amerikanischen Beziehungen aus, wie auch die Nachwirkungen des „Nixon-Schocks" vom August 1971 hier sichtbar werden.

Die Perpetuierung des Standards der dominanten Währung fiel den Vereinigten Staaten um so leichter, je weniger die europäischen Länder aufgrund ihrer Interessenkonflikte untereinander in der Lage waren, eine einheitliche Position gegenüber den Vereinigten Staaten einzunehmen. Noch während der fünfziger Jahre waren die europäischen Interessen mit den Interessen der Vereinigten Staaten weitgehend identisch, so daß der Dominanzeffekt kaum fühlbar war. Das änderte sich, nachdem die Übergangsphase des Wiederaufbaus gegen Ende der fünfziger Jahre zu Ende ging. Insoweit mußte es — trotz aller amerikanischen Rhetorik, die den europäischen Einigungsbemühungen Beifall zollte — im amerikanischen Interesse liegen, eine wirksame europäische Einigung zu verhindern. Doch brauchten die Vereinigten Staaten europäische Einigungsbestrebungen nur selten in ihrem Sinne zu beeinflussen, da es kaum effektive Integrationsansätze gab, die über einen europäischen Agrarmarkt und eine europäische Zollunion hinausreichten[26]. Daß die europäischen Interessen nicht mit den amerikanischen Interessen identisch sind, ist eine Tatsache, die auf amerikanischer Seite nur schwer Akzeptierung findet. Einer der wenigen, dem diese Einsicht nicht entgangen war, war der Politikwissenschaftler Kissinger, der 1965 schrieb: "Paradoxically, some autonomy in political decisions for Europe is psychologically important for the cohesion of the Alliance. Though this proposition will be granted by most American policymakers in the abstract,

[25] Vgl. die Äußerungen der Gouverneure Frankreichs, der Bundesrepublik, Großbritanniens sowie Dänemarks als Sprecher der gesamten Europäischen Gemeinschaft in Summary Proceedings 1973.

[26] Noch 1973 hat Laqueur die Malaise der europäischen Integration treffend charakterisiert: „There is no real loyalty within EEC, and almost all European leaders pursue national interests at the expense of the community. Much of the debate on Europe's place in the world, its future relations with America, its growing political independence, has an eerie quality, reminiscent of theoretical discussions at a political-scientists' convention; any similarity with the real problems of the world is purely accidental." *Walter Laqueur*, „The Year of Europe", Commentary, Juni 1973, S. 74 - 80, hier S. 75.

they tend to resist independence when it takes the form of challenging our judgments. A decade and a half of hegemony have accustomed us to believing that our views represent the general interest. The difficulty with which decisions are reached in our government produces temptations to turn Allied consultation into an effort to implement essentially American conceptions[27]."

Für die Realität der sechziger Jahre läßt sich unschwer die Existenz einer Dollarzone konstatieren; diese Dollarzone umfaßte neben den Ländern Süd- und Mittelamerikas auch Kanada, Japan, Italien und die Bundesrepublik, evtl. auch einige Länder des südostasiatischen Raumes. Kennzeichen dieser Dollarzone war die starke Abhängigkeit dieser Länder in währungspolitischen Fragen von den Vereinigten Staaten, wobei die amerikanische Militärpolitik oft genug als Hebel zur Durchsetzung währungspolitischer Interessen diente. Seit 1971 versuchten Italien, die Bundesrepublik und Japan sich gegenüber den Folgen dieser währungspolitischen Dominanz der Vereinigten Staaten abzuschirmen, so daß diese Dollarzone nur noch rudimentär besteht. Eine solche Abschirmung konnte auf europäischer Seite nur über verstärkte Integration geschehen, wenn auch solche verstärkte Integrationsbemühungen in der Regel eher zu Mißerfolgen führten, wie die nicht eingehaltenen Absprachen über Reserventransfers der EG-Länder und der mißglückte Versuch eines gemeinsamen Floatens der Währungen aller EG-Länder zeigen. Doch läßt sich aus den bisherigen geringen Erfolgen der europäischen Integrationsbemühungen nicht unbedingt schließen, daß auch zukünftige Ansätze zu verstärkter europäischer Integration immer negative Ergebnisse haben werden.

Für die Vereinigten Staaten müßte es demgegenüber weiterhin darauf ankommen, europäische Integrationsversuche zu verhindern. Ziel solcher Bemühungen dürften dabei im besonderen die Bundesrepublik und Italien sein; gelänge es, diese beiden Länder weiterhin oder erneut in eine Dollarzone einzubeziehen, so wären alle europäischen Integrationsbemühungen auf währungspolitischem Gebiet zum Scheitern verurteilt. Dabei wird der deutschen Regierung eine Schlüsselrolle in den Fragen der europäischen Integration zukommen. Die deutsche Regierung wird sich überlegen müssen, ob sie weiter in gleichem Ausmaß wie bisher den Vermittler zwischen Frankreich und den Vereinigten Staaten spielt, oder ob nicht die Realisierung gemeinsamer europäischer Ziele — von denen ja auch die deutsche Regierung schon während der sechziger Jahre ausging — nur um den Preis einer Verstärkung des währungspolitischen Konflikts zwischen den Vereinigten Staaten und den europäischen Län-

[27] *Henry A. Kissinger*, The Troubled Partnership, New York 1965, S. 234. Es fragt sich allerdings, ob der amerikanische Außenminister Kissinger immer über die gleichen Einsichten verfügt.

dern zu erreichen ist. Die Intensität des währungspolitischen Konflikts zwischen den Vereinigten Staaten und Frankreich während der sechziger und siebziger Jahre ging ja weniger auf die obstinate Haltung Frankreichs zurück — häufig angesichts eines unzureichenden französischen Bargaining-Potentials —, sondern vielmehr auf die Tatsache, daß die französische Regierung immer auch die europäische Position formulierte, ohne daß die europäischen Länder der französischen Politik immer folgen wollten oder konnten. Die Gefahren, die für Frankreich mit einer solchen Politik verbunden waren, hat schon Präsident Pompidou gesehen[28], doch dürften die Konsequenzen, die die französische Regierung aus dieser Einsicht zog, nur in Richtung verstärkter europäischer Integrationsbemühungen liegen. Der währungspolitische Konflikt zwischen Frankreich und den Vereinigten Staaten wird also weiter fortbestehen, denn „among all the Western democracies, we are probably the one which has the most precise foreign policy goals, and this is not fully understood by the U. S."[29]. Wenn dies so ist, hängt alles ab von einer effektiven Aggregierung des Bargaining-Potentials der europäischen Länder bei den zu erwartenden weiteren währungs- und handelspolitischen Verhandlungen zwischen den Vereinigten Staaten und den europäischen Ländern.

[28] „L'expérience prouve que nous ne pouvons pas nous isoler économiquement, sous peine de récession très grave, et que, par conséquent, nous pouvons pas nous isoler monétairement." La conférence de presse du chef de l'Etat, Le Monde Nr. 8930 vom 29. September 1973, S. 1 ff., hier S. 2, wiederabgedruckt in: Deutsche Bundesbank, Auszüge aus Presseartikeln Nr. 74 vom 2. Oktober 1973, S. 7 - 9.

[29] „Giscard: The Aesthetic of Action", Interview mit dem französischen Präsidenten Giscard d'Estaing, TIME, 7. Oktober 1974, S. 8.

15. Möglichkeiten und Realisierungschancen der Eliminierung des amerikanischen Zahlungsbilanzdefizits

Wenn man die Notwendigkeit der Eliminierung des amerikanischen Zahlungsbilanzdefizits voraussetzt — und auch die amerikanische Regierung hat ja diese Notwendigkeit immer betont —, so stellt sich das Problem, wie eine solche Eliminierung möglich sein könnte. Die von der amerikanischen Regierung ergriffenen zahlungsbilanzpolitischen Maßnahmen haben die Eliminierung nicht bewirken können[1].

Grundsätzlich gäbe es zwei Möglichkeiten, eine Aktivierung der amerikanischen Zahlungsbilanz zu erreichen: (1) eine Vergrößerung der Realtransfers über einen großen Handelsbilanzüberschuß oder (2) eine Verringerung der Finanztransfers, wodurch dem Rekurs auf Anpassungsmaßnahmen geringere oder überhaupt keine Bedeutung mehr zukäme. Machlup meinte, aus seiner Diagnose der Transferlücke (d. h. des amerikanischen Defizits) den Schluß ziehen zu müssen, daß allein Anpassungsmaßnahmen zu einer Aktivierung führen könnten; 1968 hätte eine Dollarabwertung von 4 % ausgereicht[2]. Andererseits war auch Machlup klar, daß ein solch großer Handelsbilanzüberschuß von den übrigen Industrieländern, mit denen er allein hätte erzielt werden können, nicht toleriert worden wäre. Dafür mögen merkantilistische Überlegungen, aber auch beschäftigungspolitische Gründe, ebenso wie politische Gründe die Ursachen gewesen sein. Bis 1971 hätten die europäischen Länder ohnehin darauf verweisen können, daß die amerikanische Handelsbilanz aktiv war — daß also eine Dollarabwertung nur bedingt erforderlich war —, und selbst nach 1971 wies die amerikanische Handelsbilanz gegenüber Europa einen Aktivsaldo aus. Doch abgesehen von solcher Saldenarithmetik, sei daran erinnert, daß die Vereinigten Staaten aufgrund des Übergangs von einer güterorientierten zu einer dienstleistungsorientierten Volkswirtschaft und aufgrund der jahrelangen Überbewertung des Dollars, die zu einer Erosion der amerikanischen Wettbewerbsposition führte, sowie aufgrund der ab 1973 eingetretenen starken Verteuerung der Rohölimporte ohnehin mit einer defizitären

---

[1] Dagegen spricht auch nicht die Ausnahme der Jahre 1966, 1968 und 1969, da der Zahlungsbilanzüberschuß dieser Jahre auf die restriktive amerikanische Geldpolitik dieser Jahre zurückging, weshalb die Überschüsse unter längerfristigen Aspekten ohne Bedeutung sind.

[2] *Machlup*, „Transfer Gap", S. 237.

Handelsbilanz rechnen müßten — jedenfalls, soweit solche Tendenzen nicht durch Veränderungen der Paritäten beeinflußt werden können. Insoweit dürften Hoffnungen, über einen großen Handelsbilanzüberschuß eine Aktivierung der amerikanischen Zahlungsbilanz zu erreichen, fehlgehen.

Nur selten wurde auf die Möglichkeit verwiesen, eine Aktivierung der amerikanischen Zahlungsbilanz über eine Einschränkung der Finanztransfers zu erreichen[3]. Konkret hätte eine Einschränkung der Finanztransfers eine Reduzierung der amerikanischen Direktinvestitionen im Ausland, evtl. eine Überprüfung der amerikanischen Entwicklungshilfe und sicher auch eine Reduzierung der auswärtigen Militärausgaben über eine Verminderung der im Ausland stationierten amerikanischen Truppen bedeutet[4]. Solche Einschränkungen politischer Finanztransfers wurden jedoch nie substantiell vorgenommen, da der Militärpolitik sowie der Außenpolitik ganz allgemein Priorität vor zahlungsbilanzpolitischen Zielen eingeräumt wurde; diese Priorität besteht unverändert fort. Überdies wäre auch keineswegs sicher gewesen, daß im Falle der Einschränkung dieser politischen Finanztransfers die amerikanische Zahlungsbilanz einen Überschuß ausweisen würde. Eine Verminderung von Finanztransfers hat in der Regel auch eine Verminderung von Realtransfers zur Folge; eine Verminderung der Finanztransfers um einen bestimmten Betrag würde die amerikanische Zahlungsbilanz nicht automatisch um diesen Betrag verbessern.

Wenn in der vorliegenden Untersuchung die wesentliche Ursache für das amerikanische Zahlungsbilanzdefizit im Standard der dominanten Währung gesehen wurde, so kann eine Eliminierung des amerikanischen Zahlungsbilanzdefizits *allein* über eine Eliminierung des Standards der dominanten Währung zustande kommen. Dann wären die Vereinigten Staaten genötigt, Zahlungsbilanzdefizite durch Reservenverluste abzudecken, was unter der Voraussetzung begrenzter Reserven effektive zahlungsbilanzpolitische Maßnahmen erforderlich machen würde. Es läßt sich nicht sagen, wie die amerikanische Regierung auf eine solche Situation reagieren würde, d. h. welche zahlungsbilanzpolitischen Maßnahmen ergriffen werden würden. Wahrscheinlich wäre die Folge eine

---

[3] So z. B. Triffin: „Overspending can be cured only by cutting the spending and not by changing the exchange rate." *Robert Triffin,* in: Randall Hinshaw (Hrsg.), The Economics of International Adjustment, Baltimore und London 1971, S. 20.

[4] Einer der wenigen Ökonomen, die dies erkannt und mit aller Deutlichkeit ausgesprochen hat, war Galbraith: „More generally it will be clear, an effective balance of payments policy requires an open mind toward a large number of measures which we have come to consider settled and in some degree sacred — uninhibited capital exports, progressive tariff reductions, given troop commitments." *John Kenneth Galbraith,* „The Balance of Payments: A Political and Administrative View", The Review of Economics and Statistics XLVI (1964), S. 115 - 122, hier S. 122.

starke Intensivierung des handelspolitischen Konflikts, aber auch Truppenreduzierungen im Ausland und Einschränkungen der Direktinvestitionen im Ausland müßten in Erwägung gezogen werden. Zwar haben die europäischen NATO-Länder stets betont, daß eine Reduzierung amerikanischer Truppen in Europa unerwünscht sei, doch müßte eine solche Entscheidung weitgehend der amerikanischen Regierung überlassen bleiben. Insoweit waren also auch die politischen Vorstellungen der europäischen Regierungen inkonsistent, wenn sie einesteils eine Eliminierung des amerikanischen Zahlungsbilanzdefizits wünschten, andererseits eine Reduzierung amerikanischer Truppen in Europa ablehnten. In einer solchen hypothetischen Situation nach der Eliminierung des Standards der dominanten Währung wäre dann auch an der Berechtigung amerikanischer Forderungen nach einem militärischen Lastenausgleich (in der Form von Budgetzahlungen) sowie einem effektiven Devisenausgleich als Gegenleistung für weiter in Europa zu stationierende amerikanische Truppen nicht mehr zu zweifeln. Überdies müßte natürlich die Eliminierung des Standards der dominanten Währung gleichzeitig das Problem der Konsolidierung der im Besitz von Zentralbanken befindlichen Devisenguthaben eindeutig und definitiv einer Lösung zuführen.

Wenn also eine Eliminierung des amerikanischen Zahlungsbilanzdefizits nur geschehen kann über eine Eliminierung des Standards der dominanten Währung, an den das Defizit geknüpft ist, so ist damit aber auch schon klar, daß die Eliminierung des amerikanischen Defizits in absehbarer Zeit nicht eintreten wird. Die Haltung der amerikanischen Regierung in der Frage der Reform des internationalen Währungssystems ist eindeutig: die wichtigste Funktion des Dollars auf der Ebene der offiziellen Transaktionen, die Reservewährungsfunktion, soll nach Auffassung der amerikanischen Regierung ohne substantielle Einschränkung weiterbestehen. Weder wird der IMF aufgrund des großen amerikanischen Einflusses in der Lage sein, gegen den Widerstand der amerikanischen Regierung eine Eliminierung der Reservewährungsfunktion des Dollars herbeizuführen, noch werden die übrigen Länder des internationalen Währungssystems eine solche Eliminierung durchsetzen können; der Dominanzeffekt wird es der amerikanischen Regierung weiterhin ermöglichen, ihre Interessen gegen die Interessen der übrigen Länder durchzusetzen[5]. Die Realisierungschance einer Fundamentalreform des internationalen Währungssystems ist also gering.

[5] Diese Einschätzung, daß eine Fundamentalreform des internationalen Währungssystems während des nächsten Jahrzehnts nicht zu erreichen sein wird, wird z. B. von Cooper geteilt: „At the end of a decade the position of the dollar will not be very different from what it is now. The dollar will continue to be suspect and the struggle to find acceptable ways to rein it in will continue, but generally they will fail, and the dollar will still be widely used both as a private international and as an official reserve currency.“ *Richard*

Auch die europäischen Regierungen dürften mittlerweile — im Gegensatz zu den sechziger Jahren, als sich die europäischen Regierungen mit Ausnahme Frankreichs wohl kaum über die Ursachen des amerikanischen Defizits im klaren waren — eingesehen haben, daß das amerikanische Defizit an den Standard der dominanten Währung geknüpft ist und daß die amerikanische Regierung eine Eliminierung des Standards der dominanten Währung verhindern wird. Insoweit muß es im Interesse der europäischen Länder liegen, wenigstens die Konsequenzen des Standards der dominanten Währung zu minimieren. Ein Abbau der Reservewährungsfunktion des Dollars ließe sich über freie Wechselkurse erreichen, also wenn Zentralbanken nicht mehr zur Kursstützung intervenierten. In einem solchen Fall würden sich die Reserven der Zentralbanken nicht mehr vergrößern, aber es bestünde auch keine Notwendigkeit mehr zur Akkumulation von Währungsreserven, da Zahlungsbilanzungleichgewichte automatisch „über den Markt" eliminiert würden. Einige Beobachter wollten in der ab März 1973 eingeführten größeren Flexibilität der Wechselkurse schon einen Übergang zu freien Wechselkursen, also ohne Intervention der Zentralbanken am Devisenmarkt, sehen[6]. Dazu läßt sich nur sagen, daß nach dem März 1973 weder ein Regime freier Wechselkurse existiert, noch daß die Chance der Errichtung eines solchen Regimes freier Wechselkurse besteht. Es scheint, daß Ökonomen, die die Existenz eines Regimes freier Wechselkurse konstatieren, einerseits ihre Neigung zu freien Wechselkursen in die Realität projizierten, also normative und positive Fragen nicht auseinanderhalten konnten, zum anderen haben diese Ökonomen wohl nie die politischen Implikationen freier Wechselkurse analysiert.

Eine der wichtigsten Entwicklungen auf dem Gebiet der Wirtschaftspolitik während der letzten hundert Jahre bestand in der weitgehenden Übernahme regulativer Funktionen durch den Staat. Unter den Bedingungen moderner Demokratie gewinnt dabei das Ziel der Vollbeschäftigung tendenziell Vorrang vor allen übrigen wirtschaftspolitischen Zielen der Regierung. Dies gilt auch für die Außenwirtschaftspolitik, wo der Staat mehr und mehr Kompetenzen übernahm, doch werden außenwirtschaftliche Ziele wie alle übrigen wirtschaftspolitischen Ziele dem Ziel einer hohen Beschäftigungsquote untergeordnet. Schon von daher ist es illusorisch anzunehmen, der Staat würde weite Bereiche der Außenwirtschaft den Marktkräften unkontrolliert überlassen[7]. Die An-

N. Cooper, „The Future of the Dollar", Foreign Policy, Sommer 1973, S. 3 - 22, hier S. 4.

[6] So z. B. *Wallich*, „Longer-run Aspects", hier S. 346: „Meanwhile the world has moved to an improvised system of total flexibility." Ebenso *McKinnon*, A New Tripartite Monetary Agreement, S. 5: „... the recent regime of floating exchange rates ..."

[7] Solche Entwicklungen, die in der traditionellen ökonomischen Theorie nur selten reflektiert werden, sind in die Theorie der dominanten Wirtschaft konstituierend eingegangen.

nahme, die Bestimmung des Außenwerts einer Währung könne dem Markt überlassen werden, „implies an unwordly detachment on the part of governments and monetary authorities“[8].

Im System freier Wechselkurse hätte z. B. eine Fehlentwicklung der Geldpolitik — etwa eine inflationäre Geldpolitik — die Konsequenz eines Kursverlusts dieser Währung. Die Folge wäre eine Veränderung der relativen Kosten und Preise; da jedoch der Preis für Arbeitskräfte — die Löhne — nicht fallen würde, wären die Folgen Arbeitslosigkeit und Rezession. Es ist kaum vorstellbar, daß eine Regierung diese Konsequenzen widerstandslos akzeptieren würde — oder akzeptieren könnte. "The same forces that have given us the downward rigidities of prices, wages and employment in this postwar era would impel the government and central bank of any reasonably developed country to try to control its own exchange rate[9]." Ebenso ist kaum vorstellbar, daß die beschäftigungspolitischen Konsequenzen spekulativer Kapitalbewegungen, deren Resultat die Höherbewertung der Währung des Landes wäre, welches das Ziel solcher spekulativer Kapitalbewegungen ist, widerstandslos von der Regierung des betreffenden Landes akzeptiert würden. Mit Recht, denn es wäre höchst irrational, wenn solche spekulativen Kapitalbewegungen und die daraus resultierende Höherbewertung einer Währung beschäftigungspolitische Konsequenzen haben würden. Insoweit ist die Auffassung der „inevitability of intervention by the monetary authorities of other countries, whenever they see capital flows or trade moving significantly against them“[10] vollkommen gerechtfertigt.

In der Tat stellt denn auch die ab März 1973 existierende größere Flexibilität der Wechselkurse keineswegs ein Regime freier Wechselkurse dar. Schon im März 1973, als sich die Finanzminister und Zentralbankleiter der Zehnergruppe in Paris trafen, um über eine größere Flexibilität der Wechselkurse zu beschließen, stellten sie unzweideutig klar, daß die Notenbanken der Länder der Zehnergruppe weiter zur Kursstützung intervenieren würden: "They agreed in principle that official intervention in exchange markets may be useful at appropriate times to facilitate the maintenance of orderly conditions, keeping in mind also the desirability of encouraging reflows of speculative movements of funds. Each nation stated that it will be prepared to intervene at its initiative in its own market, when necessary and desirable ...[11]."

[8] *Robert V. Roosa*, „Currency Parities in the Second Decade of Convertibility“, in: George N. Halm (Hrsg.), Approaches to Greater Flexibility of Exchange Rates: The Bürgenstock Papers, Princeton 1970, S. 49 - 56, hier S. 50.

[9] *Robert V. Roosa* in: *Milton Friedman / Robert V. Roosa*, The Balance of Payments: Free Versus Fixed Exchange Rates, Washington 1967, S. 49/50.

[10] *Roosa*, ebenda, S. 59.

Als dann die Notenbankleiter im Juli 1973 erneut zusammentrafen, bestand das die Konferenz abschließende Pressekommuniqué lediglich aus der Wiederholung des eben zitierten Satzes aus dem Kommuniqué vom 16. März 1973[12]. Daraus wird klar, daß gegenwärtig kein Regime freier Wechselkurse herrscht. Die Zentralbanken geben lediglich nicht mehr dem Markt bekannt, wann für sie die Situation eintritt, die Interventionen erforderlich macht. Dadurch sind spekulative Kapitalbewegungen gegen eine Währung sehr viel schwieriger geworden. Daß die meisten europäischen Notenbanken nach dem März 1973 nur in geringem Ausmaß am Devisenmarkt intervenierten, geht also allein darauf zurück, daß die Marktentwicklung relativ ruhig und stetig verlief, so daß die Notwendigkeit der Intervention nur selten eintrat. Wenn die Situation jedoch eine Intervention erforderlich machte, zögerten die Zentralbanken nicht, am Devisenmarkt zu intervenieren. So mußte z. B. die Deutsche Bundesbank „zur Abwehr unerträglicher Kurssteigerungen im November (1974) rund 1,8 Mrd. DM an Devisen hereinnehmen"[13].

Die Auffasung der „flexible exchange rate fanatics"[14] reflektiert also einerseits eine defiziente politische Analyse und eine Projektion normativer in positive Argumente, zum anderen ist auch ihre Analyse der währungspolitischen Wirklichkeit unzutreffend. Da also die Notenbanken weiter intervenieren und weiterhin — nolens volens — Devisenreserven halten, werden die Konsequenzen des reinen Dollarstandards durch die seit März 1973 institutionalisierte größere Flexibilität der Wechselkurse zwar abgeschwächt, aufgehoben werden sie nicht.

Im übrigen würde auch ein Blockfloating aller europäischen Länder die Konsequenzen des reinen Dollarstandards nicht aufheben können, denn nicht nur würden bei Kapitalbewegungen zwischen den am Blockfloating beteiligten Ländern die Notenbanken intervenieren, sondern auch Kapitalbewegungen aus der restlichen Welt zu einem am Blockfloating beteiligten Land würden zu einer Höherbewertung der Währung dieses Landes und damit zu Interventionen führen, da nicht das einzelne Land, sondern lediglich die Gruppe als Ganzes keinen Saldo

---

[11] Währungskonferenz der erweiterten Zehnergruppe am 16. März 1973 in Paris, Pressekommuniqué, in: Deutsche Bundesbank, Auszüge aus Presseartikeln Nr. 23 vom 21. März 1973, S. 1 - 2, hier S. 1.

[12] Vgl. Meeting of the Central-Bank Governors at the Bank for International Settlements in Basle on 8th July 1973, Press Communiqué, in: Deutsche Bundesbank, Auszüge aus Presseartikeln Nr. 51 vom 11. Juli 1973, S. 1.

[13] *Otmar Emminger*, Vizepräsident der Deutschen Bundesbank, DIE ZEIT Nr. 2 vom 3. Januar 1975, S. 10.

[14] So Triffin, Statement of Robert Triffin, in: The President's New Economic Program, Hearings before the Joint Economic Committee, Part 4, 92 Cong. 1 sess. (1971), S. 771 - 773, hier S. 772.

mit der übrigen Welt ausweisen würde[15]. Argumente, die davon ausgehen, daß durch ein europäisches Blockfloating die Konsequenzen des Dollarstandards eliminiert werden könnten, gehen ebenso wie die anderen Argumente zur Interventionsfrage an der Realität vorbei. Die Konsequenzen des reinen Dollarstandards werden also selbst unter günstigsten Bedingungen — ein gemeinsames Floating der europäischen Währungen mit voller Flexibilität gegenüber der restlichen Welt — weiterbestehen.

---

[15] Vgl. dazu ausführlich *Helmut W. Mayer*, The Anatomy of Official Exchange-Rate Intervention Systems, Essays in International Finance Nr. 104, Princeton 1974, hier bes. S. 27 - 28.

Vierter Teil

16. Résumé

Die enge Verknüpfung des amerikanischen Zahlungsbilanzdefizits mit dem Standard der dominanten Währung macht nunmehr auch die in der Einleitung konstatierte Einmaligkeit des Defizits verständlich. Ein solch fundamentaler systemischer Defekt des internationalen Währungssystems, der das amerikanische Defizit — unter der Voraussetzung der globalen außenpolitischen Zielsetzungen der amerikanischen Regierung — notwendig bedingte, entzieht sich einer Analyse mit Hilfe der reinen ökonomischen Theorie. Das amerikanische Defizit ist nur in einem recht vordergründigen Sinn ein ökonomisches Phänomen; sein fundamental politischer Charakter unterscheidet dieses Defizit von allen übrigen Zahlungsbilanzdefiziten — falls eine solche Unterscheidung zwischen „Ökonomie" und „Politik" überhaupt sinnvoll ist. Eine solche Einsicht hätte sich schon aus der Analyse der *Logik* des Gold-Dollar-Standards ergeben können, doch würde eine solche Einsicht der herrschenden Tradition ökonomischen Denkens zuwiderlaufen. Eine tatsächliche Akzeptierung des politischen Charakters des amerikanischen Defizits sowie des internationalen Währungssystems — jenseits gelegentlicher verbaler Zustimmungen, die in ihrer Belanglosigkeit folgenlos bleiben — hätte gravierende Konsequenzen für die ökonomische Theorie.

Diese mangelnde Einsicht in die Ursachen des amerikanischen Defizits hat es der amerikanischen Regierung zweifellos erleichtert, den Standard der dominanten Währung fortzuführen und durch den Übergang vom Gold-Dollar-Standard zum reinen Dollarstandard den Interessen der amerikanischen Regierung noch stärker anzupassen. Zur Zeit des Gold-Dollar-Standards waren für die amerikanische Regierung sowie für die amerikanische Volkswirtschaft noch einige Kosten und Beschränkungen mit der Existenz dieses Systems verbunden, mit dem Übergang zum reinen Dollarstandard zwischen 1968 und 1971 konnten diese Beschränkungen eliminiert werden. Soweit mit dem Dollarstandard auf amerikanischer Seite noch Kosten verbunden sind, fallen diese Kosten fast ausschließlich den amerikanischen Konsumenten zu — jener sozialen Gruppe also, die aufgrund struktureller Eigenschaften ihre Interessen weniger vertreten kann als fast jede andere soziale Gruppe.

Die von der amerikanischen Regierung ergriffenen zahlungsbilanzpolitischen Maßnahmen vermochten allesamt nicht, das amerikanische Defizit zu eliminieren. Da der amerikanischen Regierung die Ursachen des Defizits nicht verborgen geblieben waren, kann aus der Wirkungslosigkeit der Maßnahmen sehr wohl geschlossen werden, daß diese Maßnahmen auch keineswegs eine Eliminierung des amerikanischen Defizits intendierten. Die wichtigste Funktion dieser Maßnahmen war wohl eine Abwehr der europäischen Kritik an der Existenz und Fortdauer des amerikanischen Defizits. Häufig genug wurde dabei die amerikanische Regierung unterstützt durch die ökonomische Profession, deren Ratschläge ihrer defizienten Analyse des Defizits angemessen waren. Wenn man nur hier die Zinssätze ein wenig erhöhe, dort die Wettbewerbsfähigkeit der amerikanischen Industrie verbessere und dann noch auf die wirtschaftspolitische Unvernunft der europäischen Regierungen setze, so werde das amerikanische Defizit über kurz oder lang schon verschwinden — so ungefähr sahen die Ratschläge häufig genug aus, die Ökonomen gaben[1].

Wenn Triffin in seiner Analyse des Standards der dominanten Währung nur eine Dimension — den Gold-Dollar-Standard — berücksichtigte, so liegt die Ursache wohl darin, daß die zweite Dimension — der Dollarstandard — damals als völlig irreal erschien. Doch schon zu Anfang der sechziger Jahre zeigten sich Indizien in der fortschreitenden Goldinkonvertibilität des Dollars, die auf den Dollarstandard als logische Implikation der Evolution des Standards der dominanten Währung hinwiesen. Seit etwa Mitte der sechziger Jahre wurde die Möglichkeit eines Dollarstandards auch offen diskutiert, während die amerikanische Regierung die Goldinkonvertibilität ausdehnte und die Möglichkeit des Übergangs zum Dollarstandard andeutete. Insoweit war die im August 1971 verkündete totale Inkonvertibilität des Dollars für ausländische Währungsbehörden lediglich die Fortsetzung und gleichzeitig der Abschluß einer zehnjährigen Entwicklung.

Verbindet also den Gold-Dollar-Standard mit dem Dollarstandard die Kontingenz der historischen Evolution, die es erlaubt, beide als Teil-

[1] Wichtigstes Beispiel dafür ist die von der amerikanischen Regierung 1962 in Auftrag gegebene Studie über die Entwicklung der amerikanischen Zahlungsbilanz während der nächsten fünf Jahre; das Ergebnis der Studie war (in extremer Verkürzung): wenn die europäischen Länder nur genügend wirtschaftspolitische Unvernunft zeigten und weiter stärkere Inflationsraten als die Vereinigten Staaten produzierten, so könne bis 1968 mit einer dauerhaften Eliminierung des amerikanischen Defizits gerechnet werden. Vgl. *Walter S. Salant et al.*, The United States Balance of Payments in 1968, Washington 1963. Der Einfluß dieser Studie auf die amerikanische Zahlungsbilanzpolitik war immens. Es soll jedoch nicht verschwiegen werden, daß einige Ökonomen sich schon damals mit solch einfachen Ratschlägen nicht identifizierten und die Studie denn auch entsprechend kritisierten, vgl. z. B. Benjamin J. Cohens Statement in: The United States Balance of Payments, Statements by Economists, Bankers, and Others on the Brookings Institution Study „The United States Balance of Payments in 1968", Materials Submitted to the Joint Economic Committee, 88 Cong. 1 sess. (1963), S. 80 - 86.

phasen des Standards der dominanten Währung zu interpretieren, so sind beide Teilphasen auch Ausdruck der fundamentalen ökonomischen Irrationalität des Standards der dominanten Währung, aus deren Konsequenz eine chaotische Liquiditätsschaffung resultiert. Im Standard der dominanten Währung ist die Schaffung internationaler Liquidität völlig unabhängig von den globalen Liquiditätsbedürfnissen. Die Schaffung — oder auch Vernichtung — internationaler Liquidität ist im Gold-Dollar-Standard großenteils eine Funktion der globalen politischen Interessen der amerikanischen Regierung und partiell eine Funktion des währungspolitischen Konflikts zwischen den Vereinigten Staaten und einigen anderen Ländern, soweit diese Länder mit Hilfe der — politisch rationalen — Strategie der Dollarkonversionen den u. U. ökonomisch irrationalen Effekt einer Liquiditätsvernichtung bewirken. Im reinen Dollarstandard wird die internationale Liquiditätsschaffung durch keinerlei sinnvolle ökonomische Kriterien mehr gesteuert. Die 1968 beschlossenen Sonderziehungsrechte konnten die ihnen zugedachte Funktion einer rationalen Liquiditätsschaffung aufgrund der ab 1970 eingetretenen Liquiditätsexplosion nicht wahrnehmen. In den Jahren 1970 bis 1973 wurden SZR in Höhe von ca. 9,5 Mrd. Dollar geschaffen, während die internationale Liquidität allein aufgrund des amerikanischen Zahlungsbilanzdefizits im gleichen Zeitraum um weitere 43 Mrd. Dollar zunahm. Solange also der Standard der dominanten Währung fortbesteht, wird auch diese chaotische Form der Schaffung internationaler Liquidität weiterbestehen, und die Sonderziehungsrechte werden ihre Aufgabe der globalen Liquiditätssteuerung nicht übernehmen können.

In der Theorie der dominanten Wirtschaft ist die wirtschaftliche Aktivität eine der drei Teilgrößen des Dominanzeffekts; die dominante Wirtschaft ist durch eine — im Vergleich zu den übrigen Volkswirtschaften — relativ starke wirtschaftliche Aktivität gekennzeichnet. Wenn überdies in der Integration der Theorie der dominanten Währung in die Theorie der dominanten Wirtschaft die monetäre Ebene als in weit stärkerem Ausmaß politischer Einflußnahme zugänglich charakterisiert wurde als die „reale" Ebene, so besteht die starke Vermutung einer großen politischen Aktivität der Regierung der dominanten Volkswirtschaft im Vergleich zu den Regierungen der übrigen Länder. Diese starke Aktivität der amerikanischen Regierung in internationalen Währungsfragen wurde in der vorliegenden Analyse detailliert aufgezeigt. Auch wenn man die Frage der Schaffung des Standards der dominanten Währung beiseite läßt — diese Frage lag außerhalb des zeitlichen Rahmens der vorliegenden Analyse —, so gingen doch alle wichtigen Initiativen für Veränderungen des Standards der dominanten Währung von der amerikanischen Regierung aus. Insbesondere der Übergang vom Gold-Dollar-Standard zum Dollarstandard ging allein auf Entscheidungen der amerikanischen Regierung zurück. Doch auch weniger wichtige

Initiativen für Veränderungen des internationalen Währungssystems gingen in der Regel von der amerikanischen Regierung aus; vor allem in den frühen sechziger Jahren konnte dabei die amerikanische Regierung ihre Vorstellungen fast immer in die Tat umsetzen. Dies gilt besonders für die Errichtung des „Verteidigungsrings“[2] um den Dollar. Später, als es um die Frage einer Fundamentalreform ging — die Beratungen, die zur Schaffung der Sonderziehungsrechte führten, und die Beratungen der Zwanzigergruppe —, beeinflußten die Vereinigten Staaten den Diskussionsprozeß entscheidend durch Vorlage von detailliert entwickelten Konzeptionen. Die Auswirkungen dieser innovatorisch-planerischen Aktivität werden besonders an den Ergebnissen der Beratungen des Zwanzigerkomitees deutlich.

Die stärkere Aktivität der dominanten Volkswirtschaft ist jedoch nur *ein* Element des Dominanzeffekts. Seine Aktivierung hing auch jeweils davon ab, wieviele andere Länder den Vereinigten Staaten als Kontrahenten gegenüberstanden und inwieweit diese übrigen Länder ihre Interessen harmonisieren und aggregieren konnten. Sahen sich in einem Konflikt die Vereinigten Staaten nur einem Land gegenüber, so konnten sich die Vereinigten Staaten wohl immer durchsetzen. Standen den Vereinigten Staaten jedoch die übrigen neun Länder der Zehnergruppe geschlossen gegenüber, so konnten die Vereinigten Staaten nicht in jedem Falle ihre Interessen durchsetzen, wie die GAB-Verhandlungen, die Partialkompromisse der SZR-Beratungen und die Beratungen des Zwanzigerkomitees zeigen. Gelang es jedoch den Vereinigten Staaten, die nicht der Zehnergruppe angehörenden Länder — also in der Hauptsache die Entwicklungsländer — auf ihre Seite zu ziehen, so konnte der Dominanzeffekt meist voll aktiviert werden. Wenn sich also die europäischen Länder in einigen Konfliktsituationen gegen die Vereinigten Staaten durchsetzen konnten, so tangiert dies keineswegs die Validität des Dominanzkonzepts. Das Dominanzkonzept postuliert ja lediglich die Chance der Vereinigten Staaten, einen asymmetrischen Einfluß auf die anderen Länder des internationalen Währungssystems auszuüben; die tatsächliche Aktivierung des Dominanzeffekts hängt jeweils auch von den Instrumenten ab, die den Vereinigten Staaten und den Kontrahenten zur Verfügung stehen. Jede effektive Politik setzt die Existenz und den Einsatz politischer Instrumente voraus; eine Politik ohne die entsprechenden Mittel durch Durchsetzung dieser Politik ist wirkungslos. Auch das von amerikanischer Seite gelegentlich vorgebrachte Argument, die europäische Gemeinschaft sei heute ebenso stark wie die Vereinigten Staaten, so daß ein Dominanzverhältnis nicht mehr vorliege, geht an der Realität vorbei. „Europäische Gemeinschaft“ ist unter den Bedingungen moderner Staatlichkeit ein Euphemismus, der verdeckt, daß den Ver-

---

[2] *Roosa*, S. 30.

einigten Staaten nicht eine homogene Einheit, sondern vielmehr eine *Gruppe* von neun Nationalstaaten mittlerer und kleiner Größe gegenübersteht[3].

Das Dominanzkonzept ist das zentrale Konzept der Theorie der dominanten Wirtschaft, und der Dominanzeffekt resultiert aus einem asymmetrischen Verhältnis zwischen der dominanten Volkswirtschaft und den anderen Volkswirtschaften auf der „realen" Ebene — wenn auch die *Aktivierung* des Dominanzeffekts jeweils den Einsatz *politischer* Instrumente impliziert. Es braucht hier nicht in extenso belegt zu werden, daß das „reale" asymmetrische Verhältnis zwischen den Vereinigten Staaten und der restlichen Welt, insbesondere jedoch zwischen den Vereinigten Staaten und den anderen wichtigen Industrieländern, sich während der sechziger und siebziger Jahre beständig verminderte, was eine Verringerung des Dominanzeffekts zur Folge hätte haben müssen[4]. Doch wurde schon bei der Integration der Theorie der dominanten Währung in die Theorie der dominanten Wirtschaft angedeutet, daß der Dominanzeffekt durch politische Entscheidungen, die primär über die monetäre Ebene durchgesetzt werden, verstärkt oder abgeschwächt werden kann. Wenn diese Überlegungen richtig sind, so kann die amerikanische Zahlungsbilanzpolitik unter diesen Aspekten dahingehend interpretiert werden, daß die amerikanische Regierung die tendenzielle Abnahme des Dominanzeffekts, die aufgrund „realer" Veränderungen zu erwarten gewesen wäre, durch Maßnahmen, die auf der monetären Ebene ansetzten, zu konterkarieren versuchte. Veränderungen auf der „realen" Ebene lassen sich durch politische Entscheidungen nur schwer und in der Regel nicht kurzfristig beeinflussen, während Veränderungen auf der monetären Ebene durch politische Entscheidungen sehr viel einfacher zu erreichen sind[5]. Der sich aus der „realen" Entwicklung ergebenden tendenziellen Verringerung des Dominanzeffekts begegnete also die amerikanische Regierung durch einen verstärkten Einsatz währungspolitischer Instrumente, was dann statt einer Abschwächung eher eine Verstärkung des Dominanzeffekts zur Folge hatte. Das wichtigste Instrument zur Verstärkung des Dominanzeffekts war dabei die amerikanische Goldpolitik; mit der Auf-

[3] Andererseits muß jedoch bei allem Verständnis für die Situation der europäischen Länder angemerkt werden, daß europäische Klagen über die Dominanz der Vereinigten Staaten im Grunde auch Klagen sind über die eigene Unfähigkeit, Fakten zu verändern, d. h. die europäische Fragmentierung zu überwinden.

[4] Diese Verringerung des asymmetrischen Verhältnisses ließe sich an den drei Teilgrößen des Dominanzeffekts festmachen, ebenso ließe sie sich plausibel illustrieren anhand der in Kap. 2 vorgenommenen Konkretionen der Asymmetrien. Da es sich jedoch um allgemein bekannte Tatbestände handelt, kann auf den Nachweis dieser Entwicklung verzichtet werden.

[5] Aus diesem größeren Grad der Steuerbarkeit resultiert denn auch der primär politische Charakter monetärer Entscheidungen.

hebung der Goldkonvertibilität des Dollars war die — unter den gegebenen Bedingungen — größtmögliche Verstärkung des Dominanzeffekts erreicht. Doch ist die Reichweite solcher Einflußnahme auf „reale" Zusammenhänge mittels währungspolitischer Entscheidungen begrenzt; über kurz oder lang werden „reale" Veränderungen auch entsprechende Veränderungen auf der monetären Ebene nach sich ziehen.

Tatsächlich gibt es Indizien, die sich als — verzögerte — Verringerung des Dominanzeffekts ab 1973 interpretieren lassen. Die wichtigsten dieser Indizien sind: (1) die Eliminierung der Überbewertung des Dollars, (2) die im Anschluß daran institutionalisierte größere Flexibilität der Wechselkurse, wodurch die Konsequenzen des Standards der dominanten Währung für die übrigen Länder nicht mehr in gleichem Maße fühlbar sind, und (3) die ab 1973 im Rahmen der Fünfergruppe institutionalisierte währungspolitische Kooperation, die gedeutet werden kann als Eingeständnis der amerikanischen Regierung, daß Veränderungen des internationalen Währungssystems nicht mehr gegen die Interessen der vier anderen Länder möglich sind. Andererseits haben die gravierenden Veränderungen der Weltwirtschaft, die durch die Ölkrise vom Herbst 1973 eingeleitet wurden, diesen Tendenzen zu einer Abschwächung des Dominanzeffekts entgegengewirkt. Durch die starke Anhebung der Rohölpreise durch die Ölförderländer setzte sich die explosionsartige Vergrößerung der Weltwährungsreserven, die etwa 1970 begonnen hatte, weiter fort. Die von den Erdölförderländern akzeptierte oder erwünschte Bezahlung ihrer Erdölexporte in Dollars reaktivierte und intensivierte erneut die Verwendung des Dollars in seinen Funktionen als internationaler Währung. So wuchs allein im Jahre 1974 der Dollaranteil der Weltwährungsreserven um ca. 10 Mrd. Dollar. Während die Industrieländer aus den währungspolitischen Erfahrungen der sechziger und siebziger Jahre Konsequenzen gezogen hatten, die eine Verringerung des Dominanzeffekts bewirkten, ignorierten die erdölproduzierenden Länder die währungspolitischen Folgen ihres Handelns.

Diese hier nur kurz angedeuteten Entwicklungen, die bis in die Gegenwart hineinreichen und noch keineswegs abgeschlossen sind, lassen eine definitive Deutung der Veränderung des Dominanzeffekts nicht zu; erst weitere währungspolitische Entwicklungen der Zukunft werden darüber Aufschluß geben können. Solange jedoch die asymmetrischen Beziehungen zwischen den Vereinigten Staaten und den übrigen Ländern existieren, wird auch der Dominanzeffekt fortbestehen, selbst wenn eine weitere Abschwächung eintreten sollte. Insbesondere kann nicht davon ausgegangen werden, daß in naher Zukunft ein symmetrisches Währungssystem institutionalisiert werden wird; dazu bedürfte es einer weit stärkeren Abschwächung des Dominanzeffekts, als dies gegenwärtig und auf absehbare Zeit möglich erscheint[6].

Wenn die hier versuchte Deutung der amerikanischen Zahlungsbilanzpolitik richtig ist, so ist ein Vergleich mit der amerikanischen Rhetorik nicht uninteressant. Während der sechziger Jahre war die amerikanische Rhetorik liberal, es wurden die gemeinsamen Interessen einer atlantischen Partnerschaft und die gemeinsamen Interessen an der Funktionsfähigkeit des internationalen Währungssystems betont, während gleichzeitig der Dominanzeffekt verstärkt wurde. Darin kann vor allem der Versuch gesehen werden, durch eine Uminterpretation der von der amerikanischen Regierung getroffenen währungspolitischen Entscheidungen die Hauptadressaten dieser Entscheidungen, die europäischen Länder, über die tatsächlichen Motive, die zu diesen Entscheidungen führten, sowie den aus diesen Entscheidungen resultierenden Konsequenzen im unklaren zu lassen. 1971 trat sowohl in der amerikanischen Währungspolitik als auch in der amerikanischen Rhetorik ein Umschwung ein. Durch die Errichtung des Dollarstandards wurde der Dominanzeffekt maximal verstärkt, während die amerikanische Rhetorik schwankte zwischen der „Arroganz der Macht" einerseits und einem wehleidigen Selbstmitleid andererseits. Doch gerade diese diffuse und inkonsistente Rhetorik deutet auf das ihr zugrundeliegende Motiv hin: das amerikanische Mißvergnügen an der relativen Machtverschiebung zwischen den Vereinigten Staaten und Europa, also der tendenziellen Verringerung des Dominanzeffekts.

Die Zahlungsbilanzpolitik der Vereinigten Staaten ist nicht nur ein währungspolitisches Problem. Vielmehr geht es hier um die Rolle der Vereinigten Staaten als wirtschaftlicher, politischer und militärischer Macht. Der Standard der dominanten Währung — also das internationale Währungssystem der sechziger und siebziger Jahre — ist das währungspolitische Substrat der dominanten Position der Vereinigten Staaten im internationalen wirtschaftlichen, militärischen und politischen System. Im Verfolg ihrer globalen außenpolitischen Ziele macht die amerikanische Regierung auch das internationale Währungssystem ihren politischen Interessen dienstbar. Dann gilt auch für die amerikanische Zahlungsbilanzpolitik, was de Gaulle ganz allgemein für die amerikanische Außenpolitik konstatierte: „der Wille zur Macht, eingehüllt in den Mantel des Idealismus"[7]. Die Weltwährungskrise seit 1960 reflektiert

[6] Wenn in der vorliegenden Darstellung von einem symmetrischen Währungssystem die Rede war, so bezog sich diese Symmetrie immer auf die Ebene der offiziellen Transaktionen, der das primäre Interesse der vorliegenden Arbeit galt. Auch nach der Errichtung eines symmetrischen Währungssystems auf der Ebene der offiziellen Transaktionen wird die Asymmetrie auf der Ebene der privaten Transaktionen fortbestehen, d. h. der Dollar wird weiterhin stärker Verwendung finden in den drei Funktionen auf der Ebene der privaten Transaktionen, als dies für andere Währungen der Fall ist.

[7] „... l'idéalisme y habille la volonté de puissance." *Charles de Gaulle,* Mémoires de guerre: L'unité, Paris 1956, S. 238.

also das ungelöste Problem der Rolle der Vereinigten Staaten im internationalen politischen System; das Grundproblem des internationalen Währungssystems heute und morgen liegt in der Realisierungschance eines Währungssystems, das nicht den politischen Interessen eines Landes, sondern den wirtschaftlichen und politischen Interessen aller seiner Mitglieder angepaßt ist.

17. Appendix: Die Theorie der dominanten Wirtschaft und das Paradigma der politischen Ökonomie — Einige methodologische Überlegungen

In der voraufgegangenen Analyse wurde methodischen Fragen zwar relativ breiter Raum zugewiesen, doch wurden methodische Überlegungen meist nur ad hoc in der Form der Kritik alternativer Positionen und Auffassungen vorgetragen. Obwohl sich methodische Fragen häufig nicht ablösen lassen von materialen Problemen, wurde doch der materialen Analyse hier sehr viel breiterer Raum zugewiesen als methodischen Fragen. Da jedoch die vorliegende Deutung der amerikanischen Zahlungsbilanzpolitik wesentlich auf einen unkonventionellen methodischen Ansatz zurückgeht, erscheint abschließend eine methodologische Reflexion notwendig. Diese Reflexion erlaubt eine präzisere Abgrenzung gegenüber konventionellen Ansätzen der Deutung der amerikanischen Zahlungsbilanzpolitik; gleichzeitig ergibt sich damit auch eine Präzisierung des hier verwendeten methodischen Ansatzes.

Die Theorie der dominanten Wirtschaft — und darin integriert die Theorie der dominanten Währung — bildete den theoretischen Rahmen der voraufgegangenen Analyse. Falls die Theorie der dominanten Wirtschaft einen relativen Erkenntnisfortschritt generiert — also bezogen auf alternative theoretische Ansätze der Deutung der amerikanischen Zahlungsbilanzpolitik —, so ist doch auch die Theorie der dominanten Wirtschaft nicht ohne Mängel.

Zum einen ist die Theorie, wie jede andere Strukturtheorie, eine statische Theorie. Damit stellt sich die Frage, ob eine statische Theorie überhaupt in der Lage ist, die Realität, die charakterisiert ist durch die Kontingenz der historischen Evolution, adäquat zu deuten. Zwar sind die meisten sozialwissenschaftlichen Theorien — wobei „sozialwissenschaftliche Theorien" hier auch ökonomische Theorien einschließt — statischer Natur, doch kann aus solcher Defizienz noch kein Argument *für* eine Proliferation statischer Theorien gewonnen werden. Vermutlich läßt sich eine solche Frage der Validität statischer Theorien nicht allgemein, sondern nur unter Bezug auf die jeweilige Problemstellung und gelegentlich unter Bezug auf die jeweils vorliegende Forschungssituation beantworten. Die Frage wäre dann also, ob der historische Wandel während des Untersuchungszeitraums so stark war, daß eine Deutung der Probleme mit Hilfe einer statischen Theorie noch sinnvoll ist. Das kann, wie in der voraufgegangenen Analyse zu zeigen versucht wurde, verneint werden: der zugrunde gelegte Untersuchungszeitraum umfaßte nur 15 Jahre; sowohl zu Beginn als auch zu Ende des Untersuchungszeitraums existierte der Standard der dominanten Währung. Überdies läßt sich eine partielle Dynamisierung der Theorie der dominanten Wirtschaft insoweit prinzipiell leicht erreichen, als die Stärke des Dominanzeffekts zu verschiedenen Zeitpunkten der historischen Evolution unterschiedlich ist; im Résumé wurde eine (hypothetische) Deutung der Entwicklung des Dominanzeffekts versucht. Da überdies keine andere dynamische Theorie vorliegt, die eine gleichermaßen stringente Deutung der amerikanischen Zahlungsbilanzpolitik erlaubt, mußte der durch die Verwendung einer statischen Theorie bedingte Trade-off hier in Kauf genommen werden.

Eine weitere Schwäche der Theorie der dominanten Wirtschaft ist die ungenügende Quantifizierbarkeit des Dominanzeffekts. Zwar ist das theoretische Konstrukt „Dominanzeffekt" so konzipiert, daß eine Quantifizierung prinzipiell möglich ist, doch sind die Schwierigkeiten einer tatsächlichen Quantifizierung immens, so daß hier auch gar nicht erst der Versuch unternommen wurde, diese methodischen Schwierigkeiten einer Lösung zuzuführen. Dies liegt an den drei Teilgrößen des Dominanzeffekts, von denen die Differenz der Größe der Volkswirtschaften noch relativ einfach zu quantifizieren ist. Etwas schwieriger wäre eine Übereinkunft zu erzielen über das Meßkonzept der zweiten Teilgröße, der wirtschaftlichen Aktivität, doch wurde eine approximative Quantifizierung dieser Teilgröße in der vorliegenden Arbeit versucht. Die dritte Teilgröße, die Differenz der bargaining power der Volkswirtschaften ist jedoch eine zu diffuse Größe, als daß ohne weitere Präzisierung schon ein Meßkonzept zur Verfügung stünde. Zwar teilt die Theorie der dominanten Wirtschaft in Hinsicht auf die mangelnde Quantifizierbarkeit das Schicksal vieler sozialwissenschaftlicher Theorien, doch kann auch hier aus solchen „Entlastungsargumenten" kein Argument für die Theorie gewonnen werden. Indessen war für die Zwecke der vorliegenden Untersuchung eine übergroße Präzision ohnehin nicht notwendig. Es ging hier um Probleme der Außenwirtschafts*politik;* jeder Politiker, der sich solchen Problemen gegenübersieht, hat eine ungefähre Vorstellung über die relative Größenordnung der jeweiligen Teilgrößen. In der vorausgegangenen Analyse wurde implizit mit einer Ordinalskala gearbeitet, dies wurde für die Probleme der vorliegenden Arbeit als ausreichend erachtet[1].

---

[1] Vgl. dazu auch *Cohen,* The Future of Sterling, S. 46 - 47: „Theoretical discussions do have a tendency to create a spurious illusion of unattainable refinement. Distinctions which seem valid and precise in theory are often impossible to define in practice ... Precision in these matters is really very difficult in empirical terms, even if it seems appropriate in theoretical terms."

Es wäre ein Mißverständnis, wollte man diese methodischen Überlegungen zu problematischen Aspekten der Theorie der dominanten Wirtschaft als Immunisierung gegen mögliche Kritik auffassen. Vielmehr konnte auf das Herausarbeiten einiger wichtiger problematischer Aspekte der Theorie der dominanten Wirtschaft schon deshalb nicht verzichtet werden, da diese methodische Kritik aus organisationsmethodischen Gründen nicht im Rahmen der voraufgegangenen Analyse geleistet werden sollte. Darüber hinaus ist jeder wissenschaftliche Fortschritt — falls die Theorie der dominanten Wirtschaft einen wissenschaftlichen Fortschritt darstellt — immer nur partiell; Theorien, die jeglicher Kritik entzogen sind, existieren nicht.

Die in der voraufgegangenen Analyse geübte Kritik traditioneller Ansätze der Erklärung der amerikanischen Zahlungsbilanzpolitik wurde jeweils nur soweit fortgeführt, wie es für den Fortgang der materialen Analyse notwendig erschien. Eine fundamentale Kritik traditioneller theoretischer Ansätze der Ökonomie war nicht das Ziel der vorliegenden Arbeit; materialen Fragen wurde eindeutig Priorität vor methodischen Überlegungen eingeräumt. Da sich jedoch der hier versuchte Deutungsansatz von traditionellen ökonomischen Ansätzen und herrschenden ökonomischen Doktrinen in einigen wesentlichen Punkten unterscheidet, müssen der methodische Status dieser traditionellen Ansätze und der methodische Status des hier vorgelegten Deutungsversuchs sowie die jeweils daraus resultierenden Konsequenzen für die ökonomische Theorie kurz diskutiert werden.

Ohne dies argumentativ im Detail zu belegen, läßt sich sagen, daß die Ökonomie — d. h. vor allem die ökonomische *Theorie* — während der letzten dreißig Jahre durch eine formalistische Revolution gekennzeichnet war. Formale methodische Überlegungen und die Entwicklung eines formalen Instrumentariums gewannen ein so starkes Gewicht, daß die materialen Fragen mehr und mehr in den Hintergrund traten. Der Realitätsbezug der ökonomischen Theorie verringerte sich ständig, gelegentlich scheint die Eleganz ganz formaler Lösungen das einzige Kriterium zu sein, an dem ein Erkenntnisfortschritt in der Ökonomie gemessen wird. Ökonomische Theorie wurde zu einer Übung in formaler Logik; die Funktion formaler Modelle wurde nicht mehr in ihrem instrumentalen Wert gesehen. Statt dessen wurde Modellbildung häufig ein Selbstzweck, während die Probleme der Realität kaum mehr in den Blick traten. Ein beträchtlicher Teil der von den „model-builders and elasticity-mongers“[2] zugrundegelegten Annahmen ist überdies so restriktiv, daß eine *Anwendung* der erzielten Ergebnisse auf die Realität entweder schlechterdings unmöglich ist oder zu willkürlichen Interpretationen führt. Die theoretischen Annahmen wurden dabei auf rein „ökono-

[2] *Thomas Balogh*, Unequal Partners, Oxford 1963, S. 13.

mische" Variable eingegrenzt — geradeso, als ob die materialen Probleme der Realität sich in „ökonomische" und „außerökonomische" Problemfelder aufteilen ließen[3].

Wenn die hier in aller Kürze vorgetragene Kritik richtig ist, so folgt daraus — da es hier um nichts weniger als zentrale Fragen der Theoriebildung geht — das Postulat einer Neuorientierung der ökonomischen Theorie. Wichtigstes Kriterium einer solchen Neuorientierung muß dabei ein vergrößerter Realitätsbezug sein — jedenfalls wenn die Ökonomie sich weiter als Realwissenschaft und nicht nur als logische Formalwissenschaft verstehen will. Solche Ansätze für einen verstärkten Realitätsbezug der ökonomischen Theorie liegen vereinzelt vor, doch quantitativ bilden sie nur einen geringen Teil der ökonomischen Forschung. Man wird also von diesen Ansätzen wohl kaum die Lösung aller methodischen *und* materialen Probleme gleichzeitig erwarten können; in der gegenwärtigen Forschungssituation muß sowohl für solche alternativen Ansätze wie für traditionelle ökonomische Ansätze ein Trade-off zwischen Realitätsnähe und formaler Eleganz konstatiert werden, der kurzfristig auch nicht substantiell verringert werden kann. Bei der vorliegenden Analyse der amerikanischen Zahlungsbilanzpolitik wurde die Entscheidung eindeutig zugunsten einer größeren Realitätsnähe getroffen. Das hatte zur Folge, daß die traditionelle Theorie des Außenhandels hier nur gelegentlich Verwendung fand; um zu einer theoretischen Deutung der amerikanischen Zahlungsbilanzpolitik, wie sie hier versucht wurde, zu gelangen, ist das Instrumentarium der traditionellen Außenwirtschaftstheorie ungeeignet.

Wenn hier mehr Realitätsnähe der ökonomischen Theorie gefordert wurde, so bezieht sich das primär auf die Integration „politischer" Variabler in die ökonomische Theorie. Weder läßt sich empirisch eine strenge Trennung zwischen Ökonomie und Politik durchführen, noch läßt sich theoretisch eine valide Abgrenzung dieser Problemfelder vornehmen. Abgesehen von der Wirtschaftspolitik dürfte das Gewicht politischer

---

[3] Feyerabend hat das Verfahren, wie eine solche Abgrenzung von Problemfeldern der Realität bewerkstelligt wird — soweit Abgrenzungen mehr als wissenschaftsorganisatorische Funktion haben —, treffend charakterisiert: „Scientific education has the purpose of carrying out a rationalistic simplification ... of the process ‚science' by simplifying its participants. One proceeds as follows. First, a domain of research is defined. Next, the domain is separated from the remainder of history ... and receives a ‚logic' of its own. A thorough training in such a logic then conditions those working in the domain so that they may not inwittingly disturb the purity (read: the sterility) that has already been achieved. An essential part of the training is the inhibition of intuitions that might lead to a blurring of boundaries." *Paul K. Feyerabend*, „Against Method: Outline of an Anarchistic Theory of Knowledge", in: Michael Radner / Stephen Winokur (Hrsg.), Minnesota Studies in the Philosophy of Science, Vol. IV: Analysis of Theories and Methods of Physics and Psychology, Minneapolis 1970, S. 17 - 130, hier S. 20.

Variabler in der Außenwirtschaft größer sein als in jeder anderen Teildisziplin der Ökonomie, da Außenwirtschaft per definitionem grenzüberschreitend, also transnational ist. Dennoch gab es bisher keine systematische Integration politischer Variabler in die ökonomische Theorie. Die Vermutung ist nicht unbegründet, daß ein solcher Einbau politischer Variabler in die traditionelle ökonomische Theorie nicht ohne weiteres möglich ist.

Diese Vermutung ließ es angeraten erscheinen, in der vorstehenden Analyse auf die Theorie der dominanten Wirtschaft zurückzugreifen; eine Theorie, die ökonomische und politische Variable integriert. Mit dieser alternativen Theorie ist gleichzeitig eine alternative *theoretische Perspektive* verbunden. Ein neues konzeptuelles System erlaubte eine Interpretation der Realität, die sich in einigen wesentlichen Fragen von gängigen Interpretationen der amerikanischen Zahlungsbilanzpolitik unterschied. Das deutet darauf hin, daß mit der Theorie der dominanten Wirtschaft nicht nur eine alternative Theorie, sondern ebenso ein alternatives Paradigma vorliegt[4]. Ein Paradigma umfaßt mehr als das bekannte Konzept „Theorie", es kann gleichsam als „Metatheorie" aufgefaßt werden. In nuce ist ein Paradigma eine Forschungsperspektive; erst durch eine weitere Entwicklung dieser theoretischen Perspektive, insbesondere die Entwicklung von Theorien *im Rahmen* dieser Forschungsperspektive, nimmt das Paradigma Gestalt an. Ein vollentwickeltes Paradigma umfaßt Theorien, Modelle, theoretische Konzepte, Methoden, Techniken und Verfahren. Wenn ein Paradigma primär eine Forschungsperspektive ist, so wird damit klar, daß ein Paradigma weder wahr noch falsch, sondern problemadäquat oder nicht problemadäquat ist. Ein Paradigma läßt sich kritisieren, jedoch nicht falsifizieren, da es im wesentlichen um theoretische Konzeptualisierungen geht, über die nicht durch Rekurs auf die Empirie eindeutig entschieden werden kann[5]. Dabei kann ein Paradigma auch Elemente anderer Paradigmata (also Theorien, Modelle, Methoden etc.) enthalten, doch gewinnen solche Elemente dann eine neue Funktion, einen neuen „Stellenwert". Die Theorie der dominanten Wirtschaft kann gedeutet werden als eine Theorie im Rahmen des Paradigmas der politischen Ökonomie. Zwar integriert das Paradigma der politischen Ökonomie teilweise auch aus der traditionellen Ökonomie übernommene Ansätze, doch werden Bedeutung und

---

[4] Zu Konzept und Theorie des Paradigmas vgl. *Thomas S. Kuhn,* The Structure of Scientific Revolutions, Chicago 1962.

[5] Die neuere epistemologische Diskussion hat überdies gezeigt, daß dies auch für Theorien gilt. Da empirische Probleme nur im Lichte theoretischer Überlegungen angegangen werden können, verliert die Empirie ihre Funktion eines unveränderlichen Fundaments, auf das zur eindeutigen Entscheidung wissenschaftlicher Probleme rekurriert werden könnte. Damit wird auch der naive Falsifikationismus, der lange Zeit die epistemologische Diskussion beherrschte, hinfällig.

Funktion solcher Ansätze im Paradigma der politischen Ökonomie relativiert.

Im Bereich der Außenwirtschaft gibt es in der Ökonomie — abgesehen vom Paradigma der politischen Ökonomie — zwei weitere wichtige Paradigmata: einerseits das neoklassische Paradigma, andererseits jene theoretische Perspektive, die mangels eines besseren Terminus hier als „Monetarismus" bezeichnet werden soll. Mit Monetarismus sind dabei hier die gängigen Überlegungen zu internationalen *Währungs*fragen gemeint[6]. Wenn in den hier bisher vorgetragenen methodologischen Überlegungen allgemein traditionelle Ansätze der Ökonomie kritisiert wurden, so waren damit im wesentlichen diese beiden Paradigmata gemeint. Eine weitergehende Kritik muß jedoch nunmehr zwischen beiden Paradigmata unterscheiden. Dabei muß nochmals betont werden, daß eine solche theoretische Kritik aus der Perspektive eines alternativen Paradigmas nicht eine Widerlegung dieser Paradigmata zum Ziel haben kann. Da es um eine Veränderung des konzeptuellen Systems geht, kann eine solche Kritik nur eine Entkräftung und daraus folgend eine Reinterpretation empirischer Tatbestände im Lichte theoretischer Aspekte zum Ziel haben. Die Kritik am neoklassischen Paradigma wie auch am monetaristischen Paradigma muß wesentlich an deren Eindimensionalität ansetzen.

Die neoklassische Analyse ist eine prinzipiell eindimensionale Analyse, da sie lediglich Marktgeschehen untersucht. Die Abhängigkeit dieser Tauschvorgänge vom Rahmen des Tauschs, den der Monopolist der öffentlichen Gewalt setzt, wird nicht reflektiert. Da das neoklassische Paradigma die fundamentale Unterscheidung zwischen der Ebene der privaten Transaktionen und der Ebene der offiziellen Transaktionen nicht enthält, muß die Analyse zwangsläufig auf die Ebene der privaten Akteure beschränkt werden. Transaktionen auf der offiziellen Ebene werden nicht unter marktwirtschaftlichen Gesichtspunkten durchgeführt; insoweit ist das neoklassische Instrumentarium nicht in der Lage, die Beziehungen von Währungsbehörden untereinander adäquat zu analysieren. Doch auch hinsichtlich der Ebene der privaten Transaktionen bietet das neoklassische Paradigma nur eine verkürzte Analyse. Es werden allein güterwirtschaftliche Vorgänge analysiert, während montäre Phänomene ausschließlich als Reflexe „realer" Tatbestände interpretiert werden[7]. Überdies ist natürlich auch das Postulat freier Wechselkurse eine Konsequenz neoklassischer Aspekte. Im neoklassischen Paradigma läßt sich die Optimalität freier Wechselkurse ohne Mühe

[6] Dieser Monetarismus hat also nichts gemein mit dem bekannten Monetarismus, innerhalb dessen es um Fragen der Wirksamkeit geldpolitischer Instrumente geht.

[7] Dies kann illustriert werden an Machlups Transfermechanismus: hier können allein Anpassungsmaßnahmen — die ja primär güterwirtschaftliche Kon-

zeigen, dies geht jedoch allein auf die restriktiven Voraussetzungen, die der Analyse zugrundeliegen, zurück. Da diese restriktiven Voraussetzungen empirische Tatbestände wie die wirtschaftspolitische Entwicklung der vergangenen hundert Jahre nicht einbeziehen, kann den Ergebnissen neoklassischer Analyse nur beschränkte Gültigkeit zugesprochen werden. Dies wurde bei der Analyse der Möglichkeit flexibler Wechselkurse dargestellt.

Ebenso ist die wesentliche Defizienz des monetaristischen Paradigmas in dessen Eindimensionalität zu suchen. Der Zusammenhang zwischen güterwirtschaftlichen und monetären Vorgängen wird in der Regel nicht reflektiert, monetäre Vorgänge erscheinen losgelöst von „realen" Tatbeständen — soweit nicht Elemente des neoklassischen Paradigmas bruchlos übernommen werden[8]. Doch läßt sich das monetaristische Paradigma nur sehr schwer beschreiben, da systematische Theorien im Rahmen dieses Paradigmas kaum vorliegen. Es ist geradezu symptomatisch, daß der Versuch einer monetären Zahlungsbilanztheorie erst in jüngster Zeit unternommen wurde; monetaristische Analysen trugen — im Vergleich etwa zu Analysen neoklassischer Provenienz — immer einen stark fragmentarischen Charakter. Diese fragmentarische Natur des monetaristischen Paradigmas hatte jedoch den Vorteil, daß die selbstgesteckten engen Grenzen der Ökonomie gelegentlich überschritten wurden, wodurch sich auch neue Einsichten ergaben. Doch abgesehen von einigen Ausnahmen, wurden auch hier politische Variable in die Analyse nicht einbezogen. Wenn jedoch Überlegungen richtig sind, daß der Einsatz politischer Instrumente weitgehend über monetäre Zusammenhänge stattfindet, so muß auch diese Selbstbeschränkung zu verkürzten Analysen führen.

Im Gegensatz zum neoklassischen und zum monetaristischen Paradigma muß das Paradigma der politischen Ökonomie die Interdependenz der güterwirtschaftlichen und der monetären Sphäre, unter Einschluß der daraus resultierenden Konsequenzen, einer erneuten Analyse unter-

sequenzen haben — das amerikanische Zahlungsbilanzdefizit eliminieren. Machlups Transfermechanismus ist eine neoklassische Konstruktion, der empirische Gültigkeit zugesprochen wird; politische Variable, die über monetäre Instrumente den Transfermechanismus beeinflussen und deshalb nicht vollständig außerhalb des von Machlup gewählten theoretischen Rahmens bleiben können, werden lediglich als „Störeinflüsse" bewertet. Doch wurde gezeigt, daß Machlup implizit die vorgängige Bedeutung politischer Entscheidungen anerkennen muß; insoweit ist die neoklassische Hoffnung, nur Anpassungsmaßnahmen könnten eine Eliminierung des amerikanischen Zahlungsbilanzdefizits bewirken, eine Projektion normativer Ideen in die Realität.

[8] Diese Kritik gilt auch für Cohens Theorie internationaler Währungen: diese Theorie läßt die güterwirtschaftlichen Voraussetzungen der Evolution internationaler Währungen außer Betracht; damit ist natürlich auch eine Verknüpfung beider Sphären und eine Analyse der Interdependenz zwischen beiden Sphären nicht mehr möglich.

ziehen. Dies wurde in der vorliegenden Analyse durch die Integration der Theorie der dominanten Währung in die Theorie der dominanten Wirtschaft versucht. Der Dominanzeffekt geht wesentlich auf „reale" Asymmetrien zurück; schon von daher mußten die „realen" Voraussetzungen des Dominanzeffekts dargestellt werden. Andererseits wird der Dominanzeffekt meist über den Einsatz währungspolitischer Instrumente aktiviert; von daher gewann die vorstehende Analyse ihre Legitimation, sich weitgehend auf Währungsfragen zu beschränken. Ebenso wichtig wie die Rekonstituierung der Interdependenz der güterwirtschaftlichen und der monetären Sphäre ist im Paradigma der politischen Ökonomie die zentrale Funktion politischer Variabler. Explizite Machtkonzepte finden sich in der ökonomischen Theorie nicht, was wohl teilweise darauf zurückgeht, daß Machtkonzepte sich mit dem stark formalisierten Instrumentarium der Ökonomie bisher nur schwer harmonisieren ließen. Im Paradigma der politischen Ökonomie werden die Konsequenzen, die sich aus den wirtschaftspolitischen Veränderungen der letzten hundert Jahre ergaben, zu zentralen Elementen der Theorie. Vor größter Bedeutung ist dabei die Rolle des Staates. Der Staat fixiert den Rahmen möglichen wirtschaftlichen Handelns und greift in dieses Geschehen aktiv ein[9].

Wenn sich die Ökonomie nicht nur auf die Analyse denkbarer Möglichkeiten beschränkt, sondern Probleme der Realität untersucht, so nimmt die Wirtschaftspolitik im Rahmen des Paradigmas der politischen Ökonomie breiten Raum ein. Auch die traditionelle Ökonomie untersucht ja wirtschaftspolitische Probleme, häufig jedoch unter einer stark verkürzten theoretischen Perspektive, die Wirtschaftspolitik als Umsetzung ökonomischer Theorien durch staatliche Instanzen versteht (bzw. mißversteht) sowie unter Zuhilfenahme eines defizienten In-

---

[9] Hier läßt sich auf die Parallele zu Keynes' Allgemeiner Theorie hinweisen. Auch Keynes ging es letztlich darum, die veränderte Rolle des Staates in die ökonomische Theorie einzubeziehen. Von daher kritisierte Keynes die traditionelle ökonomische Theorie in ähnlicher Weise, wie das hier versucht wurde; doch auch er intendierte keine Widerlegung traditioneller ökonomischer Ansätze, sondern lediglich Problemreformulierungen und Interpretationen im Lichte neuer theoretischer Gesichtspunkte: „Our criticism of the accepted classical theory of economics has consisted not so much in finding logical flaws in its analysis as in pointing out that its tacit assumptions are seldom or never satisfied, with the result that it cannot solve the economic problems of the actual world." *John Maynard Keynes,* The General Theory of Employment, Interest and Money, London 1936, S. 378. Daraus wird klar, daß ein größerer Realitätsbezug auch für Keynes von stärkster Bedeutung war, ohne daß Keynes dies in seiner Analyse explizit machte. Erst im letzten Kapitel der Allgemeinen Theorie deutete er vorsichtig die Konsequenzen seiner Analyse an. Wenn Johnson Keynes bezüglich eines „sophisticated type of intellectual opportunism" kritisierte (*Harry G. Johnson,* Inflation and the Monetarist Controversy, Amsterdam 1972, S. 78), so gilt dies auch für die von Keynes vorgenommene Kaschierung der Implikationen und Konsequenzen seiner Allgemeinen Theorie.

strumentariums. Politische Tatbestände lassen sich mit dem traditionellen ökonomischen Instrumentarium nur schwer fassen, dies gilt auch für die Wirtschaftspolitik: „It may not be out of place to emphasize... that economic policy is in the overwhelming majority of cases *politics* in the real sense[10]." Aus dieser Einsicht kann nur eine Konsequenz resultieren: auch politikwissenschaftliche Methoden, Verfahren und theoretische Ansätze müssen in die Ökonomie einbezogen werden.

Jene Märchenwelt, wo sich die inkonsistenten Pläne und Ziele der Wirtschaftssubjekte über Indifferenzkurven harmonisieren lassen, wo grenzüberschreitende Wirtschaftstransaktionen sich nicht von innerstaatlichen Wirtschaftsabläufen unterscheiden, wo Wein und Tuch getauscht werden statt hochwertiger technologischer Güter, für die Substitute nicht existieren, wo ein automatischer Anpassungsmechanismus wirkt, wo der Staat nicht existiert — diese Märchenwelt hat mit der Realität nur wenig gemein. Im Paradigma der politischen Ökonomie wird der Versuch unternommen, aus solchen Einsichten Konsequenzen für die ökonomische Theorie zu ziehen.

---

[10] *Oskar Morgenstern,* The Limits of Economics, London 1937, S. 131; Hervorhebung im Original. Es ist interessant anzumerken, daß der Titel der ursprünglichen deutschen Ausgabe dieses Buches „Die Grenzen der Wirtschaftspolitik" war; die Titeländerung kann als Einsicht Morgensterns gedeutet werden, daß seine Analyse sich keineswegs nur auf die Wirtschaftspolitik, sondern auf die Ökonomie schlechthin bezog.

Literaturverzeichnis

I. Primärliteratur

1. Internationale Organisationen

Bank für Internationalen Zahlungsausgleich. 37. Jahresbericht (1967), 38. Jahresbericht (1968).

Group of Ten. Report of the Study Group on the Creation of Reserve Assests. Rom 1965.

International Monetary Fund. Annual Report 1963, 1971.

International Monetary Fund. Articles of Agreement.

International Monetary Fund. International Financial News Survey, 22. - 30. Dezember 1971.

International Monetary Fund. International Financial Statistics.

International Monetary Fund. IMF Survey, 17. Juni 1974.

International Monetary Fund. Summary Proceedings 1961, 1962, 1963, 1964, 1965, 1966, 1971, 1972, 1973.

OECD. Gaps in Technology, Analytical Report. Paris 1970.

United Nations. Yearbook of National Accounts Statistics, Vol. III. New York 1970.

UNCTAD. Eprime Eshag. Study of Tied Economic Aid Given to Tunesia in 1965. 30. November 1967 (mimeo).

UNCTAD. Eprime Eshag. Study on the Excess Cost of Tied Economic Aid Given to Iran 1966/67. 13. Dezember 1967 (mimeo).

UNCTAD. Deepak Lal. A Quantitative Analysis of Aid — Financial Imports of Certain Chemicals into India. 3. Dezember 1968 (mimeo).

UNCTAD. Report on Tied Credits: Chile. 8. Dezember 1967 (mimeo).

2. Amerikanische Regierungs- und Kongreßdrucksachen

Agency for International Development. Operations Report, Fiscal Year 1971.

Cabinet Task Force on Oil Import Control. The Oil Import Question. A Report on the Relationship of Oil Imports to the National Security. Februar 1970.

Congressional Record. 1970.

Economic Report of the President. Februar 1970. Januar 1972. Januar 1973. Februar 1974.

Federal Register. 1970, 1972.

Federal Reserve Bulletin. 1965, 1968, 1973.

International Economic Report of the President. März 1973.

Review Committee for Balance of Payments Statistics. The Balance of Payments Statistics of the United States: A Review and Appraisal. Report to the Bureau of the Budget. April 1965.

Survey of Current Business.

Treasury Bulletin.

U. S. Department of Commerce. Foreign Direct Investment Program. Selected Statistics. August 1972.

The United States in a Changing World Economy. Vol. I: A Foreign Economic Perspective („Peterson Report"). Vol. II: Background Material. Washington 1971.

U. S. Statutes At Large.

U. S. Tariff Commission. Competitiveness of U. S. Industries. Washington 1972.

U. S. Treasury Department. Annual Report of the Secretary of the Treasury. 1966, 1967, 1972.

U. S. Treasury Department. Maintaining the Strength of the United States Dollar in a Strong Free World Economy. Washington 1968.

U. S. Treasury Department. U. S. Views on Major Issues of Monetary Reform. 1974 (mimeo).

Weekly Compilation of Presidential Documents. 1968, 1971.

U. S. Congress. Committee on Banking and Currency. Removal Gold Cover. Hearings. 90 Cong. 2 sess. (1968).

U. S. Congress. Committee on Banking and Currency. To Provide for a Modification in the Par Value of the Dollar. Hearings. 92 Cong. 2 sess. (1972).

U. S. Congress. Committee on Banking, Housing and Urban Affairs. Hearings, 19. Mai 1971. 92 Cong. 1 sess. (1971).

U. S. Congress. Committee on Finance. International Aspects of the President's New Economic Policies. Hearings. 92 Cong. 1 sess. (1971).

U. S. Congress. Joint Economic Committee. Factors Affecting the United States Balance of Payments. Compilation of Studies. 87 Cong. 2 sess. (1962).

U. S. Congress. Joint Economic Committee. The 1968 Economic Report of the President. Hearings, Part 2. 90 Cong. 2 sess. (1968).

U. S. Congress. Joint Economic Committee. The President's New Economic Program. Hearings, Part 4. 92 Cong. 1 sess. (1971).

U. S. Congress. Joint Economic Committee. The United States Balance of Payments. Hearings. Part 1: Current Problems and Policies. 88 Cong. 1 sess. (1963).

U. S. Congress. Joint Economic Committee. The United States Balance of Payments. Report. 88 Cong. 2 sess. (1964).

U. S. Congress. Joint Economic Committee. The United States Balance of Payments. Statements by Economists, Bankers, and Others on The Brookings Institution Study „The United States Balance of Payments in 1968". Materials. 88 Cong. 1 sess. (1963).

U. S. Congress. Joint Economic Committee. The 1972 Economic Report of the President. Hearings, Part 2. 92 Cong. 2 sess. (1972).

U. S. Congress. Committee on Ways and Means. Administration Request for Extension of Interest Equalization Tax. Hearings. 93 Cong. 1 sess. (1973).

U. S. Congress. Combined Subcommittee of Foreign Relations and Armed Services Committees. United States Troops in Europe. Report. 90 Cong. 2 sess. (1968).

U. S. Congress. Subcommittee of the Committee on Banking and Currency. Balance of Payments — 1965. Hearings. 89 Cong. 1 sess. (1965).

U. S. Congress. Subcommittee on Foreign Economic Policy. The International Implications of the New Economic Policy. Hearings. 92 Cong. 1 sess. (1972).

U. S. Congress. Subcommittee on International Exchange and Payments. Action Now to Strengthen the U. S. Dollar. Report. 92 Cong. 1 sess. (1971).

U. S. Congress. Subcommittee on International Exchange and Payments. Gold, SDR's and Central Bank Swaps. Report. 92 Cong. 2 sess. (1972).

U. S. Congress. Subcommittee on International Exchange and Payments. The Pedigreed Gold System: A Good System — Why Spoil It? Report. 91 Cong. 1 sess. (1969).

U. S. Congress. Subcommittee on International Exchange and Payments. A Review of Balance of Payments Policies. Hearings. 91 Cong. 1 sess. (1969).

U. S. Congress. Subcommittee on International Finance and Subcommittee on International Economics. International Monetary Reform. Hearings. 93 Cong. 1 sess. (1973).

U. S. Congress. Subcommittee on International Finance. To Amend the Par Value Modification Act of 1972. Hearings. 93 Cong. 1 sess. (1973).

U. S. Congress. Subcommittee on Monopoly of the Select Committee on Small Business. Role of Giant Corporations. Hearings, Part 2: Corporate Secrecy: Overviews. 92 Cong. 1 sess. (1972).

3. Sonstige

Brimmer, Andrew F.: „Capital Outflows and the U. S. Balance of Payments: Review and Outlook." A Paper Presented at a Dinner Meeting of Bankers, Businessmen and the Board of Directors of the Federal Reserve Bank of Dallas. 11. Februar 1970 (mimeo).

Emminger, Otmar: Leserbrief. DIE ZEIT Nr. 2 vom 3. Januar 1975.

Deutsche Bundesbank. Auszüge aus Presseartikeln. 1965, 1967, 1968, 1971, 1973.

II. Sekundärliteratur

1. Monographien

Aliber, Robert Z.: Choices for the Dollar: Costs and Benefits of Approaches to the Balance-of-Payments Problem. Washington 1969.

— National Preferences and the Scope for International Monetary Reform. Essays in International Finance Nr. 101. Princeton 1973.

Aubrey, Henry G.: The Dollar in World Affairs: An Essay in International Financial Policy. New York und Evanston 1964.

Balogh, Thomas: Unequal Partners. Oxford 1963.

Behrman, Jack N.: Direct Manufacturing Investment, Exports, and the Balance of Payments. New York 1968.

Bergsten, C. Fred: The Cost of Import Restrictions to American Consumers. New York (American Importers Association) o. J. (1972?).

Brawand, Leo: Wohin steuert die deutsche Wirtschaft? München 1971.

Cohen, Benjamin J.: Adjustment Costs and the Distribution of New Reserves. Princeton 1966.

Cohen, Benjamin J.: The Future of Sterling as an International Currency. London 1971.

— The Future of Sterling as an International Currency. London 1971.

Cohen, Stephen D.: International Monetary Reform 1964 - 1969: The Political Dimension. New York 1970.

Cooper, Richard N.: The Economics of Interdependence. New York 1968.

Friedman, Milton / Roosa, Robert V.: The Balance of Payments: Free Versus Fixed Exchange Rates. Washington 1967.

Fulbright, J. William: The Arrogance of Power. New York 1966.

Galbraith, John Kenneth: The New Industrial State. 2. Aufl. Boston 1971.

de Gaulle, Charles: Discours et Messages. Pour l'Effort 1962 - 1965. Paris 1971.

— Mémoires de guerre: L'unité. Paris 1956.

Haberler, Gottfried / Willett, Thomas D.: U. S. Balance of Payments Policies and International Monetary Reform: A Critical Analysis. Washington 1968.

Halm, George N.: International Financial Intermediation: Deficits Benign and Malignant. Essays in International Finance Nr. 68. Princeton 1968.

Harrod, Roy: Reforming the World's Money. New York 1965.

Horsefield, J. Keith: The International Monetary Fund 1945 - 1965. Vol. I: Chronicle. Washington 1969.

— (Hrsg.): The International Monetary Fund 1945 - 1965. Vol. III: Documents. Washington 1969.

Hufbauer, C. G. / Adler, F. M.: Overseas Manufacturing Investment and the Balance of Payments. Washington 1968.

Hutcheson, Thomas L. / Porter, Richard C.: The Cost of Tying Aid: A Method and Some Colombian Estimates. Princeton 1972.

Johnson, Harry G.: An Overall View of International Economic Questions Facing Britain, the United States, and Canada During the 1970's. o. O. (British-North American Committee) Juni 1970.

— Inflation and the Monetarist Controversy. Amsterdam 1972.

Kenen, Peter B.: Giant Among Nations. Chicago 1963.

Keynes, John Maynard: The General Theory of Employment, Interest and Money. London 1936.

Kindleberger, Charles P.: American Business Abroad. New Haven 1969.

Kissinger, Henry A.: The Troubled Partnership. New York 1965.

Kuhn, Thomas S.: The Structure of Scientific Revolutions. Chicago 1962.

Layton, Christopher: European Advanced Technology. London 1969.

Machlup, Fritz: Der Außenwert des Dollars. Zum Problem der Unterbewertung und Überbewertung einer Währung auf den Devisenmärkten. Tübingen 1974.

— Involuntary Foreign Lending. Stockholm 1965.

— Remaking the International Monetary System: The Rio Agreement and Beyond. Baltimore 1968.

Mayer, Helmut W.: The Anatomy of Official Exchange-Rate Intervention Systems. Essays in International Finance Nr. 104. Princeton 1974.

McKinnon, Ronald I.: A New Tripartite Monetary Agreement or a Limping Dollar Standard? Essays in International Finance Nr. 106. Princeton 1974.

McKinnon, Ronald I.: Private and Official International Money: The Case for the Dollar. Essays in International Finance Nr. 74. Princeton 1969.

Mintz, Ilse: U. S. Import Quotas: Costs and Consequences. Washington 1973.

Morgenstern, Oskar: The Limits of Economics. London 1937.

Mossé, Robert: Le système monétaire de Bretton Woods et les grands problèmes de l'après-guerre. Paris 1948.

Roosa, Robert V.: The Dollar and World Liquidity. New York 1967.

Rueff, Jacques: Balance of Payments. New York 1967.

— Le péché monétaire de l'occident. Paris 1971.

Salant, Walter S. et al.: The United States Balance of Payments in 1968. Washington 1963.

Schelbert-Syfrig, Heidi: Das „Buy-American" Prinzip und die amerikanische Zahlungsbilanz. Erlenbach und Zürich 1968.

Scitovsky, Tibor: Money and the Balance of Payments. London 1969.

Triffin, Robert: Gold and the Dollar Crisis. New Haven und London 1960.

— Our International Monetary System: Yesterday, Today, and Tomorrow. New York 1968.

— The World Money Maze. New Haven 1966.

Vernon, Raymond: Sovereignty at Bay: The Multinational Spread of U. S. Enterprises. New York und London 1971.

Wallich, Henry C. / Morse, C. J. / Patel, I. G.: The Monetary Crisis of 1971: The Lessons to be Learned. Washington 1972.

Williamson, John: The Choice of a Pivot for Parities. Essays in International Finance Nr. 90. Princeton 1971.

2. Aufsätze in Zeitschriften und Sammelwerken

Aliber, Robert Z.: „Gresham's Law, Asset Preferences, and the Demand for International Reserves", Quarterly Journal of Economics LXXXI (1967), S. 628 - 638.

Bergsten, C. Fred: „The New Economics and U. S. Foreign Policy", Foreign Affairs 50 (1971/72), S. 199 - 222.

Blaug, Mark: „A Case of Emperor's Clothes: Perroux' Theories of Economic Domination", Kyklos XVII (1964), S. 551 - 563.

Brimmer, Andrew F.: „Direct Investment and Corporate Adjustment Techniques under the Voluntary U. S. Balance of Payments Program", The Journal of Finance XXI (1966), S. 266 - 282.

Bronfenbrenner, Martin: „A Japanese-American Economic War?", The Quarterly Review of Economics and Business Herbst 1971, S. 7 - 16.

Chittenden, George H.: „The Changing Role of U. S. Banks in International Finance", The Journal of Finance XX (1965), S. 172 - 181.

Cohen, Benjamin J.: „American Foreign Economic Policy: Some General Principles of Analysis", in: Benjamin J. Cohen (Hrsg.), American Economic Policy. New York 1968. S. 1 - 35.

Coombs, Charles A.: „Treasury and Federal Reserve Foreign Exchange Operations", Federal Reserve Bank of New York, Monthly Review, September- und Märzausgaben.

Coombs, C. A. / *Iklé,* M. / *Ranalli,* E. / *Tüngeler,* J.: „Conversations on International Finance", Federal Reserve Bank of New York, Monthly Review 45 (1963), S. 114 - 121.

Cooper, Richard N.: „The Future of the Dollar“, Foreign Policy, Sommer 1973, S. 3 - 22.

— „The Interest Equalization Tax: An Experiment in the Separation of Capital Markets“, Finanzarchiv 24 (1965), S. 447 - 471.

Despres, Emile / Kindleberger, Charles P. / Salant, Walter: „The Dollar and World Liquidity: A Minority View“, The Economist, 5. Februar 1966.

Dudley, Leonard / Passell, Peter: „The War in Vietnam and the United States Balance of Payments“, Review of Economics and Statistics 50 (1968), S. 437 - 442.

Feyerabend, Paul K.: „Against Method: Outline of an Anarchistic Theory of Knowledge“, in: Michael Radner / Stephen Winokur (Hrsg.), Minnesota Studies in the Philosophy of Science, Vol. IV: Analysis of Theories and Methods of Physics and Psychology. Minneapolis 1970. S. 17 - 130.

Gibney, Frank.: *„Pearl Harbor in Reverse“*, Harper's Magazine, Januar 1972, S. 49 - 57.

Grassman, Sven: „A Fundamental Symmetry in International Payments Patterns“, Journal of International Economics 3 (1973), S. 105 - 116.

Guzzardi Jr., Walter: „Why the Climate is Changing for U. S. Investment“, Fortune, 15. September 1967, S. 112 - 117, S. 206 - 213.

ul Haq, Mahbub: „Tied Credits — A Quantitative Analysis“, in: John H. Adler (Hrsg.), Capital Movements and Economic Development. New York 1967. S. 326 - 351.

Janssen, Richard F.: „Nixon Plan to Stimulate Economy Revives European Discussion of Dollar Devaluation“, Wall Street Journal, 11. November 1970.

Johnson, Harry G.: „Appendix: A Note on Seigniorage and the Social Saving from Substituting Credit for Commodity Money“, in: Robert A. Mundell / Alexander K. Swoboda (Hrsg.), Monetary Problems of the International Economy. Chicago und London 1969. S. 323 - 329.

— „The International Monetary Crisis“, in: I. A. McDougall / R. H. Snape (Hrsg.), Studies in International Economics. Amsterdam 1970. S. 105 - 120.

— „National Styles in Economic Research: The United States, The United Kingdom, Canada, and Various European Countries“, Daedalus, Frühjahr 1973, S. 65 - 74.

— „Political Economy Aspects of International Monetary Reform“, Journal of International Economics 2 (1972), S. 401 - 423.

Keynes, John Maynard: „The Dual Policy: Reconstruction and Recovery“, The Times, 2. Januar 1934, S. 11 - 12.

Kindleberger, Charles P.: „The Dollar System“, Federal Reserve Bank of Boston, New England Economic Review, September/Oktober 1970, S. 3 - 9.

Krause, Lawrence B.: „A Passive Balance-of-Payments Strategy for the United States“, Brookings Papers on Economic Activity 3: 1970, S. 339 - 360.

Krause, Lawrence: „Private International Finance“, International Organization 25 (1971), S. 523 - 540.

Krause, Lawrence B.: „Trade Policy for the Seventies“, Columbia Journal of World Business VI (1971), S. 5 - 14.

— „Why Exports Are Becoming Irrelevant“, Foreign Policy, Nr. 3, Sommer 1971, S. 62 - 70.

Lakatos, Imre: „Falsification and the Methodology of Scientific Research Programmes“, in: Imre Lakatos / Alan Musgrave (Hrsg.), Criticism and the Growth of Knowledge. Cambridge 1970. S. 91 - 195.

Lamfalussy, Alexandre: „European Capital Markets and Financial Intermediation by the United States“, in: Charles P. Kindleberger / Andrew Shonfield (Hrsg.), North American and Western European Economic Policies. London 1971. S. 209 - 222.

Laqueur, Walter: „The Year of Europe“, Commentary, Juni 1973, S. 74 - 80.

Machlup, Fritz: „The Cloakroom Rule of International Reserves: Reserve Creation and Resources Transfer“, The Quarterly Journal of Economics LXXIX (1965), S. 337 - 355.

— „Equilibrium and Disequilibrium: Misplaced Concreteness and Disguised Politics“, Economic Journal LXVIII (1958), S. 1 - 24.

— „Real Adjustment, Compensatory Corrections, and Foreign Financing of Imbalances in International Payments“, in: Richard E. Caves / Harry G. Johnson / Peter B. Kenen (Hrsg.), Trade, Growth, and the Balance of Payments. Amsterdam 1965. S. 185 - 213.

— „Three Concepts of the Balance of Payments and the So-called Dollar Shortage“, Economic Journal LX (1950), S. 46 - 68.

— „The Transfer Gap of the United States“, Banca Nazionale del Lavoro, Quarterly Review, Nr. 86, September 1968, S. 195 - 238.

Magee, Stephen P.: „The Welfare Effects of Restrictions on U. S. Trade“, Brookings Papers on Economic Activity 3: 1972, S. 645 - 701.

Mundell, Robert A.: „The Proper Division of the Burden of International Adjustment“, National Banking Review 3 (1965), S. 81 - 87; wiederabgedruckt in: Robert A. Mundell. International Economics. New York 1968.

— „The Redundancy Problem and the World Price Level“, in: Robert A. Mundell / Alexander K. Swoboda (Hrsg.), Monetary Problems of the International Economy. Chicago und London 1969. S. 379 - 382.

Nordhaus, William D.: „The Worldwide Wage Explosion“, Brookings Papers on Economic Activity 2: 1972, S. 431 - 461.

Perroux, François: „Esquisse d'une théorie de l'économie dominante“, Economie Appliquée 1 (1948), S. 243 - 300.

Piekarz, Rolf / Stekler, Lois Ernstoff: „Induced Changes in Trade and Payments“, Review of Economics and Statistics XLIX (1967), S. 517 - 526.

Roosa, Robert V.: „Currency Parities in the Second Decade of Convertibility“, in: George N. Halm (Hrsg.), Approaches to Greater Flexibility of Exchange Rates: The Bürgenstock Papers. Princeton 1970. S. 49 - 56.

Rosecrance, Richard / Stein, Arthur: „Interdependence: Myth or Reality?“, World Politics XXVI (1973/74), S. 1 - 27.

Salant, Walter S.: „Capital Markets and the Balance of Payments of a Financial Center“, in: William Fellner / Fritz Machlup / Robert Triffin et al., Maintaining and Restoring Balance in International Payments. Princeton 1966. S. 177 - 196.

— „Financial Intermediation as an Explanation of Enduring ‚Deficits‘ in the Balance of Payments“, in: Fritz Machlup / Walter S. Salant / Lorie Tarshis (Hrsg.), International Mobility and the Movement of Capital. New York 1972. S. 607 - 659.

— „A Partial Glossary of International Finance“, in: Lawrence B. Krause / Walter S. Salant (Hrsg.), European Monetary Unification and Its Meaning for the United States. Washington 1973. S. 310 - 314.

Samuelson, Paul A.: „Heretical Doubts About the International Mechanisms“, Journal of International Economics 2 (1972), S. 443 - 453.

Samuelson, Paul A.: „Theoretical Notes on Trade Problems", Review of Economics and Statistics 46 (1964), S. 145 - 154.

Schlesinger, Jr., Arthur: „Congress and the Making of American Foreign Policy", Foreign Affairs 51 (1972/73), S. 79 - 113.

Strange, Susan: „The Politics of International Currencies", World Politics XXIII (1971), S. 215 - 231.

Tobin, James: „Adjustment Responsibilities of Surplus and Deficit Countries", in: William Fellner / Fritz Machlup / Robert Triffin et al., Maintaining and Restoring Balance in International Payments. Princeton 1966. S. 201 - 211.

Tokman, V. E.: „An Evaluation of Foreign Aid: The Chilean Case", Bulletin of Oxford University Institute of Economics and Statistics, Mai 1969.

Triffin, Robert: „International Monetary Collapse and Reconstruction in April 1972", Journal of International Economics 2 (1972), S. 375 - 400.

— „Monetary Crises". Address before the Conference on the Atlantic Community. Washington, 3. Februar 1973. Unveröffentlicht.

Vernon, Raymond: „Rogue Elephant in the Forest", Foreign Affairs 51 (1972/73), S. 573 - 587.

Volcker, Paul A.: (Ohne Titel), The Journal of Finance XXVI (1971), S. 243 - 250.

Volger, Gernot: „Devisenausgleich als militär- und zahlungsbilanzpolitisches Instrument", Konjunkturpolitik 20 (1974), S. 346 - 380.

Wallich, Henry C.: „Longer-run Aspects of International Monetary Reform", Außenwirtschaft 29 (1974), S. 337 - 346.

— „Whatever Became of the Balance of Payments?", The Atlantic Community Quarterly, Sommer 1970, S. 259 - 271.

Waltz, Kenneth N.: „The Myth of National Interdependence", in: Charles P. Kindleberger (Hrsg.), The International Corporation. Cambridge (Mass.) 1970. S. 205 - 223.

Willey, H. David: „Direct Investment Controls and the Balance of Payments", in: Charles P. Kindleberger (Hrsg.), The International Corporation. Cambridge (Mass.) 1970. S. 95 - 119.

Ohne Verfasser:

„Argument with Jacques Rueff." A Special Interview by The Economist. The Economist, 13. Februar 1965, S. 662 - 665.

„Connally Holds His Ground, More or Less", The Economist, 18. September 1971, S. 72.

„Friedman Applauds Two-Tier System", American Banker, 28. April 1969, S. 3.

„Giscard: The Aesthetic of Action", Interview mit dem französischen Präsidenten Giscard d'Estaing, TIME, 7. Oktober 1974, S. 8.

„The London Gold Market", Bank of England, Quarterly Bulletin, März 1974, S. 18 - 21.

„M. Michel Debré confirme dans une declaration au ‚Monde' qu'il convient d'aborder la question de la réévaluation du prix de l'or", Le Monde, 8./9. Januar 1967, S. 1, 8.

„Too Much of a Good Thing? American Investments in the Common Market", Common Market, März 1973.

„The U. S. Balance of Payments: Revised Presentation", Survey of Current Business, Juni 1971, S. 24 - 57.

FSC
www.fsc.org
MIX
Papier | Fördert gute Waldnutzung
FSC® C083411

Kolibri 360 GmbH
Ferdinand-Jühlke-Straße 7
99095 Erfurt, Deutschland
produktsicherheit@kolibri360.de

Druck:
CPI Druckdienstleistungen GmbH
im Auftrag der
Kolibri 360 GmbH
Ferdinand-Jühlke-Str. 7
99095 Erfurt